Kenneth Bae mit Mark Tabb

# Gefangen in Nordkorea

## Wie ich im Straflager Gott erlebte



Brunnen/HMK

Deutsche Übersetzung: Dr. Friedemann Lux

Bei mehreren Personen und Orten in diesem Buch sind Namen und
gewisse Details verändert worden, um ihre Identität zu schützen.
Die Bibelzitate im Buch wurden dem Verfasser wichtig, als er während
seiner Gefangenschaft in Nordkorea über die Bibel meditierte.
Die Verse, die den einzelnen Kapiteln vorangestellt sind,
sowie das Motto S. 3 sind der Neuen Genfer Übersetzung –
Neues Testament und Psalmen entnommen:



Umschlagfoto: picture alliance / Kyodo
Umschlaggestaltung: Jonathan Maul
Satz: DTP Brunnen
Druck: CPI – Ebner & Spiegel, Ulm
ISBN Taschenbuch 978-3-7655-4314-2
ISBN E-Book 978-3-7655-7481-8

www.brunnen-verlag.de

*Für meine Schwester Terri, die zwei Jahre ihres Lebens einsetzte, um mich nach Hause zu holen.*
*Für meine ganze Familie, die in Hoffen und Leiden zusammenhielt.*
*Und für alle, die in der dunkelsten Zeit meines Lebens zu mir standen und an mich dachten.*

*„Geh wieder zu deiner Familie und erzähle dort, was Gott für dich getan hat!“*

(Lukas 8,39)

# Inhalt

# Vorwort

Im Laufe meines beruflichen Lebens bin ich mehrfach darum gebeten worden, die Freilassung von im Ausland festgehaltenen amerikanischen Bürgern auszuhandeln. Es war ein Vorrecht, von dem ich mir vorher nie hätte träumen lassen und für das ich zutiefst dankbar bin. Auf Bitten hochrangiger Persönlichkeiten der USA, bis hin zum Präsidenten, bin ich in einige der gefährlichsten Länder der Erde geflogen – Sudan, Irak und Nordkorea, um nur einige zu nennen –, um die Freilassung gefangener Amerikaner zu erwirken. Oft geschah dies, nachdem die Bemühungen anderer amerikanischer Sonderbeauftragter gescheitert waren.

Ganz oben auf der Liste steht Nordkorea. Es ist nicht nur sehr schwierig, in dieses Land hineinzukommen. Wenn man einmal drinnen ist, kann es unglaublich schwierig sein, wieder herauszukommen. Dass die USA keine normalen Beziehungen zum nordkoreanischen Regime unterhalten, erschwert alle Versuche noch zusätzlich, mit diesem zu kommunizieren und erfolgreiche Verhandlungen zu führen.

Als ich von Kenneth Baes Verhaftung erfuhr, wusste ich daher sofort, dass er eine schwierige Wegstrecke vor sich hatte. Doch ich wusste auch, dass man in Nordkorea sorgfältig registriert, was die amerikanischen Medien sagen, und so äußerte ich mich rasch öffentlich zu Kenneths Fall und solidarisierte mich mit ihm, wie dies auch zahlreiche andere besorgte Persönlichkeiten aus den USA taten, zum Beispiel Jesse Jackson und sogar Präsident Obama. Wir wussten, dass es seine Zeit brauchen würde, die richtige Verhandlungsstrategie zu finden. Dann flog der ehemalige amerikanische Basketballstar Dennis Rodman zu einem privaten Goodwill-Besuch nach Nordkorea, und der Fall Kenneth Bae wurde noch bekannter; jetzt setzte sich plötzlich das Räderwerk der „Sportdiplomatie“ für uns in Bewegung.

Den Amerikanern ist es natürlich nicht egal, wenn einer aus ihrer Verwandtschaft ins Ausland reist. Das ist traditionell so bei den Angehörigen amerikanischer Soldaten, und das war bei der Familie von Kenneth Bae nicht anders. Wie seine Verwandten und Freunde das Land systematisch und beharrlich auf sein Los aufmerksam machten, war beeindruckend und trug viel zum Engagement unserer Regierung bei.

Apropos Soldaten – Kenneth ist vielleicht eine andere Art Soldat, aber ein sehr effektiver. Ich glaube, dass wir Amerikaner uns im Ausland engagieren sollten und auch können. Es ist wichtig, dass wir andere Länder kennenlernen, sie zu unseren Freunden machen und ihre politischen Führungspersönlichkeiten, ihre Kultur und ihre Sprache kennenlernen. Sie, liebe Leser, mögen nicht ganz den Mut von Kenneth haben, aber in den internationalen Beziehungen der USA gibt es einen Ort für den normalen Bürger. Wir brauchen noch mehr Goodwill-Botschafter in aller Welt, und wir brauchen auch Mitarbeiter humanitärer Organisationen und Missionen, die nicht im Dienste der Regierung stehen. Bei Kenneth war (und ist) es sein starker christlicher Glaube, der ihn antreibt, Armen und Leidenden in den entferntesten Ecken der Welt zu helfen. Wir können von seinem Beispiel viel lernen.

Die USA sind gesegnet mit vielen Bürgern, denen die Menschen unter repressiven Regimen ein echtes Anliegen sind. Sie haben ein großes Herz, das gerne helfen möchte. Genau das habe ich auch in Kenneth Bae gefunden: einen Mann, dem die armen, hungernden Menschen, Opfer eines brutalen Regimes, am Herzen liegen. Es gibt nicht viele Menschen, die freiwillig nach Nordkorea gehen, doch Kenneth Bae fand, angetrieben von seinem tiefen Wunsch zu helfen und seinem tiefen Glauben, Möglichkeiten, sie zu erreichen.

Gefangenschaft hat viele Gesichter. Doch, es ist schlimm, wenn jemand gegen seinen Willen in einem fremden Land festgehalten und zu Zwangsarbeit verurteilt wird. Die Diktatoren dieser Welt wissen: Wenn sie einen Menschen innerlich fertigmachen, können sie seinen Überlebenswillen lähmen, sodass er ins Loch der Verzweiflung fällt. Der Häftling, der von seiner Familie völlig isoliert ist, kann bei dem Gedanken verrückt werden, sie womöglich nie wiederzusehen. Aber auch in der schlimmsten Situation lässt sich etwas Gutes finden. Man kann, wie Kenneth dies tat, bewusst von seinem Elend wegschauen und versuchen, aus seiner schrecklichen Situation das Beste zu machen. Das Beispiel des Apostels Paulus in der Bibel zeigt uns, dass das Gefängnis den Häftling nicht vernichten muss, sondern ihn unter Umständen sogar zu einem stärkeren Menschen macht. Statt sich im Loch der Depression um sich selbst zu drehen, führt er vielleicht lange Gespräche mit seinen Bewachern oder schließt neue Freundschaften. Kenneth Bae ist auf eine vorbildliche Art mit seiner Haft umgegangen. Er blieb stets ruhig und kooperativ, sagte die Wahrheit, begegnete denen, die ihn gefangen hielten, mit Respekt und tat sein Bestes, um mit ihnen auszukommen.

Wir brauchen mehr Menschen wie Kenneth Bae. Sie werden seine Geschichte absolut spannend finden und seine Entschlossenheit, anderen zu helfen, ansteckend.

*Bill Richardson,*
ehemaliger Gouverneur des
Bundesstaates New Mexico/USA

# Vorwort zur deutschen Ausgabe

## Immer Winter und nie Weihnachten

In dem bekannten Romanzyklus „Die Chroniken von Narnia“ beschreibt der Autor C.S. Lewis ein Land, das unter einer schlimmen Regierung in einen ewigen Winter versunken ist: „Immerzu Winter und niemals Weihnachten!“ Das könnte eine Beschreibung Nordkoreas sein: politische Eiszeit, Gulag und Gefängnis, Spitzel und Verfolgung, Propaganda und Gehirnwäsche. Immerzu Winter, sozusagen. Und dann haben die Menschen noch nie etwas von Jesus gehört, kennen das Evangelium nicht, wissen nicht einmal, was „Weihnachten“ ist.

Die Nordkoreaner haben keine Ahnung, dass es einen Retter der Welt gibt, der sein Leben zur Erlösung für viele gab. Das Neue Testament ist in Nordkorea nicht zu haben. Es gibt keine sichtbare Kirche, keine Gemeinde. Es ist, als wäre man in einer anderen Welt.

Gott sei Dank gibt es Menschen, die ganz im Verborgenen Gottes Liebe in dieses dunkle Land tragen. Einer von ihnen, Kenneth Bae, berichtet in diesem bewegenden Buch über seine Erfahrungen. Kenneth hat mich beeindruckt mit seiner Hingabe, Bescheidenheit und Liebe für die Nordkoreaner.

Nordkorea gilt als eine der schlimmsten Diktaturen der Welt. Der Personenkult um den – vor über 20 Jahren verstorbenen – Führer und Gründer der Volksrepublik Nordkorea, Kim Il-sung, verlangt von den Untertanen grenzenlose Unterwerfung und Verehrung. Mittlerweile wird dieses kommunistische Land – in einer Art Erbdiktatur – in dritter Generation von Kim Jong-un regiert. Wenig hat sich geändert.

Die Not im Land ist mit Händen zu greifen. So sind die Erinnerungen an die letzte Hungersnot noch lebendig. Allein drei Millionen Nordkoreaner, so die Schätzungen, sind in den Jahren 1995 bis 2003 verhungert. Generationen von Nordkoreanern verhungern geistlich. Kenneth Bae hat diese Not gesehen und gehandelt. Es sind die Menschen Nordkoreas, die ihm so am Herzen liegen. Seine Erfahrungen und Entbehrungen beschreibt er eindrücklich, aber auch seine Glaubenserfahrung, dass Jesus ihn nie verlassen hat, auch nicht in den schlimmsten Momenten. Einer dieser schlimmen Momente war das Weihnachtsfest 2012, das Kenneth wie auch Weihnachten 2013 im nordkoreanischen Gefängnis verbringen musste. Er sang den ganzen Tag und spürte, dass der Herr wirklich der „Immanuel", Gott mit uns, ist.

Lesen Sie, wie Jesus Kenneth Bae trotz aller eigenen Schwachheit gebrauchen konnte. Das Buch ist geradezu ein überwältigendes Zeugnis dafür, dass Gott Menschen gebrauchen kann, auch wenn ihnen alle Möglichkeiten verbaut zu sein scheinen. Kenneth Baes Erfahrungen fordern zu einem Umdenken im Beten heraus. Nicht: „Bitte, Gott, verändere meine Umstände!" Sondern: „Bitte, Gott, gebrauche mich auch in diesen meinen Umständen!" Außerdem macht das Buch ganz neu Mut, hoffnungsvoll für dieses geschundene Land zu beten, denn Jesus kann alles verändern.

*Manfred Müller*, Missionsleiter Hilfsaktion Märtyrerkirche

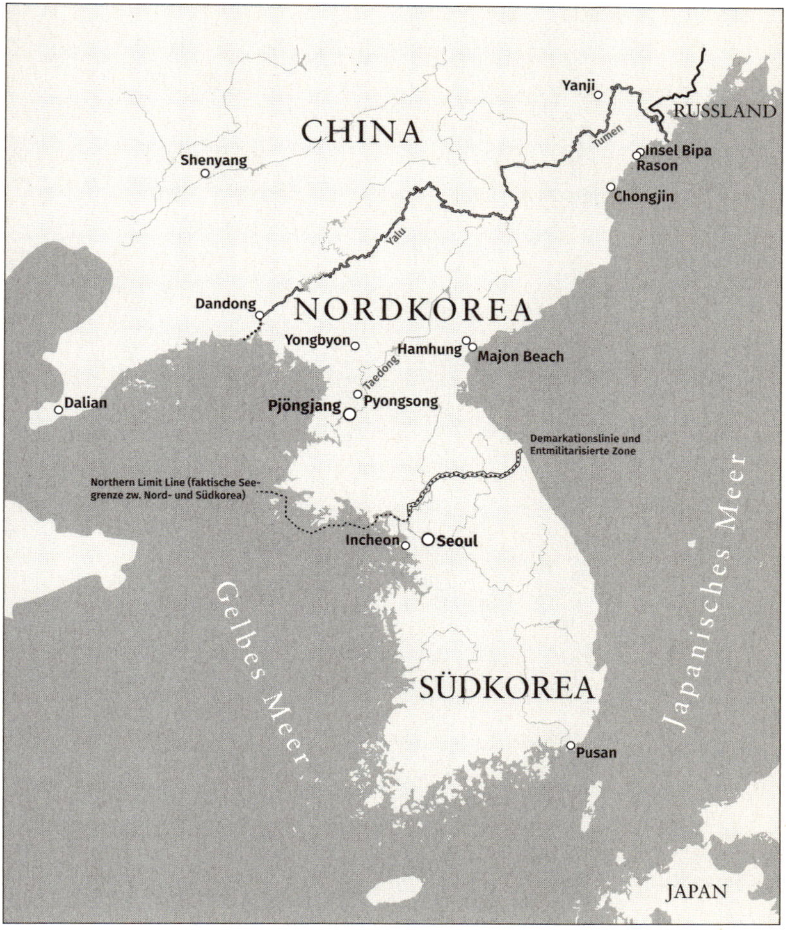

CHINA
RUSSLAND
Yanji
Tumen
Insel Bipa
Rason
Chongjin
Shenyang
Yalu
Dandong
NORDKOREA
Yongbyon
Hamhung
Majon Beach
Taedong
Dalian
Pyongsong
Pjöngjang
Demarkationslinie und
Entmilitarisierte Zone
Northern Limit Line (faktische See-
grenze zw. Nord- und Südkorea)
Incheon
Seoul
Gelbes Meer
Japanisches Meer
SÜDKOREA
Pusan
JAPAN

# Prolog

Ein paar Wochen, bevor ich mit dem Schreiben dieses Buches begann, dachte ich zum ersten Mal wieder daran, in die weite Welt zu reisen. Als Missionar habe ich eine lange Liste von Orten, die ich gerne besuchen und wo ich gerne arbeiten würde. Aber bevor ich für längere Zeit in ein Land reisen kann, muss ich erst ein Visum bekommen, und in jedem Visumsantrag steht unter anderem die Frage: „Sind Sie schon einmal wegen eines Verbrechens verurteilt worden?“ Es wird nicht danach gefragt, ob ich zu Recht verurteilt wurde oder ob der Rest der Welt das Urteil gerecht fand. Da steht nur: „Sind Sie schon einmal wegen eines Verbrechens verurteilt worden?“

Ich muss diese Frage wahrheitsgemäß beantworten, also muss ich „Ja“ ankreuzen.

Auf die erwähnte Frage folgt unweigerlich eine zweite Frage: „Falls ja, was war dieses Verbrechen?“

Tja, wie soll ich hier antworten? Wenn ich die wortwörtliche Wahrheit sage, wird wohl kaum ein Land der Welt mir ein Visum geben, denn laut meiner Haftakte bin ich ein Terrorist, der wegen umstürzlerischer Umtriebe gegen die Regierung der „Demokratischen Volksrepublik Korea“ (auch als Nordkorea bekannt) angeklagt und für schuldig befunden wurde. Nach meiner Verhaftung eröffnete der nordkoreanische Staatsanwalt mir, dass ich der gefährlichste amerikanische Verbrecher sei, der in den sechzig Jahren, seit der Koreakrieg die Teilung der koreanischen Halbinsel zementierte, verhaftet worden war. Wäre ich kein US-Staatsbürger gewesen, man hätte mich womöglich zum Tode verurteilt, mindestens aber zu lebenslänglicher Haft, ohne die Möglichkeit einer vorzeitigen Freilassung. Stattdessen wurde ich „nur“ zu fünfzehn Jahren Arbeitslager verurteilt.

Was hatte ich getan, was für Nordkorea solch eine Gefahr darstellte? Was waren meine terroristischen Aktivitäten?

Ich bin Missionar.

Für das nordkoreanische Regime ist ein Missionar das Gleiche wie ein Terrorist. Die beiden Ausdrücke sind austauschbar. Wie Sie in diesem Buch entdecken werden, betrachtet die Regierung von Nordkorea das Evangelium von Jesus Christus als tödliche Gefahr. Sie weiß genau: Wenn sie es zulässt, dass die Botschaft von Jesus in ihrem Land unter die Leute kommt, wird sie fallen, ja wird das gesamte System in Nordkorea fallen. Und so wurde ich wegen eines Komplotts zum Sturz der Regierung angeklagt und verurteilt – obwohl ich in Nordkorea nie eine einzige Bibel verteilt oder auch nur einen einzigen evangelistischen Gottesdienst gehalten hatte. Alles, was ich getan hatte, war, dass ich Besucher in das Land brachte, um für das Volk von Nordkorea zu beten. Das reichte, um mich als „Terroristen“ ins Gefängnis zu bringen.

Das kommunistische Regime in Nordkorea hat das Christentum schon immer als schwere Bedrohung betrachtet. Vor dem Zweiten Weltkrieg, als es nur *ein* Korea gab, lebten im Norden interessanterweise mehr Christen als im Süden. 1907 begann in Pjöngjang eine riesige Erweckung, in der Tausende zu Christus fanden und die Pjöngjang den Spitz- und Ehrennahmen „Jerusalem des Ostens“ einbrachte.

Heute erinnern sich nur noch wenige daran, dass es diese Erweckung je gab. Die sie damals erlebten, sind längst gestorben. Aber Gott hat das Werk, das er damals in Korea tat, nicht vergessen. Mein „Verbrechen“ war, dass ich durch dieses Land reiste und Gott darum bat, was er damals getan hatte, wieder zu tun. Dies machte mich in den Augen der Machthaber zu einem brandgefährlichen Verbrecher und Terroristen.

Wahrscheinlich bin ich das heute noch, denn ich bete ja weiter für Nordkorea.

Ich liebe das nordkoreanische Volk und hoffe sehr, eines Tages wieder in das Land reisen zu können. Beim Lesen meiner Geschichte werden Sie einen Eindruck davon bekommen, wie das Leben des Durchschnittsbürgers in einem der am meisten abgeschotteten Länder der Erde aussieht. Die Nordkoreaner haben sich dieses Leben nicht ausgesucht. Sie leben in völliger Finsternis, total abgeschnitten vom Rest der Welt. Alles, was sie kennen und glauben, ist die Propaganda, mit der sie tagein, tagaus im staatlichen Radio und Fernsehen, in den Schulen und Zeitungen und allem, was es an Informationskanälen gibt, bombardiert werden. Sie haben das Leben vor der Zeit ihres „Großen Führers“ vergessen – das Leben, in dem die Sonne schien.

Ich bete, dass Sie beim Lesen meiner Geschichte ebenfalls ein Herz für die Menschen in Nordkorea bekommen. Sie haben keine Stimme, aber Sie und ich, wir können zusammen diese Stimme werden. Gott hat die Menschen in Nordkorea nicht vergessen, und ich schreibe dieses Buch, damit auch Sie sie nicht vergessen.

# 1. Willkommen in Villa 3

*Wenn man euch vor Gericht stellt, dann macht euch keine Sorgen, wie ihr reden und was ihr sagen sollt. Denn wenn es so weit ist, wird euch eingegeben, was ihr sagen müsst. Nicht ihr seid es, die dann reden, sondern der Geist eures Vaters wird durch euch reden.*

(Matthäus 10,19-20)

Als das schwarze Auto auf den Hotelparkplatz fuhr und vor mir anhielt, wusste ich sofort, dass etwas nicht stimmte.

Ein Koreaner, der etwas über fünfzig sein mochte, stieg aus. „Sind Sie Mr Bae?“

Der schwarze Anzug, das weiße Hemd und die schwarze Krawatte signalisierten mir sofort, dass dies ein Regierungsbeamter war. Wie fast alle anderen Menschen, die ich in Nordkorea gesehen hatte, war er sehr dünn. Jetzt trat von der anderen Seite ein zweiter, jüngerer Mann zu mir. Er mochte vielleicht dreißig sein. Beide lächelten nicht, ihre Gesichter waren emotionslos. Es war klar, dass sie dienstlich unterwegs waren.

„Noch einmal: Sind Sie Mr Bae?“, wiederholte der Erste, obwohl er die Antwort offensichtlich schon wusste.

Ich schluckte heftig. „Ja“, erwiderte ich lächelnd.

*Schön ruhig bleiben* ... Aber innerlich wollte die Panik hochsteigen.

Ich hatte gewusst, dass so etwas früher oder später passieren würde. Ich wusste nicht, ob es heute oder morgen oder übermorgen käme, aber ich war sicher: Bevor mein viertägiger Besuch in Nordkorea vorbei war, würde ich Besuch von Beamten des Regimes bekommen. Die einzige Frage war, wann.

„Kommen Sie mit“, sagte der Ältere, in einem Ton, der mir signalisierte, dass ich gehorchen würde, wenn ich wüsste, was gut für mich war.

Ich zögerte. Das Ganze war wie im Film: das schwarze Auto, die Beamten im schwarzen Anzug. Ich kannte sie, diese Filme; die Aussichten für den Mann, den sie gleich auf die Rückbank des Autos schieben würden, waren meistens nicht rosig.

Bevor ich antworten konnte, packte der Jüngere mich am Arm und zog mich zu dem Wagen hin. „Einsteigen“, knurrte er.

Jedem Besucher in Nordkorea wird von der Regierung ein Aufpasser an die Seite gestellt – ein Beamter der niedrigeren Dienstränge, der den Besucher zu beschatten und alles, was er tut, nach Pjöngjang zu melden hat. Mein Aufpasser, der gerade dabei gewesen war, zusammen mit mir über den Parkplatz zu gehen, machte instinktiv einen Schritt zurück, als ob er mich nicht kennen würde. Er wünschte sich sichtlich, einer anderen Reisegruppe zugeteilt worden zu sein.

„Wer sind Sie? Gehören Sie zu dieser Reisegruppe?“, bellte der jüngere der Beamten ihn an.

„Nein“, antwortete der Aufpasser. „Ich bin der …“

Der erste Beamte unterbrach ihn. „Was hatten Sie beide hier draußen zu suchen?“ Ich merkte, dass er den Aufpasser beschuldigte, irgendeine Vorschrift verletzt zu haben. Er fuhr fort, ohne die Antwort des Aufpassers abzuwarten: „Sie kommen auch mit.“ Dann – gerade so, als ob der Aufpasser nicht wüsste, dass er gemeint war – zeigte er mit dem Finger auf ihn und befahl: „Sie. Mitkommen.“

Das Gesicht des Aufpassers wurde aschfahl. Er ging langsam zu dem Auto und stieg vorne ein. Sein Gesicht sprach Bände: Der Mann hatte Angst um sein Leben.

Der jüngere der beiden Regierungsbeamten schob mich auf die Rückbank und setzte sich neben mich. Der Ältere stieg auf der anderen Seite ein, ebenfalls neben mir. Die Schultern der beiden Männer drückten gegen die meinen. Kaum waren die Türen zu, brauste der Fahrer los.

Ich schaute durch das Fenster, wo die Landschaft vorbeiglitt. Da dies in kaum zwei Jahren schon mein fünfzehnter Besuch in Rason war, kannte ich die Gegend gut. Rason liegt im äußersten Nordosten des Landes, nahe der chinesisch-russisch-nordkoreanischen Grenze, und ist seit 2010 eine sogenannte Besondere Stadt, eine Sonderwirtschaftszone, wo Ausländer Firmen betreiben können. Es ist die offenste Stadt in ganz Nordkorea und Touristen sind in begrenztem Umfang willkommen. Über meine Firma „Nation Tours“ hatte ich schon dreihundert Besucher ins Land gebracht, um die wunderbare Landschaft und die Kultur kennenzulernen. Und die Menschen.

Nach zehn Minuten fuhren wir, ohne anzuhalten, durch

das Stadtzentrum und dann weiter nach Norden, aus der Stadt heraus. Das überraschte mich. Ich war sicher gewesen, dass sie mich zu einer Polizeistation fahren würden, um mich dort zu verhören.

Bis jetzt hatte niemand ein Wort gesagt. Die beiden Beamten saßen reglos-dienstbeflissen da. Auch mein Aufpasser auf dem Beifahrersitz rührte sich nicht. Er hatte noch nicht einmal zu dem Fahrer gespäht oder nach rechts oder links geschaut, um zu sehen, wohin wir fuhren. Wahrscheinlich wollte er es gar nicht wissen.

Ich brach schließlich das Schweigen. „Fahren wir zur Grenze?“, fragte ich. Für mich war das eine naheliegende Frage. Dort, beim Grenzübergang, hatte dieser Krimi schließlich vor acht Stunden begonnen.

„Ruhe! Halten Sie den Mund!“, schnauzte der ältere Beamte.

Ich lehnte mich auf meinem Platz zurück und gehorchte. Jetzt bog der Wagen plötzlich nach rechts ab, Richtung Küste. Dort war ich schon mehrere Male gewesen. Direkt vor der Küste lag die bei Touristen beliebte Insel Bipa – die einzige Stelle in ganz Korea, wo es eine Seelöwenkolonie gibt.

Ich weiß bis heute nicht, warum ich plötzlich ausgerechnet an die Seelöwen denken musste. Ich wusste doch, dass ich ein Problem hatte. Ich hatte nur noch nicht begriffen, wie ernst es war.

Die Straße zur Küste führte über eine Anhöhe. Dann bog der Fahrer auf den Parkplatz des Hotels Bipa ein, das am Berghang über dem Ozean liegt. Erst vor ein paar Monaten war ich mit einer meiner Reisegruppen hier gewesen. Das Hotel liegt etwa vierzig Kilometer von der chinesisch-russischen Grenze und knapp zehn Kilometer vom Stadtzentrum von Rason entfernt und besteht aus drei Villen. „Villa 1“ ist im Wesentlichen ein Denkmal und Heiligenschrein, denn hier war der erste „Große Führer“ von Nordkorea, Kim Il-sung, in den frühen 1970er-Jahren zweimal zu Gast. Sein Zimmer wurde für ewige Zeiten zu einer Gedächtnisstätte erklärt, und der zahlungskräftige Gast kann für hundert Dollar extra in demselben Bett übernachten, das der Große Führer einst benutzte.

Niemand aus unserer Reisegruppe hatte die hundert Dollar zahlen wollen, um in Kim Il-sungs Zimmer zu übernachten. Stattdessen waren wir in der erst kürzlich von einem chinesischen Investor renovierten „Villa 2“ untergebracht gewesen. Einige der Zimmer dort können es heute an Komfort mit einem typischen Drei-Sterne-Hotel in Asien aufnehmen; sie bieten Fernseher mit Flachbildschirm und sogar eine eigene kleine Sauna im Badezimmer.

Unser Auto fuhr an der Villa des Großen Führers und der Villa 2 vorbei und hielt vor Villa 3 an, die in einem Waldstück lag. Man befahl mir, im Auto zu bleiben, während der ältere Beamte in das Haus ging. Wenige Minuten später kamen zwei Männer, die schlichte Mao-Anzüge mit schmalem Rundkragen trugen, heraus und eskortierten mich in das Gebäude.

Mein Aufpasser blieb im Auto. Ich habe ihn nie wieder gesehen.

„Ziehen Sie Ihre Schuhe aus“, befahl einer der Männer

im Mao-Anzug, als wir in den Eingang der Villa traten. Ich tat es. Der Mann nahm die Schuhe und verschwand mit ihnen.

„Kommen Sie mit“, sagte der andere. Er führte mich in einen Gang und danach in eine Drei-Zimmer-Suite. Ein Luxushotel war dies nicht. Der Mann führte mich durch das spartanische Wohnzimmer und das erste Schlafzimmer in einen zweiten Raum am Ende des kleinen Korridors der Suite, der eher einem Wohnheimzimmer als einem Hotelzimmer glich. Die drei Betten, der Schreibtisch und die beiden Klubsessel sahen aus, als ob sie noch aus der Zeit des Besuches des „Großen Führers“ in Villa 1 stammten. Der mit Farbe gestrichene Betonfußboden war nackt, ohne Teppich oder Fliesen. Das einzige Fenster des Raumes ging zum Wald hin, war aber zum Großteil mit einer Plastikplane verhängt, sodass man nicht hinaussehen konnte. In der Suite hielten sich eine Handvoll Wächter auf; mehrere Kollegen standen im Gang vor der Suite.

„Ziehen Sie Ihre Hose aus“, befahl mir einer der Beamten.

Ich zögerte. Das Zimmer fühlte sich wie ein Kühlschrank an. Anfang November fallen in dieser Gegend von Nordkorea die Temperaturen bereits deutlich unter null Grad und die Heizung in dem Zimmer schien noch nicht eingeschaltet worden zu sein. Ich trug zwar unter meiner Hose eine dünne lange Unterhose, aber das reichte kaum, um mich warmzuhalten.

„Ziehen Sie die Hose aus“, wiederholte der Mann.

Was sollte ich machen? Ich schlüpfte aus meiner Hose und stand bibbernd in der Mitte des Raumes. Der einzig mögliche Grund dafür, mir die Hose wegzunehmen, war, dass man damit einen Fluchtversuch verhindern wollte. Als ob ich hätte fliehen können. Selbst wenn es mir gelungen wäre, unbemerkt aus dem Gebäude zu gelangen – draußen wäre ich sofort jedem Passanten aufgefallen. Ich wog viel mehr als der durchschnittliche Nordkoreaner. Auf meinen siebzehn Reisen in das Land hatte ich gelernt, dass man an der Statur eines Menschen ablesen konnte, wie hoch in der Parteihierarchie er stand. Die wenigen, die echt Macht und Einfluss hatten, sahen stabil gebaut aus, die Übrigen mehr oder weniger halb verhungert. Aber mich würde man trotz meines Gewichts nicht mit einem hohen Parteifunktionär verwechseln.

Jetzt kam der Mann in den Raum, der mir die Schuhe abgenommen hatte, nahm meine Hose und verschwand damit.

Der andere Mann im Mao-Anzug musterte mich kurz und sagte dann: „Setzen Sie sich auf den Stuhl dort und warten Sie auf weitere Instruktionen."

Ich setzte mich auf einen kalten Holzstuhl, der vor dem Schreibtisch stand. Dabei spürte ich, wie eine unsichtbare kalte Hand meinen Rücken hochkroch. War das nur die Kälte oder die Angst? Ich versuchte tapfer, nicht zu bibbern, musste aber schließlich kapitulieren.

Nach ein paar Minuten kam der ältere der beiden Beamten herein, die mich im Auto zu der Villa gebracht hatten. Er gab den anderen Männern im Raum ein paar Anweisungen. Ich war zu nervös, um auf seine Worte zu achten, aber die anderen beachteten sie umso mehr; sie gehorchten ihm sofort. Aha, offenbar war er der Chef hier.

Jetzt setzte er sich, direkt mir gegenüber. Eine Zeit lang starrte er mich an, mit einem Blick, der so viel sagte wie: *Eigentlich sollten Sie schon wissen, was jetzt kommt.* Dann räusperte er sich und sagte: „Sie haben hochsubversives Material in unsere große Nation geschmuggelt, das voll ist von Lügen über unseren Großen Führer, Kim Jong-un, und seine Fürsorge für uns." Er unterbrach sich kurz. „Sie werden hier unser Gast sein, so lange, bis Sie uns erklärt haben, wieso Sie – jemand, der schon viele Male in unserer großen Nation willkommen geheißen wurde – dieses Material in unser Land gebracht haben und was Sie mit ihm vorhatten."

Das Herz rutschte mir in die nicht mehr vorhandene Hose. *Sie haben sie sich schon angeschaut.*

„Sie", das war die externe Festplatte, die ich aus Versehen mit nach Nordkorea gebracht hatte. Ich hatte sie nur dabeigehabt, weil ich mir vor Kurzem einen neuen Laptop gekauft hatte und jetzt alle meine Dateien von der Festplatte auf ihn kopieren musste.

Die Reise von meiner Operationsbasis in Dandong (China) zu dem Grenzübergang etwas nördlich von Rason dauert dreiundzwanzig Stunden, von denen einundzwanzig auf die Zugfahrt von Dandong nach Yanji entfallen, das ebenfalls noch zu China gehört. Ich hatte eigentlich vorgehabt, den Datentransfer während dieser Zugfahrt vorzunehmen und meinen Computer und die externe Festplatte in einem Hotel auf der chinesischen Seite der Grenze in den Safe einzuschließen. Unglücklicherweise war ich die ganze Zeit nicht dazu gekommen, die Daten zu kopieren, und die Festplatte hatte ich komplett vergessen, bis ich an den Grenzkontrollen meine Aktentasche öffnen musste, und da war es zu spät gewesen.

Die Dateien auf der Festplatte enthielten detaillierte Beschreibungen von sechs Jahren Missionsarbeit in China, plus zwei Jahren Arbeit in Nordkorea. Sämtliche Textdateien waren auf Englisch, was bedeutete, dass die Zollbeamten, die die Festplatte untersucht hatten, noch nicht wussten, was ihnen da ins Netz gegangen war. Wären diese Dateien die einzigen auf der Festplatte gewesen, wäre ich vielleicht gerettet gewesen, doch leider gab es auch über 8.000 Fotos und Videoclips, darunter Fotos von Missionaren, die in China und Nordkorea arbeiteten. Unter den Videos war auch Material aus dem National-Geographic-Channel-Dokumentarfilm *Inside North Korea* [„In Nordkorea“] von 2009: Es zeigte hungernde nordkoreanische Kinder, die auf der Suche nach Essbarem den Boden aufgruben.

Ich wusste, dass ich diesem Mann (und dem Rest der Menschen in seinem Land) keine zufriedenstellende Erklärung würde liefern können, warum ich diese Festplatte dabeigehabt hatte. Wenn ich ihm einfach die Wahrheit sagte – dass es alles ein großes Missverständnis und dummes Versehen war, dass ich nie vorgehabt hatte, irgendwelche subversiven Materialien ins Land zu bringen, dass ich die Festplatte vor meiner Abreise mit in die Aktentasche gesteckt und anschließend vergessen hatte, bis ich sie beim Zoll wiederentdeckte –, er würde mir nicht glauben.

„Also“, sagte der ältere Beamte, „können Sie erklären,

warum Sie dieses Material in unsere große Nation gebracht haben?"

Ich beschloss, es gar nicht erst mit Ausreden zu versuchen. „Nein", sagte ich.

„Wir lassen Ihren Koffer aus dem anderen Hotel holen." Er sagte es in einem Ton, als ob ich ein Gast in dieser Villa war und kein Gefangener. „Man wird Ihnen demnächst Ihr Abendessen bringen." Er stand auf und ging.

Etwa eine Viertelstunde später kam ein Wächter mit einer kleinen Schüssel. Er stellte sie vor mich und ging wieder. Ich inspizierte den Inhalt der Schüssel – ein kleiner Klumpen Reis mit etwas welk aussehendem Gemüse darauf, dazu eine winzige Portion Fisch, die mehr nach einem Köder als nach einer Mahlzeit aussah. Insgesamt reichte es wohl für sechs oder sieben Löffel.

Ich verspürte keinen großen Appetit, zwang mich aber zu essen. Ich hörte, wie die Wächter im Nachbarraum ebenfalls aßen. Vielleicht hatten sie die gleiche Portion wie ich? Als sie zwanzig Minuten später immer noch aßen, dämmerte mir, dass Aushungern eine der Methoden war, mit denen man mich zum Reden bringen wollte.

Während des Essens und die folgende halbe Stunde saß ich auf demselben Holzstuhl, den man mir angewiesen hatte, als ich den Raum betreten hatte. Das Holz fühlte sich nicht mehr so kalt an, dafür taten mir die Knochen vom langen Sitzen weh.

Plötzlich kam wieder ein Wächter herein und befahl mir aufzustehen.

Ich stand auf.

Hinter dem Wächter kam ein untersetzter Mann mittleren Alters, der wie ein Mafiaboss aus der US-Fernsehserie *The Sopranos* aussah. Als er hereinkam, traten die anderen respektvoll zurück. Sie titulierten ihn *Bujang* (koreanisch für „Direktor“). Seine Miene zeigte mir, dass er nur ungern zu dieser Stunde unterwegs war. Oder sah er immer so drein? Wie auch immer, er war der am bösartigsten aussehende Mann, der mir je in Korea über den Weg gelaufen war. Und der dickste.

Der *Bujang* nahm in dem einen Klubsessel Platz und bedeutete mir, mich wieder zu setzen. Dann kam der ältere Beamte erneut ins Zimmer und postierte sich etwas seitlich. Der Bujang machte es sich in dem Sessel bequem und zog eine Packung Zigaretten aus seiner Jackentasche. Er hielt mir die Packung hin. „Rauchen Sie?“

„Nein, aber danke für das Angebot“, erwiderte ich.

Der Bujang sah mich geringschätzig an. Er zündete sich eine Zigarette an, inhalierte tief und blies den Rauch in meine Richtung. Es war die Mimik eines Mannes, der daranging, mir ein Angebot zu machen, das ich nicht ablehnen konnte.

„Wir werden eine Untersuchung durchführen“, dozierte er. „Sie haben eine Festplatte voller Textdateien, Bilder und Videos in unser Land gebracht. Wir möchten wissen, wer hinter dieser Sache steht und Ihnen dieses Material gegeben hat, damit Sie es in unsere große Nation schmuggeln. Und zweitens möchten wir wissen, *warum* Sie das getan haben – was für eine Absicht hinter diesem Vorgang steckt.“

Ich nickte, um anzudeuten, dass ich ihn verstand. Ich sagte kein Wort.

Er fuhr fort: „Meine Leute sind Profis. Sie wissen, wie sie an die Informationen kommen, die wir brauchen. Früher oder später werden sie alle Ihre Geheimnisse entdecken. Je früher Sie also die Wahrheit sagen, desto besser für Sie." Er machte eine Pause, um seine Worte wirken zu lassen. Fast schien ihm die Szene jetzt Spaß zu machen.

Er zog wieder an seiner Zigarette. „Nein, Gewalt anwenden werden wir nicht." Er sagte es in einem Ton, der klarmachte, dass sie es sich jederzeit anders überlegen konnten. „Nein, das wäre albern." Er lächelte dünn. „Und wir brauchen auch gar keine barbarischen Methoden, um das herauszufinden, was wir wissen müssen. Sie werden kooperieren, das garantiere ich Ihnen. Und je schneller Sie das tun, umso besser wird es für uns alle sein." Er ließ die Worte in der Luft hängen.

Ich nickte wieder.

Der Bujang machte eine Geste zur Tür hin. Ein jüngerer und deutlich kleinerer Mann kam herein. Er mochte nur gut 60 Kilo wiegen und war buchstäblich halb so groß wie der Bujang. Ein dunkler Anzug umgab seine schmächtigen 1,60 Meter. Seine Brille ließ ihn um einiges weniger bedrohlich aussehen als seinen Vorgesetzten. Er trat zu einem Stuhl neben dem Bujang und setzte sich steif und umständlich, wie ein kleiner Junge, der Angst vor seinem Vater hat.

„Dies ist Ihr Untersuchungsbeamter", verkündete der Bujang. „Sehen Sie zu, dass Sie gut mit ihm kooperieren.“ Der Dünne nickte dem Bujang zu, wie um zu bestätigen, was dieser gerade gesagt hatte.

„Fangen wir jetzt an?“, fragte ich.

„Nein“, sagte der Bujang, „dafür ist es schon zu spät am Abend. Sie brauchen Ihre Nachtruhe. Unsere Untersuchung wird morgen früh beginnen.“

Er erhob sich und der Untersuchungsbeamte sprang auf die Füße. Der Wächter bedeutete mir, ebenfalls aufzustehen, was ich tat.

„Bis dahin“, fuhr der Bujang fort, „wird dies hier Ihr Zimmer sein. Nehmen Sie das Bett dort neben dem Fenster. Ihre Wächter werden die beiden anderen Betten nehmen. Das Untersuchungsteam wird im Nebenzimmer sein.“ Der Bujang marschierte aus dem Zimmer, dicht gefolgt von dem Untersuchungsbeamten und dem älteren Beamten, der mich mit dem Auto hierhergebracht hatte.

Einer der Wächter trat zu mir. „Zeit zum Schlafengehen. Dorthin, bitte.“ Er wies auf das Bett beim Fenster.

Ich ging dorthin. Auf dem Bett lag nur eine einzige dünne Decke. Ich hatte meine Hose immer noch nicht zurückbekommen. Die dünne Jacke, die ich angehabt hatte, als die Beamten mich auf dem Hotelparkplatz festnahmen, würde mir nicht viel helfen in diesem eiskalten Raum.

Ich legte mich auf das Bett und versuchte, es mir unter der Decke bequem zu machen. Ich bibberte vor Kälte.

„Ist Ihnen immer noch kalt?“, fragte einer der Wächter.

„Ja“, antwortete ich.

„Okay“, sagte der Wächter. Er verließ das Zimmer und kam kurz darauf mit einer zweiten Decke zurück, die genauso dünn war wie die, unter der ich lag. Ich wickelte sie um meinen Körper und das Bibbern hörte auf.

An der gegenüberliegenden Wand legte einer der Wächter sich auf eines der anderen Betten. Der Wächter, der mir die Decke gebracht hatte, setzte sich, um mich zu bewachen. Einer der beiden war immer wach, als ob ich ein gefährlicher Verbrecher wäre.

Selbst mit der Extradecke konnte ich nicht schlafen. Ich musste an meine chinesische Assistentin Stream denken, und die vier Gäste, die wir auf diese Tour mitgenommen hatten – zwei US-Amerikaner und einen Australier mit seiner deutschen Ehefrau. Hatte man sie auch festgehalten? Als ich die Festplatte in meiner Aktentasche entdeckt hatte, hatte ich sie sofort angewiesen, sich so zu verhalten, als ob sie mich nicht kannten. Wenn man sie verhörte, sollten sie sagen, dass wir uns erst zu Beginn der Tour kennengelernt hatten. Hatten sie diese Version durchhalten können? Waren sie in Sicherheit? Oder waren sie jetzt in einem ähnlichen Raum wie diesem hier und mussten meinen dummen Fehler ausbaden? Würden sie das Land wieder verlassen können?

Ich drehte und wälzte mich ruhelos hin und her. Was mochte den anderen jetzt blühen? Was war vielleicht schon passiert?

Ich dachte auch an meine Kinder. Mein zweiundzwanzig Jahre alter Sohn Jonathan und meine sechzehnjährige Tochter Natalie wohnten in Arizona (USA), während meine zwanzigjährige Stieftochter Sophia zusammen mit meiner Frau Lydia in Dandong (China) lebte. Sie wussten nicht, was mir passiert war. *Ich kann spurlos verschwin-*

*den und sie denken vielleicht, ich habe sie verlassen. Es gibt so viel, was ich ihnen sagen möchte. Werde ich das jetzt noch tun können?*

Lydia hatte mich gebeten, zu Hause zu bleiben. „Geh nicht", hatte sie gesagt, „ich brauche dich hier." Aber ich war gegangen.

Meine Augen füllten sich mit Tränen. Würde ich meine Familie je wiedersehen?

Angst. Sorgen. Dann wurde aus den Sorgen ein Gebet. Ich war 1985, kurz vor dem Umzug meiner Familie von Seoul (Südkorea) in die USA, Christ geworden, und in den folgenden Jahren hatte ich wiederholt Gottes Ruf verspürt, erst nach China und dann nach Nordkorea zu gehen. Es war mein Glaube, der mich in die Villa 3 gebracht hatte, und jetzt müsste dieser Glaube mich durchtragen, bis ich wieder nach Hause konnte.

*Herr, hilf mir,* betete ich. *Hilf mir. Das hast du schon so oft getan. Die ganzen letzten sechs Jahre hast du mich bei meiner Missionsarbeit in China bewahrt. Du hast mich diesen Weg geführt, jeden Schritt. Du hast immer über mir gewacht. Wo bist du, Herr? Ich brauche deine Hilfe.*

Während ich so betete, schlief ich ein.

# 2. Die Verhöre beginnen

*Und ich hörte die Stimme des Herrn, wie er sprach: „Wen soll ich senden? Wer will unser Bote sein?" Ich aber sprach: „Hier bin ich, sende mich!"*

(Jesaja 6,8)

„Stehen Sie auf und machen Sie sich fertig!" Die Stimme schien von oben zu kommen.

Ich schlug die Augen auf. Über mir stand ein junger Mann in Uniform. Für den Bruchteil einer Sekunde wusste ich nicht, wo ich war.

„Sie haben zehn Minuten, um sich zu duschen. Beeilen Sie sich", fuhr er fort.

Jetzt erinnerte ich mich wieder. Nein, es war kein Albtraum, es war die Realität.

Ich ging mit unsicheren Schritten ins Badezimmer. Duschen – ja, das wäre nicht schlecht. „Zehn Minuten", wiederholte der Wächter.

Doch die Dusche funktionierte nicht. Also gut, ich ließ warmes Wasser in die Wanne laufen, und dann stellte ich mich hinein und goss mir das Wasser mit einem Eimer über den Kopf. Es war eine etwas unkonventionelle Dusche, aber es tat gut.

Als ich dort in der Wanne stand, begann ich wieder zu beten. *Gott, gib mir Kraft! Ich weiß nicht, was dieser Tag bringen wird, aber du weißt es. Gib mir deine Kraft. Lege deine Worte in meinen Mund, damit ich meinen Anklägern recht antworten kann.*

Nicht lange nach meiner Dusche kam das Frühstück. Es sah, in Menge und Inhalt, genauso aus wie das Abendessen und ich hatte es bald gegessen. Ich hatte immer noch keinen richtigen Appetit; ich war zu nervös, um an Essen nur zu denken.

Nach dem Frühstück befahl mir der Wächter, sitzen zu bleiben und zu warten. Ich saß auf demselben harten Holzstuhl wie am Abend. Es war immer noch kalt.

Meine Gedanken, die nichts anderes zu tun hatten, sprangen zurück zum vergangenen Tag. Ich hätte mich in den Bauch beißen können, dass ich so unvorsichtig gewesen war und nicht vor der Grenze noch einmal mein Gepäck inspiziert hatte. Ich hatte jede Menge Gelegenheit dazu gehabt, aber während der ganzen Zugfahrt von Dandong nach Yanji hatte ich nicht einmal in meine Aktentasche hineingeschaut. Auch nicht im Hotel in Yanji und auch nicht während der zweistündigen Busfahrt zur Grenze.

Dabei hätte ich mindestens nachschauen müssen, ob auch die Papiere meiner kleinen Reisegruppe alle in Ordnung waren. Stattdessen hatte ich vorne im Bus neben einer Freundin und Missionskollegin gesessen und mich angeregt mit ihr unterhalten. Lisa, wie ich sie hier nennen möchte, gehörte nicht zu unserer Gruppe; sie betreibt ihre eigene humanitäre Arbeit in Nordkorea.

Noch kurz bevor wir über die Grenze gingen, hatte Lisa mir Gelegenheit gegeben, mein Gepäck zu prüfen.

Der Bus hatte an einem kleinen Laden angehalten, in dem es auch Gepäckschließfächer gab. Lisa war ausgestiegen. „Ich lasse mein Handy hier", hatte sie gesagt. „Hast du auch irgendwas, das du besser hierlässt, bevor wir über die Grenze gehen?"

Ohne meine Taschen zu inspizieren, hatte ich geantwortet: „Danke, ich habe nichts."

Wie hatte ich nur so leichtsinnig sein können!? Wenn dies meine erste Reise nach Nordkorea gewesen wäre und nicht die achtzehnte, hätte ich wahrscheinlich alles noch einmal genau geprüft. Aber als alter Nordkorea-Hase fühlte ich mich mittlerweile so sicher, dass ich gar nicht auf den Gedanken kam, in einer meiner Taschen könnte etwas sein, was ich besser in China ließ.

Wieder und wieder ließ ich die Szene vor meinem inneren Auge ablaufen, während ich dasaß und wartete. (Worauf wartete? Ich wusste es nicht.) Ich stellte mir vor, wie nordkoreanische Regierungsfunktionäre jede Datei auf der Festplatte aufriefen, sich jedes Foto ansahen, jedes Gesicht genau studierten und eine Liste der „Verschwörer" und „Komplizen" anlegten, die man sich vornehmen müsste.

*Und was passiert, wenn sie die Textdateien übersetzen lassen?* Diese Texte dokumentierten meine gesamte Arbeit in China und Nordkorea. Ich wusste: Es war nur eine Frage der Zeit, bis sie voll im Bilde darüber wären, wer ich war und was ich in Nordkorea machte. *Und dann? Was werden sie dann mit dir machen?*

Ich wusste, was sie mit anderen Menschen gemacht hatte. Ich war in Südkorea aufgewachsen und hatte sie gehört, die Geschichten, wie man in Nordkorea von jetzt auf gleich spurlos verschwinden konnte.

Aber ich hatte nicht nur Angst um mich selbst. Ich hatte auch Angst um all die Menschen, die mit mir in Kontakt gekommen waren, seit ich vor zwei Jahren meine erste Reisegruppe nach Nordkorea gebracht hatte. Ich musste an Sam denken, den Inhaber des Cafés im Hotel in Rason, wo man mich verhaftet hatte. In China geboren, war er Christ geworden und hatte in meinem Missionszentrum in Dandong gearbeitet. Jetzt war er mal im chinesischen Dandong, mal im nordkoreanischen Rason. Was konnte ihm nicht alles passieren, wenn sie ihn enttarnten? Sobald die Behörden die Übersetzung meiner Dateien hatten, würden sie Ermittlungen gegen ihn aufnehmen, wegen seiner Beziehung zu mir.

Dann eine andere Nordkoreanerin – Songyi. Ich hatte sie kennengelernt, als sie sich mit einer staatlichen Besuchserlaubnis in China aufhielt. Nach Nordkorea zurückgekehrt, hatte sie versucht, ein christliches Waisenhaus zu gründen. Wegen der Dateien auf meiner Festplatte war auch sie jetzt nicht mehr sicher. Das Regime würde keine großen Schwierigkeiten haben, sie aufzuspüren – und anders als ich genoss sie nicht den Schutz, den die amerikanische Staatsbürgerschaft jemandem gab.

Mein Warten endete damit, dass ein Arzt ins Zimmer kam. „Ich werde Sie eben untersuchen“, erklärte er mir.

Ich fragte mich warum, aber ich ließ ihn gewähren. „Sind bei Ihnen irgendwelche Krankheiten festgestellt worden?“, fragte er.

„Ja“, sagte ich. „Ich habe Diabetes, erhöhten Cholesterinspiegel, Gallensteine, eine vergrößerte Prostata und eine Fettleber. Und vor fünfzehn Jahren habe ich mich bei einem Sturz an der Wirbelsäule verletzt; ich habe heute noch Schmerzen deswegen."

„Hm, ja." Der Arzt notierte sich alles. „Nehmen Sie regelmäßig Medikamente?"

„Ja. Für meinen Diabetes, die Gallensteine und den Cholesterinspiegel."

„Haben Sie diese Medikamente dabei?"

„Sie sind in meinem Koffer."

Der Arzt schrieb weiter, dann sagte er: „Okay. Sie dürften bei uns keine Probleme haben."

Ich fand die Worte nicht beruhigend.

Als der Arzt gegangen war, kam ein anderer Beamter, der ein Verzeichnis vom Inhalt meines Koffers brachte. Dann kam der „Untersuchungsbeamte", den man mir am Abend vorgestellt hatte. Ich musste mich wieder auf den Holzstuhl vor dem Schreibtisch setzen. Ich hörte, wie einer der anderen ihn mit „Mr Park" anredete. (Er selbst hat sich mir nie mit Namen vorgestellt. Als ich ihn später einmal fragte, ob er Mr Park hieß, verneinte er das.)

Mr Park schien gut gelaunt zu sein, als er mir gegenüber Platz nahm. Er legte einen nagelneuen Spiralblock vor sich auf den Tisch, um seine Notizen zu machen. Ich kannte diesen Block; vor einem Tag war er noch in meinem Koffer gewesen.

Er fing an: „Haben Sie gut geschlafen?"

„Ja", log ich. Ich hatte keine Lust, ihm zu sagen, dass ich mich die ganze Nacht hin und her gewälzt hatte vor lauter Sorgen; das hätte wie ein halbes Geständnis ausgesehen.

„Schön“, sagte er. „Wir möchten, dass Sie sich als unser Gast wohlfühlen. Aber jetzt habe ich ein paar Fragen. Wenn Sie kooperieren, dürfte es nicht zu lange dauern.“

Ich nickte. Ich hatte zu diesem Zeitpunkt nicht vor, mehr auszusagen, als dass ich ein Geschäftsmann war, der durch seine Firma „Nations Tours“ zum wirtschaftlichen Wohlergehen der Stadt beigetragen hatte. Und dass ich schlicht aus Versehen eine externe Festplatte mit ins Land gebracht hatte, die Material enthielt, das man als subversiv deuten konnte, und dass ich nie vorgehabt hatte, diese Dateien irgendjemandem zu zeigen.

Mein Gegenüber fuhr fort: „Ich finde, es ist besser, wenn wir uns hier nicht einfach unterhalten, sondern wenn Sie mir Ihre Antworten schriftlich geben. Nehmen Sie sich so viel Zeit, wie Sie brauchen, und überlegen Sie es sich gut, was Sie uns sagen wollen.“ Mr Park schob mir einen kleinen Stapel Computerpapier hin sowie einen Kugelschreiber. Diesen Kugelschreiber kannte ich doch? Natürlich, er war auch von mir.

„Wir fangen am besten so an, dass Sie uns etwas mehr über sich erzählen.“ Sein Ton und ganzes Verhalten schienen mir das totale Gegenteil von dem des Bujang zu sein, des Direktors, der mir wie ein Mafiaboss vorgekommen war. „Bitte schreiben Sie, aus was für einer Familie Sie kommen. Wer sind Ihre Verwandten, wo wohnen sie, was machen sie beruflich, was haben sie so erlebt? Wenn Sie fertig sind, heben Sie einfach Ihre Hand, und dann komme ich und Sie können mir Ihren Bericht geben.“

Beim letzten Satz kam ich mir plötzlich vor, als ob ich wieder in der Grundschule wäre.

Ich nahm den Kugelschreiber und fing an zu überlegen. Was sollte ich alles erwähnen?

Mr Park erhob sich und ging zurück zur Tür. „Nehmen Sie sich so viel Zeit, wie Sie brauchen", lächelte er.

~

Ich bin amerikanischer Staatsbürger, aber die Wurzeln meiner Familie liegen in Yongbyon, einer kleinen Stadt knapp hundert Kilometer nördlich von Pjöngjang, im heutigen Nordkorea. Es gab nur *ein* Korea (damals unter dem Namen *Choson*), als meine Vorfahren vor über hundertfünfzig Jahren von der Südspitze der koreanischen Halbinsel nach Yongbyon zogen. Die vier Generationen vor meinem Großvater väterlicherseits wohnten und arbeiteten dort.

Während dieser Zeit veränderte das Land sich stark. 1885 kamen die ersten christlichen Missionare nach Korea. Heute wissen viele Menschen im Westen, dass es in Südkorea sehr viele Christen und Kirchen gibt. Was die meisten nicht wissen, ist, dass das Evangelium zuerst im Norden des Landes Fuß fasste. 1907 brach in Pjöngjang eine Erweckung aus, in der Zehntausende zu Jesus Christus fanden.

Doch trotz der Ausbreitung des christlichen Glaubens war es eine schwere Zeit für Korea. 1905 zwangen die Japaner den koreanischen König zu einem Abkommen, das Korea praktisch seiner Unabhängigkeit beraubte. 1910 annektierte Japan die Halbinsel. Die japanische Herrschaft war eine furchtbare Leidenszeit für das Land. Die japanische Kapitulation am Ende des Zweiten Weltkriegs machte das Los des Landes nicht besser. 1945 teilten die USA und die Sowjetunion die koreanische Halbinsel entlang des 38. Breitengrades in zwei Staaten. Jetzt wohnte meine Familie mitten im kommunistischen Norden.

Die Teilung Koreas war als Provisorium gedacht, so lange, bis die Vereinten Nationen freie Wahlen zur Einsetzung einer Regierung für das ganze Land durchführen konnten. Doch die Sowjetunion blockierte diesen Plan; sie baute im Norden eine kommunistische Regierung auf, an deren Spitze Kim Il-sung stand, der sich zum „Großen Führer" proklamierte und in der Folgezeit ein quasi religiöses System schuf, in welchem er für die Nordkoreaner ein Gott war (und auch nach seinem Tod bis heute ist). 1948 war die Trennung zwischen den beiden koreanischen Staaten (Nord- und Südkorea) eine vollendete Tatsache.

Die kommunistische Ideologie in Nordkorea entwickelte sich im Laufe der Jahre zu dem sogenannten *Juche*-System. Das Wort bedeutet eigentlich „Selbstständigkeit", doch das Fundament des Systems ist die Vorstellung, dass der „Große Führer" alles ist, was die Bevölkerung braucht. Als die Russen 1949 aus Nordkorea abzogen, ließen sie einen bis an die Zähne bewaffneten Kim Il-sung zurück, der alles hatte, was er militärisch brauchte: schwere Artillerie, Panzer, eine Luftwaffe und gut ausgebildete Soldaten.

Es war eine Schicksalswende auch für meine Familie,

als am 25. Juni 1950 die Truppen Kim Il-sungs auf breiter Front in Südkorea einfielen. Bereits nach drei Tagen hatten sie Seoul, die Hauptstadt Südkoreas, überrannt. Der amerikanische Präsident Harry Truman schickte sofort Truppen aus Japan nach Korea, die jedoch anfangs wenig ausrichteten. Ende Juli 1950 kontrollierten die Truppen Kim Il-sungs ganz Korea, bis auf einen kleinen Brückenkopf um die Hafenstadt Pusan an der Südspitze der koreanischen Halbinsel. Doch dann kam General Douglas MacArthur.

Am 15. September landeten die US-Marines bei Inchon, etwas südwestlich von Seoul und weit hinter den Linien des Feindes. Unter MacArthurs Kommando gelang es den Truppen der Amerikaner und der UNO binnen weniger Wochen, die Armee Kim Il-sungs hinter den 38. Breitengrad zurückzudrängen. Bis Ende November hatten sie fast ganz Korea eingenommen, bis zur chinesischen Grenze entlang des Flusses Yalu, weit nördlich von Yongbyon, wo meine Familie wohnte. Doch jetzt griff China in die Kämpfe ein und die Front schob sich zurück nach Süden.

Als meine Großeltern väterlicherseits merkten, dass der Krieg zu ihnen zurückkam, lud mein Großvater die Seinen und alle Habe, die sie tragen konnten, auf seinen Lastwagen und fuhr nach Süden, nach Pjöngjang, das damals von Truppen der Vereinten Nationen besetzt war. Meine Urgroßmutter blieb in Yongbyon, um auf das Haus aufzupassen. Mein Großvater und der Rest der Familie dachten nichts anderes, als dass sich die Front in ein, zwei Wochen zurück nach Norden verlagern würde und sie zurück nach Hause könnten. Doch dann zogen sich die UN-Truppen stattdessen weiter Richtung Süden zurück, und unsere Familie musste wohl oder übel mitziehen, wenn sie nicht in die Kampfhandlungen hineingezogen werden wollte; meine Urgroßmutter war immer noch in Yongbyon.

Keiner aus unserer Familie hat sie wiedergesehen.

Meine Familie kam schließlich nach Pusan ganz im Süden. Später, als der Krieg vorbei war, zog sie nach Seoul.

Mein Vater war ganze sechs Jahre alt, als er mit den anderen aus Nordkorea flüchtete. Er wuchs in Seoul auf, wo er auch meine Mutter kennenlernte. Er war ein berühmter Baseballspieler und später einer der besten Baseballtrainer des Landes. Ich wurde 1968 geboren und verbrachte meine ersten sechzehn Lebensjahre in Seoul.

In meinem Bericht für Mr Park ließ ich einen Teil dieser Informationen aus. Wenn er mitbekam, dass meine Familie während des Krieges aus dem Norden in den Süden geflohen war, konnte ihn das gegen mich einnehmen, und ich wollte es mir mit ihm nicht unnötig verderben. So schrieb ich lediglich, dass der Krieg eine schwere Zeit für meine Familie gewesen war und dass wir schließlich in Seoul gelandet waren. Ich erwähnte auch, dass meine Eltern 1985, als ich sechzehn war, mit meiner Schwester und mir in die USA gezogen waren, damit wir die bestmögliche Schulausbildung bekamen.

Wir zogen damals zuerst nach San José (Kalifornien), wo einer meiner Onkel wohnte. Unsere Englischkenntnisse waren minimal, obwohl ich in den letzten Wochen, bevor wir Korea verließen, freiwillig in der Schule ein paar Monate Englisch gelernt hatte. In San José gab es in meiner Highschool nur eine Handvoll koreanische Schüler. Die Lehrer taten sich schwer, meinen Vornamen, *Junho,* richtig auszusprechen. Wenn sie mich aufriefen, nannten sie mich immer *Juno*, was ein Mädchenname ist. (Als ich Jahre später die US-Staatsbürgerschaft bekam, fand ich, dass es Zeit für einen amerikanischen Vornamen war. Ich entschied mich für *Kenneth,* weil ich nie erlebt hatte, dass jemand diesen Namen falsch aussprach; ich kannte damals auch keine anderen Kenneths.)

Nach etwa einem Jahr zogen wir von San José nach Torrance um, in die Nähe von Los Angeles. Hier gab es sehr viel mehr Koreaner. Mein Englisch wurde besser, und 1988 schaffte ich den Abschluss an der Highschool.

In dem Sommer, bevor meine Familie mit mir in die Vereinigten Staaten zog, war ich Christ geworden. Unsere kirchliche Jugendgruppe in Seoul hatte einen sehr dynamischen Leiter, der uns Mut machte, Gottes Willen für unser Leben zu suchen. Als ich dies tat, hörte ich, wie Gott zu mir sagte: *Hirte.* Das war alles – nur dieses eine Wort, *Hirte.* Und da auch ein Pastor ein Hirte ist, wusste ich: Gott wollte, dass ich, in welcher Form auch immer, ein Pastor wurde.

Dieser Ruf wurde deutlicher im Sommer nach meinem Schulabschluss, als ich auf eine von „Campus für Christus" organisierte Freizeit ging. Der Gründer des Werkes, Bill Bright, sprach persönlich auf dieser Freizeit und forderte uns unter anderem dazu auf, uns für die Mission in China zu engagieren. Ich spürte wieder: Dies ist Gottes Ruf. Und ich betete: *Ja, Herr, ich will für dich nach China gehen.*

Im selben Sommer flog ich auch nach Seoul, um meine Verwandten zu besuchen. Ich stürmte in die Buchhandlungen und kaufte jedes Buch über China, das ich kriegen konnte. Dann begann ich mein Studium an der Universität von Oregon. Ich wollte im Hauptfach Psychologie studieren und im Nebenfach Chinesisch, um mich auf meine große Lebensaufgabe vorzubereiten.

Zwei Wochen nach Beginn meines Studiums lernte ich ein Mädchen kennen. Wir verliebten uns und ein Jahr später heirateten wir. An China dachte ich bald nicht mehr.

1990, nicht lange nach unserer Heirat, bekamen wir unser erstes Kind, Jonathan. Ich unterbrach mein Studium, um meine junge Familie finanziell über die Runden zu bringen, aber schließlich – 1996, in dem Jahr, als unsere Tochter Natalie geboren wurde – machte ich mein Examen am San Francisco Bible College. Sechs Jahre später, 2002, legte ich mein Master-Examen in Theologie in St. Louis ab.

Drei Jahre danach zerbrach meine Ehe. Ich verbrachte einige Zeit in Kona auf Hawaii, wo ich erneut Gottes Ruf nach China vernahm. 2006 zog ich nach Dalian in China um, später dann nach Dandong, das direkt am Yalu liegt, einem Grenzfluss zu Nordkorea.

Ich schrieb für den nordkoreanischen Verhörbeamten: „Dann ging ich nach China, um eine Firma für kulturellen Austausch zu gründen. Ich verlegte diese Firma nach Dandong und ergänzte sie durch ein Hotel und ein Touristikunternehmen, ‚Nations Tours'." Ich beschrieb weiter, wie ich 2007 in Dandong meine jetzige Frau Lydia kennenlernte, die ein Textilgeschäft betrieb. Wir heirateten 2009. Ich fuhr fort: „Ich habe eine Stieftochter, Sophia."

Als ich fertig war, hob ich brav die Hand. Ich hatte fünf oder sechs Seiten geschrieben. Aber ich hatte viel ausgelassen. Ich erwähnte nicht, wo ich in Hawaii genau gewesen war – nämlich in einer Jüngerschaftsschule von „Jugend mit einer Mission". Auch nicht, dass ich ein Mitarbeiter von „Jugend mit einer Mission" war. Oder dass ich eigentlich vor allem deswegen nach China gegangen war, um dort eine neue Jüngerschaftsschule zu gründen. Ich fand, dass diese Details die Nordkoreaner nichts angingen.

Mr Park kam alsbald ins Zimmer, ohne dass jemand ihn geholt hatte. Aha, die hatten hier Kameras installiert, mit denen sie mich rund um die Uhr beobachten konnten.

„Sehr gut, Bae Junho", sagte Mr Park, der meinen koreanischen Vornamen benutzte. (Im Koreanischen kommt der Nachname immer zuerst.) „Dann schauen wir mal, was Sie geschrieben haben." Er überflog meinen Bericht kurz, dann schob er mir einen neuen Stapel weißes Papier hin.

„Und jetzt erklären Sie uns, warum Sie diese Festplatte in unser großes Land gebracht haben", sagte er. Er klang ruhig und zwanglos.

Ich nickte. Mr Park ging wieder, meinen ersten „Aufsatz" in der Hand. Ich saß da und überlegte einen Augenblick, wie ich diesen zweiten Bericht formulieren sollte. Ich hörte, wie Gott mir zuflüsterte: *Schreibe einfach die Wahrheit.*

Und ich legte los:

*Ich habe nie vorgehabt, subversive Materialien über die Grenze zu bringen. Bevor ich eine neue Gruppe ins Land bringe, erkläre ich ihr immer, was sie auf keinen Fall mit über die Grenze nehmen oder im Land zurücklassen darf. Ich schärfe den Leuten ein: „Lassen Sie Ihren Computer zu Hause. Nehmen Sie nichts mit, was unsere freundlichen Gastgeber beleidigen könnte." Dies ist meine wichtigste Grundregel, und dass ich sie bei dieser, meiner achtzehnten Reise in das Land verletzt habe, geschah rein aus Zufall.*

*Kurz bevor ich diese Reise antrat, hatte ich mir einen neuen Laptop gekauft. Ich hatte nicht die Zeit gehabt, sämtliche alten Dateien von meinem alten auf den neuen Computer zu kopieren. Deswegen kaufte ich mir die externe Festplatte. Meine Reisen nach Nordkorea beginnen immer mit einer 21-stündigen Zugfahrt von Dandong nach Yanji (China), und ich hatte vorgehabt, die Dateien während dieser Fahrt zu übertragen. Die externe Festplatte sollte anschließend als Sicherungsspeicher dienen.*

*Unglücklicherweise schaffte ich es nicht, die Dateien auf den neuen Laptop zu kopieren, da ich meine Zeit damit verbrachte, die Mitglieder meiner Touristengruppe kennenzulernen. Und wenn ich mich nicht mit ihnen unterhielt, arbeitete ich mich in das Filmbearbeitungsprogramm auf meinem neuen Laptop ein. Ich dachte die ganze Zeit, ich könnte den Datentransfer im Hotel in Yanji erledigen, aber als wir in Yanji ankamen, gönnten wir uns erst ein köstliches Abendessen im Restaurant mit gebratener Ente. Als ich endlich auf meinem Hotelzimmer war, rief ich meine Frau an. Wir redeten, bis ich die Augen nicht mehr offen halten konnte. Dann schlief ich auf meinem Bett ein, ohne die Lichter gelöscht zu haben.*

*Ich schlief wie ein Stein, bis am nächsten Morgen um halb sechs meine Assistentin, Stream, an meine Tür hämmerte und mich daran erinnerte, dass bald der Bus an die Grenze abfuhr; die Fahrt dauert zwei Stunden. Ich dachte nicht mehr an die Festplatte, als ich aus dem Bett sprang, mir hastig das Gesicht wusch und zur Tür hinausrannte. Bevor wir das Hotel verließen, gab ich Stream meinen neuen Laptop und bat sie, ihn in dem Hotelsafe einschließen zu lassen, bis ich nach vier Tagen zurückkäme. Wenn Sie wollen, dürfen Sie ihn gerne inspizieren; Sie werden sehen, dass es auf ihm sehr wenige Dateien gibt.*

*Ich führte meine Reisegruppe zur Busstation. Als ich das erste Mal meine Aktentasche öffnete, waren wir schon in Nordkorea. Ich erin-*

*nerte mich an die Festplatte erst wieder, als ich sie beim Zoll in meiner Aktentasche sah.*

Dies war die Wahrheit und nichts als die Wahrheit. Ich hob wieder die Hand, zum Zeichen, dass ich fertig war. Mr Park kam und nahm meinen Bericht entgegen. „Sehr gut. Ich freue mich schon darauf, Ihre Antworten zu lesen“, sagte er, dann verschwand er ins Nebenzimmer.

Ich hoffte, dass damit alles ausgestanden war. Sicher hatten die Nordkoreaner den Reiseführer, mit dem ich auf allen meinen Reisen im Land zusammengearbeitet hatte, bereits verhört, und er hatte alle meine Angaben bestätigt. Ich war ein Geschäftsmann, der hoch angesehen war in dieser Stadt und der einen Fehler gemacht hatte, der jedem passieren konnte. Das war's, und damit war die Sache doch wohl erledigt.

Ein Wächter kam mit dem Mittagessen, aber ich brachte kaum einen Bissen herunter.

Kurz nach dem Essen stürmte ein wütender Mr Park ins Zimmer. Sein Gesicht war hochrot. Nein, dies war nicht mehr der höflich lächelnde Mann, der mir am Morgen gegenübergesessen hatte.

„Was soll das hier?“, brüllte er. „Ich habe Ihnen doch gesagt, dass ich die Wahrheit will und keine Lügen! Stehen Sie auf, jetzt sofort!“ Er zeigte in die eine Ecke des Raumes. „Stellen Sie sich dorthin und rühren Sie sich nicht von der Stelle, bis Sie bereit sind, uns die Wahrheit zu sagen!“

Ich stand auf und ging in die Ecke.

„Legen Sie die Hände an die Seite. Und keine Bewegung! Dies hier ist eine Strafe. Wenn Sie bereit sind, uns die wirkliche Geschichte zu erzählen, dürfen Sie aus der Ecke raus."

Ich musste an die Filme denken, in denen die Polizei mal das Zuckerbrot und mal die Peitsche einsetzt, um die Spitzbuben geständig zu machen. Mr Park war Zuckerbrot und Peitsche in einer Person.

Während ich dort in der Ecke stand, ging mir ein anderer Film durch den Kopf – einer, von dem ich hoffte, dass er bald wahr werden würde. Ich stellte mir vor: In dem Augenblick meiner Verhaftung wurde der Computerchip in meinem Pass aktiviert. Die US-Marines jenseits des 38. Breitengrades empfingen das Signal, dekodierten es und leiteten es ans Weiße Haus weiter, wo Präsident Obama prompt das rote Telefon in die Hand nahm und dem General am anderen Ende der Leitung den Einsatzbefehl gab. Worauf alsbald ein Team der Navy Seals mit gezogenen Waffen durchs Fenster meines Gefängnisses in Villa 3 stürmen würde. Einer der Soldaten würde zu mir springen und mich fragen: „Sind Sie okay, Mr Bae?"

„Ja, jetzt schon", würde ich antworten.

„Wir sind auf Befehl des Präsidenten der USA hier, um Sie nach Hause zu bringen, Sir." Und die Marines würden mich zur Küste bringen, wo wir mit einem Schlauchboot zum wartenden U-Boot fahren würden.

*Ich gehe nach Hause. Danke, Präsident Obama, dass Sie mich gerettet haben.*

Ich stand in meiner Ecke, das Gesicht zur Wand, und ließ im Kopf diesen Film spielen. Dabei lächelte ich unwillkürlich.

Sofort stand Mr Park neben mir. „Warum lächeln Sie? Hören Sie auf damit! Das hier ist eine Strafe!“

Seine Worte rissen mich in die Wirklichkeit zurück, aber ich fragte mich doch, ob mein Traum wahr werden würde. Hoffentlich würde er bald wahr werden …

# 3. Ich stehe zu Gottes Füßen

*Fürchte dich nicht vor ihnen; denn ich bin*
*bei dir und will dich erretten, spricht der Herr.*
(Jeremia 1,8)

Ich wusste ohne den geringsten Zweifel, dass Gott mich nach Nordkorea gerufen hatte. Vor sieben Jahren, als ich mich in Kona auf Hawaii aufhielt, flog ich mit einer Gruppe von „Jugend mit einer Mission“ nach Dalian in China, um etwas Missionsluft zu schnuppern. Dabei spürte ich innerlich ganz deutlich, wie Gott seine Berufung aus dem Sommer nach meinem Highschool-Abgang wiederholte, die ich im Trubel des Lebens glatt aus den Augen verloren hatte.

Im November 2005 fuhr ich von Dalian nach Dandong, um einen Missionar zu besuchen, den ich über einen gemeinsamen Freund kennengelernt hatte, und mir seine Arbeit anzuschauen. Während ich dort war, lernte ich eine Frau aus Nordkorea kennen, die einen Monat zuvor mit einem Besuchervisum nach Dandong gekommen war. In ihrer ersten Woche in China lief sie meinem Freund, dem Missionar, über den Weg, der ihr von Jesus erzählte. Die Frau übergab Jesus auf der Stelle ihr Leben. Als ich sie traf, war sie erst seit drei Wochen Christin.

Ihre Geschichte bewegte mich so sehr, dass ich sie spontan fragte, wie ich für sie beten konnte. „Nein, nein, nein“, antwortete sie. „Beten Sie nicht für mich, ich habe Jesus ja schon. Beten Sie für die Menschen in Nordkorea, dass sie den wahren Gott kennenlernen!“

Ich war platt. Diese Frau war nach China gekommen, um sich etwas Geld zu verdienen, weil es ihrer Familie an allem fehlte, aber jetzt, wo sie Jesus hatte, sagte sie mir, dass er alles war, was sie wirklich brauchte.

Mein Freund, der Missionar, machte mich auch mit einem zweiten Nordkoreaner bekannt, der sich ebenfalls mit einem Besuchervisum in China aufhielt. Der Mann war Mitte fünfzig und hatte jenseits des Flusses Yalu Frau und zwei Kinder. Auch er war nach China gekommen, weil er Arbeit suchte, hatte aber wegen seines Gesundheitszustands keine bekommen. Wie die Frau hörte auch er durch meinen Freund von Jesus und vertraute ihm sofort sein Leben an.

Ich fragte den Mann, wie er sich jetzt, nachdem er Christ geworden war, fühlte. Er sagte: „Früher hatte ich keine Hoffnung, aber jetzt habe ich eine Hoffnung für mein Leben und eine Hoffnung für danach.“

Wieder war ich platt. Die Frau und die Kinder dieses Mannes hatten fast nichts zu essen. Er selbst war ein kranker Mann. Aber jetzt, wo er Jesus hatte, hatte er einen Schatz, etwas, was er nie zuvor gehabt hatte – Hoffnung.

Die Geschichten dieser beiden Menschen gingen mir noch durch den Kopf, als mein Freund, der Missionar, mich fragte, ob ich Lust hätte, mal einen Blick über die Grenze nach Nordkorea zu werfen. Ich sagte natürlich Ja. „Du kannst bis auf drei Meter an die Grenze heran", erklärte er mir. „Du kannst aber auch in ein Boot steigen, das dich über den Yalu bringt und auf der nordkoreanischen Seite landet. Solange du das Boot nicht verlässt, bist du offiziell immer noch in China und es kann dir nichts passieren."

Ich war sofort Feuer und Flamme. Das würde ich machen! Ich musste das Land sehen, wo meine Vorfahren gewohnt hatten!

Also gut. Am folgenden Tag, nach Sonnenuntergang, stieg ich mit einer Handvoll anderer Personen in ein Boot. Ich stand ganz vorne. Wir fuhren über ein vielleicht drei Meter breites Nebenflüsschen in den Yalu. Der chinesische Bootsführer tuckerte etwa zehn Minuten das Ufer entlang, dann drehte er bei und ließ den Bug des Bootes auf das nordkoreanische Ufer gleiten. Darauf rief er auf Chinesisch: „Sie können kommen!"

Die Silhouette eines sehr jungen, sehr dünnen und (jedenfalls für einen Koreaner) sehr hochgewachsenen Soldaten löste sich aus der Dunkelheit. Als er in das Licht des Bootes trat, sah ich, dass der Lauf seiner Maschinenpistole direkt auf uns gerichtet war.

„Hallo", sagte ich auf Koreanisch. Ich versuchte, ruhig

zu bleiben – nun ja, so ruhig, wie es geht, wenn man in den Lauf einer Maschinenpistole blickt.

„Haben Sie Geld?“, fragte der Soldat.

Der gesunde Menschenverstand sagt einem, dass man dann, wenn jemand mit einer Maschinenpistole Geld von einem verlangt, ihm besser etwas gibt. Aber ich antwortete: „Oh, das tut mir leid. Wir haben kein Geld dabei.“

„Haben Sie Zigaretten?“

„Nein, Zigaretten haben wir auch nicht. Aber wir haben etwas anderes für Sie.“ Ich reichte dem Soldaten einen Beutel. „Da drinnen ist Brot und andere Lebensmittel, unter anderem ein Apfel und Trockenrindfleisch aus den USA. Und ein paar Erfrischungsgetränke.“ Es sind solche kleinen Geschenke, die es überhaupt möglich machen, dass diese Boote am nordkoreanischen Ufer landen können, ohne gleich beschossen zu werden.

Der Soldat nahm den Beutel und sagte: „Danke.“ Er schaute kurz hinein, dann verschwand er wieder in der Dunkelheit.

Während ich ihm hinterherschaute, hörte ich, wie Gott zu mir sprach. *Dieser Mann braucht kein Geld und keine Zigaretten. Dieser Mann braucht Jesus, den einzigen Weg, die Wahrheit und das Leben, ohne den niemand in das Reich Gottes gelangen kann.*

Und ich antwortete Gott, dort in diesem Boot: *Herr, wenn du mich als Brücke zwischen Nordkorea und der Außenwelt gebrauchen willst, dann gebrauche mich. Herr, hier bin ich.*

Ich wusste es damals noch nicht, aber dieser Soldat hätte mich und alle anderen in dem Boot auf der Stelle verhaften und ins nächste Gefängnis bringen können. Als meine Freunde in Dalian hörten, was ich gemacht hatte, waren sie entsetzt. „Wie konntest du das nur machen und für nichts und wieder nichts dein Leben riskieren?!" Aber ich wusste: Gott selbst hatte in diesem Boot zu mir gesprochen.

*Hier bin ich,* betete ich. *Gebrauche mich als Brücke zwischen der Welt und Nordkorea.*

Fünf Jahre vergingen, bis ich das zweite Mal nach Nordkorea ging – diesmal ganz legal. Ich gründete ein Touristikunternehmen, „Nations Tours", das seit März 2011 dreiundzwanzig Reisegruppen, insgesamt dreihundert Personen, nach Nordkorea gebracht hat. Mein Ziel war, dass jeder Teilnehmer die gleiche Erfahrung machte wie ich bei meinem ersten Besuch.

Gott hatte Nordkorea nicht vergessen. Die frischbekehrten Christen, die ich 2005 in Dandong kennenlernte, zeigten mir, was für einen Hunger nach der Wahrheit die Menschen in diesem Land hatten. Ich wollte, dass „meine" Nordkorea-Touristen wirklich das Volk kennenlernten und erfuhren, wie dringend es Jesus brauchte.

Und jetzt war Nordkorea mir dichter auf die Pelle gerückt, als ich je für möglich gehalten hätte. Ich hatte mit hohen Beamten und Regierungsfunktionären zu tun. Mehrere der wichtigsten Männer der Stadt waren hier in meinem Zimmer gewesen. Und ich – musste wie ein unartiger kleiner Junge in der Ecke stehen.

Während meines ersten vollen Tages meiner Gefangenschaft stand ich stundenlang so da. Ich starrte die nackte Wand an, bis das Licht draußen vor dem Fenster dunkel wurde. Ich wusste, dass die Sonne gegen sechs Uhr unterging. Als es draußen dunkel geworden war, brachte einer der Wächter mir mein Essen. Ich setzte mich damit an den Schreibtisch und aß die sechs oder sieben Löffel Reis und halb verwelktes Gemüse und etwas, was wie ein winziges Stück Fleisch oder Schweinefett aussah. Dann ging es zurück in die Ecke.

Ich hörte, wie im anderen Raum das Fernsehen eingeschaltet wurde. In Rason gibt es den einzigen Fernsehsender in Nordkorea. Er sendet während der Woche nur am Abend. Stunden später hörte ich, wie im Fernseher die Nationalhymne gespielt wurde; die Sendezeit war also zu Ende. Von meinen früheren Besuchen im Land her wusste ich, dass es jetzt halb elf war. Ich stand weiter in meiner Ecke.

Endlich erlaubte man mir, ins Bett zu gehen. Ich wusste nicht, wie spät es war, aber die Nacht war schon vorangeschritten. Ich hatte bestimmt sechs Stunden in der Ecke gestanden. Mindestens. Wieder schlief der eine Wächter in einem der anderen Betten in dem Raum, während sein Kollege Wache stand. Und da man schlecht im Stockdunkeln Wache stehen kann, blieb die ganze Nacht über ein Licht an.

Der Schlaf wollte nicht kommen. Ich hatte das Gefühl, gerade erst eingenickt zu sein, als einer der Wächter mich weckte: „Aufstehen! Der Untersuchungsbeamte wird bald da sein. Machen Sie sich fertig."

Ich zwang meine müden Knochen, sich aufzurappeln, und genehmigte mir meine zweite Eimer-Dusche.

Dies war der zweite volle Tag meiner Gefangenschaft.

Und mein zweiter voller Verhörtag. Gestern war Mr Park sehr ungnädig gewesen. Was würde heute kommen? Aber statt Panik kam ein tiefer Friede über mich. Ich musste an Matthäus 10,19–20 denken, wo Jesus seinen Jüngern sagt: „Wenn man euch vor Gericht stellt, dann macht euch keine Sorgen, wie ihr reden und was ihr sagen sollt. Denn wenn es so weit ist, wird euch eingegeben, was ihr sagen müsst. Nicht ihr seid es, die dann reden, sondern der Geist eures Vaters wird durch euch reden."

Ein Wächter brachte mir das magere Frühstück, das ich bald gegessen hatte. Anschließend hatte ich fast genauso viel Hunger wie vorher. Doch dann musste ich an das denken, was Jesus bei seiner Versuchung in der Wüste gesagt hatte: „Der Mensch lebt nicht nur von Brot, sondern von jedem Wort, das aus Gottes Mund kommt" (Matthäus 4,4). Noch nie waren mir diese Worte so wahr vorgekommen. Von diesem Augenblick an war ich in dem ganzen Monat, den ich in Rason verbrachte, nur noch selten hungrig oder müde. Ich hatte eine Speise, von der die anderen nichts wussten – Jesus!

Um halb neun herum – ich schätzte die Zeit nach dem Stand der Sonne – kam Mr Park.

„Schön", sagte er, „da ich nicht erwartet hatte, dass Sie die Wahrheit sagen würden, sollte ich über die Lügen, die Sie gestern geschrieben haben, vielleicht nicht überrascht sein. Heute gebe ich Ihnen eine zweite Chance." Er schob mir neues Papier zu sowie einen anderen Kugelschreiber. „Ich möchte, dass Sie mich über Ihre Familie aufklären. Nennen Sie die Namen all Ihrer Onkel, Tanten, Cousins und Cousinen in Korea. Wo wohnen sie und was machen sie zurzeit? Und ich bräuchte auch die Namen Ihrer Großeltern, die nach Ihren Angaben während des Koreakrieges unsere große Nation verlassen haben."

„Ich werde mein Bestes tun", antwortete ich.

Mr Park ging und ich fing an zu schreiben. Ich wusste, dass Gott mir die richtigen Worte geben würde – aber auf einmal konnte ich mich beim besten Willen nicht mehr an die einfachsten Dinge erinnern. Die Namen meiner Onkel und Tanten, die noch in Südkorea wohnten, waren wie weggeblasen. Lag es daran, dass ich zu wenig geschlafen hatte? Oder an dem Essen oder dem Stress? Oder waren diese plötzlichen Gedächtnislücken Gottes Werk? Wie auch immer, noch bevor ich fertig war, wusste ich schon, wie Mr Park auf meinen neuen „Aufsatz" reagieren würde.

Ich hob die Hand und Mr Park kam, um meine Arbeit zu holen.

„Bleiben Sie sitzen", sagte er mir. „Stehen Sie nicht auf. Es gibt noch mehr zu schreiben für Sie." Er gab mir mehr Papier. „Sie sind ja in Namchoson aufgewachsen", sagte er. *(Namchoson* ist der nordkoreanische Name für Südkorea.) „Was hat man Ihnen in der Schule über unsere große Nation beigebracht? Ich habe mit vielen Personen über Sie gesprochen. Alle sagen, dass Sie ein sehr ehrenwerter Geschäftsmann sind. Deshalb haben wir Sie auch so gut behandelt. Aber es muss doch irgendeinen Grund gegeben haben für Ihre abscheuliche Tat."

Sprach's und ging, und ich fing wieder an zu schreiben. Ich schrieb:

*Man hat mir beigebracht, dass Nordkorea 1950 Südkorea angriff und heute noch sein Feind ist. Als ich in Seoul wohnte, hörte ich, dass die Demokratische Volksrepublik Korea weiter Terrorakte gegen uns verübt und unter anderem Verkehrsflugzeuge in die Luft sprengt und Schiffe versenkt. Jeder in Südkorea ist davon überzeugt, dass Nordkorea nach wie vor die gesamte Halbinsel erobern will.*

Ich schrieb weiter über das Ereignis, das mir für immer das Herz für die Menschen in Nordkorea gebrochen hatte: die schwere Hungersnot, die das Land 1997 bis 2002 heimsuchte. Nach den Berichten, die ich sowohl in den USA wie in Südkorea mitbekam, waren über drei Millionen Menschen verhungert. Ich ging nicht weiter ins Detail, aber die Berichte über die Hungersnot hatten mich schwer getroffen. Und empört. Ich begriff nicht, wie eine Regierung der eigenen Bevölkerung so etwas antun konnte. Es bestätigte alles Negative, was ich ja über die Demokratische Volksrepublik Korea gehört hatte. Und die Regierung hatte es nicht nur zugelassen, dass das Volk verhungerte, sondern auch jeden hingerichtet, der aus dem Land zu fliehen versuchte. Ich habe sie heute noch vor Augen, die Fotos mit den Leichen – Erwachsene wie Kinder –, die auf dem Yalu schwammen. Lauter Menschen, die bei dem Versuch, nach China zu gehen, erschossen worden waren.

Als Mr Park diese meine neuesten Ausführungen gelesen hatte, wurde er sehr wütend. „Lügen! Lauter Lügen! Wir haben nie jemanden angegriffen, wir sind ein friedliches Land! Wir wollen nur, dass man uns in Ruhe lässt. Aber die Vereinigten Staaten und Namchoson haben uns überfallen. Präsident Kim Il-sung hat uns aus den Klauen der Amerikaner gerettet. Und die Hungersnot – das ist die nächste Lüge! Schön, es sind Menschen gestorben, aber das war nicht unsere Schuld, sondern allein die der Amerikaner!"

Er kochte vor Wut und starrte mich aus angewiderten Augen an.

„Aufstehen! Stellen Sie sich hier hin und bewegen Sie sich ja nicht!", kreischte er und zeigte in die Mitte des Raumes. „Ihre Lügen heute sind noch schlimmer als die gestern! Bleiben Sie da stehen und rühren Sie sich nicht von der Stelle, bis Sie bereit sind, uns die Wahrheit zu sagen! Sie sind ein Lügner! Wie können Sie es wagen, unser Land mit solch einer Lüge zu beleidigen!"

Ich sagte ihm, dass ich diese Dinge nicht erfunden, sondern in der Schule und durch die westlichen Medien erfahren hatte.

Er war nicht bereit, mir zuzuhören. „Stehen Sie auf und stehen Sie still!"

Ich stellte mich an die Stelle, auf die er zeigte. Mich einfach in die Ecke zu stellen, reichte ihnen offenbar nicht mehr als Strafe. Sie dachten, dass das Stehen mitten im Raum, immer an derselben Stelle und ohne einen Muskel zu bewegen, mich physisch fertigmachen würde. Aber das geschah wunderbarerweise nicht. Egal wie lange ich dort stand, meine Füße taten mir nie weh und mein Rücken auch nicht. Ich hätte für immer dort stehen können, wenn man das von mir verlangt hätte.

Ich erkannte zwei Dinge während meines Strafstehens. Das Erste war, dass ich während meiner Gefangenschaft eine Menge abnehmen würde. Meine Familie hatte mir seit Langem in den Ohren gelegen, etwas für meine Figur zu tun. Ich musste denken: *Gut, dass ich nicht auf sie gehört habe. Danke, Gott, für die 50 Pfund Übergewicht, die ich mit mir herumtrage. Sie werden mich durch den Winter bringen.*

Das Zweite war, dass ich wieder nach Hause kommen würde und allen dort eine große Geschichte erzählen könnte. Ich musste an Worte von Jesus in Lukas 8,39 denken: „Geh wieder zu deiner Familie und erzähle dort, was Gott für dich getan hat!" Ich musste denken: *Das werde ich auch tun dürfen!*

In den vergangenen sechs Jahren hatte ich mit Gott ein Wunder nach dem anderen erlebt. Ich hatte Lust, diese Geschichten aufzuschreiben, um der Welt Gottes Treue zu zeigen. Aber jetzt, als ich reglos dastand und keinerlei Müdigkeit verspürte, wusste ich, dass Gott dabei war, mich eine noch größere Geschichte erleben zu lassen. Ich musste an seine Worte an Josua denken, kurz bevor dieser die Israeliten nach Jericho führte: „Steh auf! Warum liegst du da auf deinem Angesicht?" (Josua 7,10). Genau das tat ich gerade – ich stand auf für den Herrn. Aber nicht nur das, sondern ich stand auch zu seinen Füßen.

Ich wusste, dass irgendwo an der Wand Überwachungskameras versteckt sein mussten. Eine Stunde nach der anderen suchte ich mit den Augen jeden Quadratzentimeter ab, den ich sehen konnte, aber ich konnte die Kameras nicht finden.

Es war weiter unangenehm kalt im Raum. Es war zwar wärmer als bei meiner Ankunft, aber viel mehr als zehn Grad konnten es nicht sein. Ich bibberte vor Kälte, wie an meinem ersten Abend. Doch dann fing meine linke Hand plötzlich an, warm zu werden. Ohne mich sonst zu bewegen, öffnete ich sie langsam. Ich sah etwas Glitzerndes, wie Goldstaub. Dann begann die Wärme, von meiner Hand nach oben in den Arm zu wandern. Was war das?

Und dann hörte ich innerlich Gottes Stimme: *Der Heilige Geist hält deine Hand. Du bist nicht allein. Der Heilige Geist steht neben dir und hält deine Hand. Hab keine Angst. Niemand wird dir etwas antun. Sorge dich nicht, was du sagen sollst. Ich selbst werde durch dich reden, denn ich bin bei dir und verlasse dich nicht. Es wird niemandem etwas passieren. Sorge dich um niemanden. Sage einfach die Wahrheit.*

Die Wärme in meiner Hand wurde wieder schwächer, aber das Bewusstsein von Gottes Gegenwart blieb. Ich musste denken: *Wenn der Herr bei mir ist, vor wem soll ich mich dann fürchten? Mein Gott hat mich nicht vergessen oder verlassen!*

Eine tiefe Freude stieg in meinem Herzen hoch, sodass ich anfing, Gott innerlich zu loben und zu preisen. Meine Augen konnten ihn nicht sehen, aber ich spürte seine Arme, die mich hielten. Er war mir so nah.

Ich stand dort, genoss das Gefühl von Gottes Armen um meinen Körper und lächelte. Ich stand still zu seinen Füßen und mein Herz jubelte.

*Er steht direkt neben mir. Jedes Mal, wenn ich mir hilflos vorkomme, brauche ich bloß zu seinen Füßen zu ste-*

*hen*. Mein Lächeln wurde noch breiter. Ich wusste felsenfest: Egal was passierte, Gott saß im Regiment.

Bald hörte ich, wie die Beamten im Nebenraum sich unterhielten: „Das gibt's doch nicht! Der lächelt ja!", sagte jemand.

Dann kam Mr Park wieder in mein Zimmer. „Das reicht", sagte er. „Sie dürfen jetzt ins Bett gehen."

Ich musste nie mehr stillstehen, weder in der Mitte des Raumes noch in der Ecke.

Ich legte mich, nicht ohne Gott still zu danken: *Herr, du kennst mich mit Namen. Du kennst alle meine Gedanken. Du bist voll Güte und Gnade. Ich brauche keine Angst zu haben. Ich werde dir vertrauen, Herr. Ich werde ganz ruhig zu deinen Füßen stehen.*

# 4. Ich lege ein Geständnis ab

*Legt alle eure Sorgen bei ihm ab, denn er sorgt für euch.*

(1. Petrus 5,7)

Beim Aufwachen am nächsten Morgen spürte ich immer noch sehr stark Gottes Gegenwart. Wieder und wieder erinnerte er mich an Römer 12,14: *Segnet die, die euch verfolgen; segnet sie, verflucht sie nicht*. Ich hatte diesen Vers mein ganzes Erwachsenenleben schon gekannt, aber jetzt, an diesem Ort und in dieser Situation, klang er noch einmal ganz anders.

Ich betete: *Okay, Herr, ich versuch's. Aber ich kann nicht aus meiner eigenen Kraft heraus segnen. Du musst mir die Kraft dazu geben, denn mein menschliches Wesen möchte diese Leute verfluchen.*

Dann musste ich an 2. Korinther 12,9 denken: „Meine Gnade ist alles, was du brauchst, denn meine Kraft kommt gerade in der Schwachheit zur vollen Auswirkung."

Ich konnte Gottes Gnade gut gebrauchen, als Mr Park hereingestürmt kam. „Sie schreiben immer noch nur Lügen!" Er fuchtelte mit den Blättern herum, die ich am Tag zuvor beschrieben hatte.

Ich erwartete nichts anderes, als dass er mich wieder in die Ecke beordern würde. Doch stattdessen winkte er einem der Wächter, zu mir zu kommen. Szenen aus der amerikanischen Fernsehserie 24, in welcher Agenten ein „Wahrheitsserum" benutzen, um die Informationen zu bekommen, die sie wollen, blitzten mir durch den Kopf. *Ach was, du siehst zu viel fern …* Ich holte tief Luft und versuchte, mich zu entspannen.

„Gehen Sie auf die Knie", knurrte der Wächter.

Ich hockte mich so hin, dass ich auf den Fersen hockte, während die Knie den Betonfußboden berührten. „Nein, nicht so", sagte der Wächter. „Richtig auf die Knie."

Ich richtete mich auf und kniete mich, so gut es ging, auf den kalten, harten Boden. Ich schwankte etwas, während ich mein Gewicht verlagerte, auf der Suche nach der bequemsten Position.

Ein paar Minuten und meine Rückenmuskeln begannen sich zu verknoten. Der Knoten wurde immer fester, bis ich den Schmerz nicht mehr aushalten konnte. Mir brach der Schweiß aus, obwohl es in dem Raum vielleicht ganze zehn Grad warm war. Ich merkte, wie ich zu schwanken begann.

Ich schielte zu dem Wächter hoch. „Das schaffe ich nicht“, sagte ich. „Ich habe Probleme mit meinem Rücken. Ich gebe mir alle Mühe, aber es geht einfach nicht.“

„Na gut, dann stehen Sie auf.“ Der Ton des Wächters war verächtlich. Ich stand auf und versuchte, die Rückenschmerzen durch Streckübungen wegzubekommen. Auch meine Knie taten weh.

Der Wächter ließ mich vielleicht zehn Minuten gewähren, dann bellte er: „Knien Sie sich wieder hin.“ So ging das vielleicht zwei Stunden lang weiter; mal kniete ich, mal stand ich.

Dann kam Mr Park wieder in den Raum und die nächste Runde Schreiben begann. Die Fragen dieses Tages waren mehr oder weniger die, die er schon mehrfach gestellt hatte. Ich schrieb, bis meine Hand mir wehtat. Ich fragte mich, wie oft ich es schaffen würde, mehr oder weniger dasselbe zu schreiben.

Als er meine neuesten Ergüsse gelesen hatte, wurde Mr Park wieder rot vor Wut. „Sie lügen schon wieder!“, schrie er. „Sie behaupten, Sie haben die subversiven Materialien versehentlich ins Land gebracht. Das glaube ich Ihnen nicht! Für wie dumm halten Sie mich?“

„Sie können gerne meine Assistentin anrufen“, sagte

ich. „Wenn Sie wollen, ruft sie das Hotel in Yanji an, damit es Ihnen meinen Computer schickt."

Ich hatte zwei Gründe für diesen Vorschlag. Erstens wollte ich herausfinden, ob es Stream gut ging. Seit meiner Verhaftung hatte ich nicht mehr mit ihr reden können. Dass ich nicht wusste, was mit ihr und dem Rest meiner Gruppe geschehen war, war meine größte Sorge. Und zweitens hoffte ich, Mr Park würde einsehen, dass ich die Wahrheit sagte, wenn er sah, dass der Laptop brandneu war und die Festplatte fast leer. Vielleicht würde man mich dann freilassen – bevor der Rest der Dateien auf der externen Festplatte aus dem Englischen ins Koreanische übersetzt war.

Zu meiner Überraschung ging Mr Park auf meinen Vorschlag ein. „Gut, wir werden sie kontaktieren. Wir wissen, wo sie ist." Er drehte sich um und ging.

Nach einer Weile kam er zurück. „Sie will uns den Computer nur dann übergeben, wenn Sie sie ausdrücklich dazu auffordern", sagte er.

„Kann ich am Telefon mit ihr sprechen?", fragte ich.

„Nein. Schreiben Sie ihr einen Brief."

Ich schrieb den Brief. Aber anstatt den Computer herauszugeben, schrieb Stream mir einen Antwortbrief, den man mir nach ein, zwei Stunden übergab. Stream schrieb:

> *Kenneth, man hat mich gebeten, das Hotel anzurufen, dass es den Behörden deinen Computer schicken soll, aber ich weiß nicht, ob diese Bitte von ihnen oder von dir kommt. Damit ich genau weiß, dass sie von dir kommt, beantworte bitte*

*diese Frage: Wie heißt mein Freund, von dem ich mich getrennt habe?*

„Antworten Sie ihr, damit wir die Sache klären können“, forderte Mr Park mich auf.

„Ja, natürlich“, sagte ich. Ich nahm den Kugelschreiber und begann, meine Antwort an Stream zu schreiben. Aber halt – ich hatte den Namen ihres Exfreundes komplett vergessen. Ich erinnerte mich, dass sie sich mit mir über ihn unterhalten hatte; sie war eine ganze Weile mit ihm zusammen gewesen.

Zehn Minuten vergingen. Ich wusste doch den Namen dieses Mannes, er lag mir auf der Zunge. Aber aus irgendeinem Grund fiel er mir nicht ein.

Ich schrieb schließlich:

*Stream, aus irgendeinem Grund ist mir der Name deines Exfreundes entfallen. Aber es gibt etwas anderes, das nur du und ich kennen: Unser Büro liegt im dreiundzwanzigsten Stock, aber du benutzt meistens nicht den Aufzug, sondern die Treppe, um etwas für deine Gesundheit zu tun.*

Meine Antwort reichte ihr, machte sie aber auch besorgt. Sie bestand darauf, mich am Telefon sprechen zu können. Zu meiner abermaligen Überraschung stimmten die Nordkoreaner dem zu; noch am selben Abend konnte ich sie anrufen.

„Kenneth.“ Streams Stimme klang fast verzweifelt.

„Warum konntest du dich an so was Einfaches nicht mehr erinnern? Was machen die mit dir?“

Beim Klang ihrer Stimme spürte ich einen Kloß im Hals. Die paar Tage, die ich sie nicht mehr gesehen hatte, kamen mir plötzlich wie eine Ewigkeit vor. „Mir geht es gut. Wo bist du? Bist du in Sicherheit?“

„Ja, ja, mir geht's gut. Es ist sonst niemand aus der Gruppe verhaftet worden.“

Mir fiel ein Stein vom Herzen. „Da bin ich echt froh. Bitte kooperiere mit den Beamten. Und ruf das Hotel an und sag ihnen, sie sollen meinen Laptop an die zuständige Behörde in der Demokratischen Volksrepublik Korea schicken, damit die ihn inspizieren kann.“

Unsere Reisegruppe sollte das Land am nächsten Tag wieder verlassen. Ich bat Stream, ebenfalls zurückzureisen, doch das wollte sie nicht. „Ich möchte in deiner Nähe bleiben. Ich will dich nicht allein lassen.“

„Stream“, erwiderte ich, „du musst mit der Gruppe zurückreisen. Ich bin dein Chef, hör mich an. Setz dich mit dem Amerikanischen Konsulat in Shenyang in Verbindung und sag den Leuten dort, was hier los ist.“

Es gelang mir schließlich, sie zu überzeugen. Ich fand, das Beste, was sie für mich tun konnte, bestand darin, das Land zu verlassen und sich möglichst weit weg von etwaigen Agenten des Regimes zu begeben, die sie womöglich entführen wollten.

Der Vertreter der Demokratischen Volksrepublik Korea in Yanji brachte meinen Laptop aus dem Hotelsafe nach Rason, wo er ihn den für meinen Fall zuständigen Beamten übergab. Weder Stream noch ich haben den Computer je wiedergesehen. Ich hatte ihn keine Woche lang gehabt.

Etwas später am gleichen Abend kam Mr Park wieder. „Ihr Computer ist so, wie Sie ihn beschrieben haben. Wir sind jetzt bereit zu glauben, dass Sie vorhatten, Dateien von der Festplatte auf Ihren neuen Computer zu kopieren."

Ein Augenblick Erleichterung. Aber er dauerte nicht lange. Mr Park fuhr fort: „Aber unsere Untersuchung Ihres Falles ist damit keineswegs beendet. Das Material auf Ihrer Festplatte wirft ernste Fragen auf. Sie werden so lange hierbleiben, bis wir die Antworten haben. Ihre Reisegruppe kann das Land verlassen."

Meine Hoffnung auf Freilassung platzte wie eine Seifenblase, aber das war mir in dem Augenblick egal. Was zählte, war, dass alle Mitglieder meiner Reisegruppe in Sicherheit und auf dem Weg nach Hause waren.

~

Als Mr Park wiederkam – es war der vierte Verhörtag –, berichtete er mir, dass meine Reisegruppe an diesem Morgen über die Grenze zurück nach China gegangen war.

*Danke, Herr,* betete ich. *Jetzt kann ich endlich die Wahrheit sagen, ohne jemanden in Gefahr zu bringen.*

Laut sagte ich: „Ich bin bereit zu einem Geständnis."

Mr Park grinste. „Gut, dann folgen Sie mir."

Er führte mich ins Wohnzimmer der „Suite". In den Sesseln saßen drei Beamte, die nur auf mich gewartet zu haben schienen. Ich setzte mich auf den Stuhl in der Mitte des Raumes, den dreien plus Mr Park gegenüber.

Dann begann ich: „Ich bin bereit, ein volles Geständnis abzulegen.“ Die Gesichter der anderen hellten sich auf. Ich holte tief Luft und fuhr fort: „Ich bin ein Missionar und Pastor. Ich habe Touristen ins Land gebracht, um dort Gott anzubeten, für das nordkoreanische Volk zu beten und den Menschen die Liebe von Jesus Christus zu zeigen. Mein Touristikunternehmen war nur eine Tarnung für meine missionarische Arbeit. Das ist also das, was ich bin und was ich getan habe.“

„Und warum haben Sie das gemacht?“, fragte einer der Beamten.

„Nun, es gab eine Zeit, in der ganz Korea für Gott brannte. Ich wollte Christen ins Land bringen, die dort wieder Gott dienen und für die Menschen beten sollten, aber natürlich nicht vor den Augen der Öffentlichkeit.“

Ich hatte alles sehr geheim gehalten, weil ich wusste: Wenn wir öffentlich evangelisierten, würden wir das Leben der Menschen, zu denen wir sprachen, in Gefahr bringen und auch selbst ein großes Risiko eingehen. Aber wenn wir still und unauffällig ins Land kamen und den Menschen dort das Evangelium indirekt durch unser Verhalten und unseren Umgang mit ihnen demonstrierten, konnte das ein Türöffner sein.

Ich war nicht der erste und nicht der einzige Missionar, der diesen Weg ging. Es arbeiten heute viele Missionare in Nordkorea, und fast alle betreiben sie ganz normale, legale Unternehmen, unter anderem Bäckereien, Nudelfabriken und Textilfabriken. Diese Firmen bieten nicht nur der Bevölkerung dringend benötigte Güter des täglichen Bedarfs sowie Arbeitsplätze, sondern ermöglichen es den Besitzern und Mitarbeitern auch, durch ihr Verhalten ein Stück vom Evangelium zu zeigen.

Für die nordkoreanischen Behörden sind Missionare jedoch Terroristen bzw. CIA-Agenten, die den Auftrag haben, andere Länder von innen zu unterwandern. Wenn die Missionare ihren Job getan haben – so die kommunistische Vorstellung –, kann die CIA die Regierung stürzen und eine von den USA kontrollierte Marionettenregierung einsetzen, wie in Südkorea, das in den Augen des Nordens nichts als ein Vasallenstaat der USA ist.

Ich wusste, dass die nordkoreanischen Behörden nicht verstehen würden, was ein Missionar wirklich tut. Das war einer der Gründe dafür, dass ich so ungern offenlegte, was das eigentliche Ziel meiner Aktivitäten war. Die total ablehnende Haltung des nordkoreanischen Regimes gegenüber Missionaren, ja gegenüber dem Christentum überhaupt war der Grund dafür, dass ich Reisegruppen ins Land brachte, die dort beteten und Gott dienten, aber nicht offen evangelisierten. Ich weiß: Es klingt verrückt, wenn ein Missionar den Menschen nicht von Jesus erzählt. Aber ich wusste, dass die Zeit für „richtiges“ Evangelisieren noch nicht gekommen war.

Alle im Raum sahen schockiert aus, außer Mr Park, dessen Mundwinkel sich zu einem spitzbübischen „Hab ich dich!“-Lächeln hoben. „Wir wissen, dass Sie ein Missionar sind“, sagte er in herablassendem Ton. „Wir haben uns mit vielen Personen über Sie unterhalten. Wir haben auch die Missionsrundbriefe auf Ihrer Festplatte gefunden. Es ist gut, dass Sie endlich geständig sind, aber wir wussten bereits, wer Sie sind."

Offensichtlich hatten sie genug von meinen englischen Dateien übersetzen lassen, um zu wissen, was ich wirklich in Korea machte. Sollten sie ruhig. Ich erwiderte ungerührt: „Na, dann wissen Sie ja auch, dass ich diese Festplatte rein aus Versehen in Ihr Land mitgenommen habe. Wenn ich vorgehabt hätte, etwas ins Land zu schmuggeln, hätte ich einen kleinen USB-Stick dabeigehabt und nicht eine ganze Festplatte."

„Ja", sagte Mr Park, „ich weiß, dass Sie einen Fehler gemacht haben. Einen teuren Fehler. Sie haben Ihren Schlachtplan mitgebracht und jetzt haben wir ihn. Als Nächstes müssen Sie uns sagen, wo Sie diese Videoclips herhaben. Schreiben Sie auf, wer sie gedreht hat und wer sie Ihnen mitgegeben hat."

Es war eine ganz andere Frage als seine bisherigen und ich merkte das sofort. Bis jetzt hatte er mich gefragt, warum ich diese Materialien ins Land gebracht und was ich mit ihnen vorgehabt hatte. Jetzt, wo ich gestanden hatte, was meine eigentliche Tätigkeit war, wollte er wissen, wer die Drahtzieher hinter meinem finsteren Komplott waren.

„Das weiß ich nicht", sagte ich. „Die meisten hab ich mir gar nicht angeschaut."

Mr Parks Gesichtsausdruck wechselte vom Zuckerbrot zurück zur Peitsche. Er war sichtlich unzufrieden mit meiner Antwort. „Es sind *Ihre* Videoclips." Seine Stimme war fest und leise. „Sie hatten vor, Sie auf Ihren neuen Computer zu überspielen. Wie können Sie da behaupten, dass Sie ihren Inhalt nicht kennen?"

„Das einzige Video, das ich mir angesehen habe, ist der Dokumentarfilm von Lisa King.“ Ich hatte *Inside North Korea* mehrere Male den Teams gezeigt, die nach Dandong kamen, um für Nordkorea zu beten, aber nicht vorhatten, das Land zu betreten. In dem Film operiert Sanduk Ruit, ein Augenarzt aus Nepal, die Augen von tausend von Pjöngjang ausgewählten Nordkoreanern. Als man ihnen die Verbände abnimmt, führen die Geheilten sich auf wie in einem charismatischen Heilungsgottesdienst. Sie springen und hüpfen und können es nicht fassen, was da mit ihnen passiert ist. Freudentränen fließen, als diese ehemals Blinden sehen können. Aber anstatt dem Arzt zu danken, fallen sie vor dem riesigen Foto von Kim Jong-il, dem Sohn Kim Il-sungs und zweiten „Führer“ Nordkoreas, nieder und rufen unter Tränen aus: „Danke, Großer Führer, dass du mir das Augenlicht gegeben hast! Oh Großer Führer, wir lieben dich!“

„Sie behaupten, dass Sie sie nicht gesehen haben, aber Sie besitzen sie!“, schrie Mr Park. „Wer hat Ihnen all diese Videos gegeben?“

„Ich habe sie schon vor Jahren bekommen. Jemand schickte sie mir, lange bevor ich überhaupt anfing, in Ihr Land zu kommen. Ich habe sie mir nie angesehen. Ich wusste schon gar nicht mehr, dass sie auf meinem alten Computer waren. Als ich die Dateien von meinem alten Laptop auf die externe Festplatte kopiert habe, habe ich sie alle mit kopiert. Ich bin sie nicht einzeln durchgegangen.“

„Aha, Sie erinnern sich also doch, wer sie Ihnen gegeben hat.“ Mr Parks „Hab ich dich!“-Lächeln kam zurück. „Allmählich kommen wir weiter. Also noch einmal: Wer hat Ihnen diese Videos gegeben? Sagen Sie mir seinen Namen. Wo ist er zurzeit?"

Ich hatte in der Tat vergessen gehabt, dass diese Videos auf meinem Computer waren, aber ich wusste genau, von wem ich sie hatte. Einer der Missionare in meinem Team in Dandong, ein Südkoreaner namens Mr Wang, hatte sie mir vor ein paar Jahren gegeben. Er und seine Frau hatten 2008 eine unserer ersten Jüngerschaftsschulen in Dalian durchlaufen. Als ich den Stützpunkt in Dandong eröffnete, kamen sie mit und schlossen sich dem Team an.

Ich hatte keine Lust, Mr Wang mit Namen zu nennen, denn das hätte sein Leben in Gefahr gebracht. Der Arm der Agenten des nordkoreanischen Geheimdienstes reicht bis nach China, auch nach Dandong. Viele dort lebende Koreaner sind entführt worden, und es gibt keine Möglichkeiten, dem einen Riegel vorzuschieben. Das Letzte, was ich wollte, war, noch mehr Menschen in Gefahr zu bringen.

Und so antwortete ich Mr Park: „Der Mann, der mir diese Videos gab, war ein anderer Missionar – Mr Cho." Mr Cho gab es tatsächlich – oder vielmehr, es hatte ihn gegeben. Er hatte eine meiner ersten Jüngerschaftsschulen absolviert und war einer der Mitarbeiter auf unserem Stützpunkt gewesen, aber er war im vergangenen Sommer gestorben, und da er tot war, konnte ich aus Mr Wang Mr Cho machen.

Mr Park lächelte und nickte, als wollte er sagen: „Endlich die Wahrheit."

„Aber Mr Cho ist letzten Sommer an Magenkrebs gestorben“, fuhr ich fort.

„Sind Sie ganz sicher, dass er tot ist?“, fragte Mr Park. Es war offensichtlich, dass er mir nicht glaubte.

„Ja.“

„Aha.“ Er klang skeptisch.

Ich versuchte, mir meine Nervosität nicht anmerken zu lassen, aber es gelang mir wohl nicht besonders gut. Ich wusste, dass Gott bei mir war. Er hatte mir versprochen, mir zur Seite zu stehen. Aber ich hatte nicht so sehr Angst um mich selbst, sondern davor, dass ich durch eine unbedachte Äußerung andere gefährdete. Je länger die Verhöre dauerten, umso mehr Namen würden ans Licht kommen, ob ich sie nun nannte oder nicht. Und was dann? Was würden die nordkoreanischen Agenten mit meinen Freunden und Mitarbeitern machen, wenn sie sie in die Finger kriegten? Und was hatten sie mit mir vor?

# 5. Die Macht des Gebets

*Wenn ihr betet und im Glauben um etwas bittet,*
*werdet ihr es erhalten, was immer es auch sei.*
(Matthäus 21,22)

Mr Park stürmte in mein Zimmer, sichtlich wütend. Bis jetzt war mein Morgen recht angenehm verlaufen. Als Erstes hatte ich die Badewanne mit heißem Wasser gefüllt und wohlig die Wärme genossen. Nach nur fünf Minuten musste ich schon wieder hinaus, aber diese fünf Minuten waren Frieden pur.

Nach dem üblichen kargen Frühstück musste ich mich auf einen Stuhl setzen. Das Stillsitzen war als Strafe gedacht, aber ich nutzte die Zeit, um über Gott nachzusinnen und ihn anzubeten. Ohne Telefon, E-Mails und alles Mögliche andere, was mich sonst ablenkte, konnte ich mich auf eine Art auf Gott konzentrieren, die in der Welt draußen nicht möglich gewesen wäre. Ich war jetzt seit einer Woche hier eingesperrt, und die Gemeinschaft mit Gott hatte die Haft in eine Art Einkehrfreizeit verwandelt.

Mein Frieden flog zum Fenster hinaus, als Mr Park hereinstürmte, das Gesicht noch röter als sonst.

„Wir wissen jetzt, was Sie in unserem Land getrieben haben!“ Er spuckte die Worte förmlich aus.

„Das habe ich Ihnen doch schon gesagt“, entgegnete

ich. „Ich bin Missionar." Ich begriff nicht, warum der Mann so empört war. Bei meinen sämtlichen siebzehn Besuchen hatte ich nie eine Bibel verteilt oder jemanden bekehrt. Ich hatte keine Untergrundgemeinde gegründet und keine subversiven Aktivitäten betrieben. Ich hatte lediglich Reisegruppen aus Nord- und Südamerika, Europa, Afrika, Australien und Asien ins Land gebracht, um im Stillen Gott zu loben und zu beten; alles war ganz unter uns geblieben.

Ich fuhr fort: „Ich bin hierhergekommen, weil ich das Volk von Nordkorea liebe und für es beten wollte. Warum regen Sie sich so auf? Sie glauben doch gar nicht an Gott. Was ist denn schlimm daran, wenn wir zu einem Gott beten, an dessen Existenz Sie nicht glauben?"

„Wir haben einen Gott", zischte Mr Park, „und sein Name ist Kim Il-sung. Sie sind hierhergekommen, um einen anderen Gott anzubeten, und das ist ein Verbrechen. Sie behaupten, Sie wollten für uns beten, aber ich habe Sie durchschaut! Da Sie an einen anderen Gott glauben, sind Sie hierhergekommen, um *gegen* uns und *gegen* unseren Großen Führer zu beten."

„Wie kann das so gefährlich sein, wenn es meinen Gott gar nicht gibt?", fragte ich. Ich versuchte wacker, nicht zu grinsen; ich fand dieses Gespräch richtig komisch.

„Was Sie gemacht haben, ist ja nur der Anfang! Ihre ganze Arbeit läuft darauf hinaus, unseren Glauben an unseren Großen Führer zu untergraben und so unser Land zu zerstören."

„Und wie soll das gehen?"

Mr Park schüttelte den Kopf. „Sie wissen genau, wie",

sagte er leise. „Sie kommen mit Leuten aus dem Westen hierher, mit anderen Christen. Und egal was Sie sagen, diese Leute werden reden. Sie werden den Menschen hier von ihrem Gott erzählen und irgendjemand wird ihre Lügen glauben. Diese Lügen werden unser Volk wie ein Virus infizieren; wenn einer ihn hat, gibt er ihn an zwei andere weiter, und aus diesen zweien werden zehn, dann zwanzig, dreißig und hundert, und aus den hundert werden Tausende. Immer mehr Menschen werden den Glauben an den Großen Führer verlieren. Und das wird das Ende unserer großen Nation sein, und genau dazu sind Sie hierhergekommen." Er brach ab und funkelte mich an.

*Mann,* dachte ich. *Der hat kapiert, was für eine Macht das Gebet hat. Und dass die Kraft des Evangeliums ein ganzes Land umkrempeln kann. Der kapiert das. Die alle hier kapieren das. Darum haben sie solche Angst. Ich bin nicht gefährlich, aber Jesus ist gefährlich.*

Ich musste an meine Seminare in St. Louis zurückdenken und wie die Professoren versucht hatten, uns zu erklären, was geschieht, wenn der Glaube an Jesus die Menschen wirklich ergreift. Ich weiß nicht, ob die meisten Christen das begreifen, aber in dem abgeschottetsten Land der Welt scheinen es die Machthaber sehr wohl zu begreifen. Sie wissen, was für eine Macht im Glauben an Jesus liegt, und es versetzt sie in Todesangst.

„Also: Was können Sie zu Ihrer Verteidigung sagen, Bae Junho?", fragte Mr Park.

„Nichts", erwiderte ich. Alles, was er sagte, stimmte ja, außer seiner Annahme, dass mein großes Ziel der Sturz der nordkoreanischen Regierung war. Ich war nicht gekommen, um ein Regime zu stürzen, sondern um den Menschen zu zeigen, dass Gott sie liebte und sie nicht vergessen hatte. Das war alles.

„Nichts? Sie werden mehr sagen als nichts“, sagte Mr Park. „Ich will haarklein wissen, was Sie in den letzten sechs Jahren getrieben haben. Sie werden mir alles aufschreiben, was Sie in Dalian und Dandong gemacht haben. Schreiben Sie auf, wer Sie dorthin geschickt hat, mit wem Sie zusammengearbeitet haben und alle Ihre Aktivitäten. Sie sind nach Dandong gezogen, das direkt an unserer Grenze liegt. Warum haben Sie das getan? Warum sind Sie nicht in Dalian geblieben? In Dandong, wo Sie Ihr Ausbildungszentrum hatten, gibt es viele Nordkoreaner. Nennen Sie uns die Namen sämtlicher Nordkoreaner, die Sie in Ihrem Zentrum ausgebildet haben.“ Er lächelte sein Zuckerbrot-Lächeln. „Alles, was ich von Ihnen verlange, ist, dass Sie uns die Wahrheit sagen. Bitte keine Lügen mehr! Geben Sie mir die Informationen, die ich brauche, und Ihre Lage wird sich sehr verbessern.“

Er ging, nicht ohne mir das übliche neue Papier und einen neuen Kugelschreiber dazulassen. Meine neue Aufgabe stellte mich vor ein viel größeres Problem als die bisherigen. Der Mann wollte Namen, aber ich konnte ihm unmöglich alle Menschen nennen, die in Dalian oder Dandong mit mir zusammengearbeitet hatte. Doch dann hörte ich wieder Gottes Stimme in meinem Herzen: *Sag einfach die Wahrheit*. Aber wie sollte ich die Wahrheit sagen und gleichzeitig meine Freunde und Verwandten beschützen?

~

Die Geschichte meiner Missionsarbeit ist nicht eine Geschichte über mich, sondern eine Geschichte über Gottes Treue. Ein Jahr nach meinem Examen am San Francisco Bible College zog ich mit meiner jungen Familie nach St. Louis, wo ich am Covenant Seminary Theologie studierte. Als wir in St. Louis eintrafen, hatte ich ganze fünfzig Dollar in der Tasche. Ich wusste nicht, wie wir es schaffen würden, über die Runden zu kommen. Dann gab Gott mir gleich zwei Jobs – einen als Jugendpastor, den anderen als Hausmeister an einer christlichen Schule. Und nicht lange nach Beginn meines ersten Semesters lag in meinem Postfach im Seminar ein Brief für mich mit fünfzig Dollar und einem Zettel, auf dem stand: „Lieber Kenneth, ich bete seit einiger Zeit für Dich. Der Herr hat mir gesagt, dass ich Dir bis zu deinem Examen jeden Monat 50 Dollar schicken soll, und das werde ich machen." Ich weiß bis heute nicht, von wem diese Briefe kamen.

Nach meinem Examen war ich in mehreren Gemeinden eingesetzt, darunter ein Jahr lang in Südkorea. 2003 zogen wir in die USA zurück, wo ich in einer Gemeinde in Georgia die Kinderarbeit machte. Aber nach eineinhalb Jahren trat ich von meinem Amt zurück, weil meine Ehe zerbrach. Ich kam mir vor, als ob ein riesiger Felsbrocken vom Himmel gefallen war und mich unter sich begraben hatte. Als ich merkte, dass meine Ehe nicht gerettet werden konnte, zog ich zu meiner Mutter in Seattle. Ich war fix und fertig.

Eines Abends konnte ich es nicht mehr aushalten. Ich saß da und weinte über meine Familie, als plötzlich Gott zu mir sprach. *Du versuchst, das Herz deiner Frau wiederzugewinnen, aber was ist mit* meinem *Herzen? Suche zuerst mich und meine Gerechtigkeit, dann will ich dir alles andere dazugeben.*

Und Gott sprach weiter und erinnerte mich an etwas, was ich ihm vor langer Zeit versprochen hatte. *Ich habe dich nach China gerufen und du hast gesagt, du wirst gehen, aber das hast du nicht getan. Die ganze Zeit bist du mir ungehorsam gewesen.*

Dies war ein Wendepunkt in meinem Leben. Ich stand von meinem Bett auf mit dem festen Wissen, dass Gottes Treue nie vergeht. Ich war immer noch innerlich zerbrochen, aber jetzt war ich bereit, Heilung zu suchen. Und so kam es, dass ich in Kona auf Hawaii an einer längeren Jüngerschaftsschule von „Jugend mit einer Mission“ teilnahm. Obwohl ich ein abgeschlossenes Theologiestudium vorweisen konnte, lernte ich in dieser Jüngerschaftsschule Dinge über Gottes Wesen und Liebe, die mir aus irgendeinem Grund bisher entgangen waren.

So eine Jüngerschaftsschule besteht aus zwei Teilen: einem Zwölf-Wochen-Intensivkurs und einem darauffolgenden Praktikum, um das Gelernte anzuwenden. So kam ich auf der Reise, die mich über den Fluss Yalu nach Nordkorea brachte, nach Dalian im Nordosten Chinas. Ein Jahr danach kam ich erneut nach Dalian, um mehrere Bekannte zu besuchen, und blieb schließlich dort.

All dies wollte Mr Park also wissen. Dass ich in China

und Nordkorea Gottes Ruf gefolgt war, war ihm egal; er wollte wissen, wer mich dorthin geschickt hatte und was ich nach meiner Ankunft alles gemacht hatte.

Tja, was sollte ich schreiben? Ich dachte eine Weile nach und schrieb dann: „Sie haben mich gefragt, wer mich nach China und dann nach Dandong geschickt hat. Die Antwort lautet: Gott und sein Sohn, Jesus Christus, durch den Heiligen Geist."

Was hatte ich gemacht, als ich in Dalian angekommen war? Als Erstes hatte ich mit einem stetig wachsenden Team ein „J-Haus" gegründet. Das „J" steht dabei für Jesus. Das Haus war ein Unterschlupf, wo Missionsteams billig wohnen und gemeinsam Gottesdienste halten und beten konnten, ohne Angst vor irgendwelchen Einschränkungen vonseiten der Regierung. Wir versorgten die Bewohner auch mit Lebensmitteln und den nötigen Kontakten.

Das J-Haus war auch ein Ausbildungszentrum. Wir zeigten den Teams, dass sie nicht einfach auf die Straße gehen und predigen konnten und dass sie auch niemanden zwingen konnten, ihnen zuzuhören. Es galt, stattdessen persönliche Beziehungen zu den Menschen aufzubauen. In einem Café begannen wir eine Veranstaltung mit dem Namen „English Corner", in der unsere Freiwilligenteams aus aller Welt Kontakte zu chinesischen Studenten knüpfen konnten. Wir konzentrierten uns darauf, den Menschen Gottes Liebe zu zeigen. Wenn jemand uns fragte, warum wir nach China gekommen waren, sagten wir es ihm, und wenn man uns nach Gott fragte, gaben wir ebenfalls Auskunft.

Zur „English Corner“ kamen mit der Zeit englischsprachige Bibelstunden, Eheseminare und Sportangebote. Gleichzeitig gründete ich eine Firma für Kulturaustauch, was es mir ermöglichte, mit einem Arbeitsvisum in China zu bleiben. Das Kulturaustauschprogramm gab auch den Aktivitäten im J-Haus eine legitime Basis, denn offene Missionsarbeit war nicht erlaubt.

Für mich ist die eigentliche Geschichte nicht das, was wir taten, sondern was Gott tat. Als ich mich auf die Suche nach einer geeigneten Immobilie für unser J-Haus machte, hatte ich gerade einmal dreihundert Dollar zur Verfügung. Ich brauchte ein Haus, das groß genug für die Teams war, die (hoffentlich) zu uns kommen würden. Ich schaute mir sechsunddreißig Wohnungen an, die meisten mit drei oder vier Schlafzimmern, aber Gott sagte: *Größer.* Schließlich fand ich ein Haus mit acht Schlafzimmern und vier Bädern, das Platz für mindestens dreißig Personen bot. Es hatte ein großes Wohnzimmer, das sich als Gottesdienstraum eignete, und einen Dachboden, den man als Kapelle nutzen konnte.

Aber die Miete betrug pro Jahr 180.000 Yuan (also 24.000 Dollar), zahlbar im Voraus. Ich wusste: Gott wollte, dass wir dieses Haus bekamen, und so betete ich: *Herr, wenn dies dein Haus ist und dein Wille, dann ist das auch deine Miete.* Und ich fragte Gott gleich weiter, wie viel er denn zu zahlen bereit war. Er sagte mir: 150.000 Yuan (18.000 Dollar).

Ich fragte die Besitzerin: „Könnten Sie mit der Miete auf 150.000 Yuan heruntergehen? Und den ganzen Betrag im Voraus zahlen können wir leider nicht. Könnte ich stattdessen die ersten beiden Monate jetzt sofort bezahlen und danach alle drei Monate eine Rate?"

Die Besitzerin sagte Nein.

„Rufen Sie uns bitte an, falls Sie es sich anders überlegen", erwiderte ich. Worauf unser ganzes Team eine Woche lang jeden Tag um das Haus herummarschierte und betete, so wie einst die Israeliten um Jericho zogen (nachzulesen im Buch Josua).

Am siebten Tag rief mich die Hausbesitzerin an. Sie erklärte sich bereit, auf 150.000 Yuan im Jahr herunterzugehen, die in Raten von drei Monaten zu zahlen waren. Sofort zahlen brauchten wir nur die ersten beiden Monate.

Als ich meinem Team die gute Nachricht überbrachte, war die Freude groß. Aber dann fuhr ich fort: „Für die beiden ersten Monate brauchen wir 3.000 Dollar, und ich habe erst 300. Wir müssen weiter beten."

Kurz bevor die erste Mietzahlung fällig war, erhielten wir zwei Spenden. Gott gab uns nicht 3.000 Dollar, nein, er gab uns gleich 6.000 – genug Geld, um gleich auch für alle Mitarbeiter Wohnungen anzumieten.

Das erste J-Haus bildete die Grundlage für meine ganze weitere Arbeit in China. Während ich in Dalian war, fragte ich die Teams, die uns besuchten, immer, ob sie gerne Nordkorea sehen wollten. Fast jeder wollte, worauf ich die Besucher in das vier Stunden entfernt gelegene Dandong brachte, von wo sie von einem Boot aus das nordkoreanische Ufer des Flusses Yalu sehen konnten, allerdings ohne dort zu landen. Die Freunde, die mir nach meinem nächtlichen Abenteuer auf dem Yalu Vorwürfe gemacht hatten, hatten recht: Es war zu riskant, die Verhaftung zu riskieren, nur um sagen zu können, dass man auf Tuchfühlung mit Nordkorea gewesen war. Ich ließ meine Teams einen gebührenden Sicherheitsabstand wahren, während wir für das Land und die in ihm gefangenen Menschen beteten. Bei meiner ersten Fahrt über den Fluss hatte ich Gott gebeten, mich als Brücke zwischen Nordkorea und der Außenwelt zu benutzen, und genau das tat ich jetzt. Mein Ziel war, dass die Missionare aus anderen Ländern Nordkorea sahen und anfingen, für die Menschen dort zu beten.

Die Arbeit in Dalian wuchs zusehends. Während ich dort war, kamen viele chinesische Studenten und andere Menschen zu Christus. Es waren bald so viele, dass wir im Januar eine Mini-Jüngerschaftsschule begannen, wie die, die ich in Kona besucht hatte. Wir machten in den Gemeinden vor Ort Werbung für die Schule und besorgten die nötigen Lehrer. Was fehlte, waren geeignete Räumlichkeiten; das J-Haus war bereits voll.

Wenige Tage, bevor die Jüngerschaftsschule beginnen sollte, besuchte jemand aus unserem Team ein Café in der Stadt (das Starbucks Café), das im Obergeschoss einen kleinen Saal hatte. Das Teammitglied erzählte dem Cafébesitzer von Jesus, worauf dieser Christ wurde. Zwölf Stunden später stellte er den Saal über dem Café als Raum für unsere Jüngerschaftsschule zur Verfügung. Sechsundzwanzig Teilnehmer kamen; einige waren über vierundzwanzig Stunden mit dem Bus oder der Bahn angereist.

Wir hielten in dem Café schließlich „English Corners“

ab, dazu Gottesdienste und alle möglichen anderen missionarischen Veranstaltungen, bis wir 2009 unsere Arbeit nach Dandong verlegten.

Im Jahr 2008 schickte Gott achtzehn Studenten in unser J-Haus, zu unserer ersten Jüngerschaftsschule. Sieben von ihnen waren Chinesen, die aber vor allem Koreanisch sprachen, sechs Chinesen, die Mandarin sprachen, vier Südkoreaner, dazu eine nordkoreanische Frau namens Songyi. Dass wir bei uns chinesische Studenten hatten, war bereits ein großes Risiko; wären die Behörden uns auf die Schliche gekommen, hätten sie mich des Landes verweisen können. Und es kam noch schlimmer: Kurz nach Beginn der Jüngerschaftsschule entdeckten wir, dass Songyis Visum abgelaufen war. Wenn die Polizei sie in unserer Schule fand, würde sie nach Nordkorea abgeschoben werden, wo sie möglicherweise eine lange Gefängnisstrafe oder sogar der Tod erwartete.

In der sechsten Woche der Jüngerschaftsschule schrammten wir knapp an der Katastrophe vorbei, als die Polizei in unser Zentrum kam. Als wir die Beamten sahen, verwandelte sich die biblische Unterweisung in Sekundenschnelle in Englischunterricht. Songyi versteckte sich unter einem Bett, bis die Polizisten wieder weg waren.

Nach der Jüngerschaftsschule blieb Songyi noch weitere sechs Monate bei uns. Sie ging mit, als wir unsere Basis von Dalian nach Dandong verlegten. Ich hatte den Eindruck, dass Gott diesen Umzug wollte, weil fast jedes der Teams, die nach Dalian kamen, früher oder später mit mir nach Dandong fuhr, um vom Ufer des Yalu aus für Nordkorea zu beten. So wie Gott uns auf wunderbare Weise ein Haus in Dalian gegeben hatte, tat er dies in noch größerem Maßstab in Dandong. Statt eines Hauses gab er uns gleich ein ganzes Hotel für unsere Jüngerschaftsschule. In Dandong konnten wir auch mehr Nordkoreaner erreichen, da es in der Stadt viele Arbeiter aus Nordkorea gab.

Ein paar Monate nach dem Umzug nach Dandong beschloss Songyi, in ihre Heimat zurückzukehren. Bevor sie ging, dankte sie uns für alles, was wir für sie getan hatten. Dann eröffnete sie mir, dass sie vorhatte, in ihrer Heimatstadt ein Waisenhaus zu gründen.

„Es gibt dort so viele Straßenkinder, die Hilfe brauchen", sagte sie. „Ich möchte ihnen ein Zuhause geben und ihnen das beibringen, was ich hier bei euch gelernt habe."

Der letzte Satz hatte es in sich. Hätte Songyi vorgehabt, ein Waisenhaus zu gründen und sonst nichts – das nordkoreanische Regime hätte sie gewähren lassen. Aber ein Waisenhaus, das *christlich* geprägt war, wenn auch nur heimlich, das war ein Risiko ersten Grades.

~

In meiner Antwort auf die Frage, was ich in China gemacht hatte, erwähnte ich Songyi vorsichtshalber nicht, doch Mr Park kam ihr auch so auf die Spur. Als ich fertig geschrieben hatte, trat er wieder ins Zimmer, nahm meinen Bericht an sich und ging. Vielleicht eine Stunde danach kam er wieder, mit dem Ausdruck eines Fotos von meiner Festplatte. Er zeigte auf eine Frau auf dem Foto.

„Wer ist das? Ist das jemand von Ihren Leuten?“ Mr Park hatte inzwischen genügend meiner Briefe auf der Festplatte gelesen, um zu wissen, dass in unserem Zentrum auch mindestens ein Nordkoreaner ausgebildet worden war. „Ich weiß, dass Sie diese Frau in China ausgebildet haben. Wer ist sie und wo wohnt sie?“

Mir wurde anders zumute. Wenn er die Wahrheit über Songyi erfuhr, wäre sie in Lebensgefahr. Aber dann erinnerte ich mich an Gottes Versprechen, dass niemandem etwas geschehen würde.

*Okay, Gott. Ich vertraue dir. Ich werde ihm sagen, was er wissen will.*

Und ich tat es. Nun ja, nicht ganz. Ich sagte: „Sie heißt Songyi und wohnt in der Nähe von Pyongsong.“ Das mit Pyongsong hatte ich auf die Schnelle erfunden.

Mr Park schien mit der Antwort zufrieden zu sein. Er ging, kam aber bald schon wieder. Diesmal waren seine Ohren knallrot und seine Halsadern geschwollen.

„Sie sind ein Lügner, Bae Junho!“, kreischte er. „Wissen Sie nicht, dass wir alles herausfinden? *Wie heißt sie wirklich, und wo wohnt sie?* Und kommen Sie mir nicht mit der nächsten Lüge!“

Ich sagte ihm also die ganze Wahrheit, während ich innerlich Gott bat, Songyi zu beschützen.

Mr Park hörte mir aufmerksam zu, dann ging er wieder, mit meinen nächsten Ausführungen, an denen ich an diesem Tag gearbeitet hatte, als er mit dem Foto kam. Ich hatte ihm die Wahrheit gesagt. Jetzt musste ich mich ganz auf Gottes Verheißung verlassen, dass niemand zu Schaden kommen würde.

Ein Wächter brachte mir das Mittagessen. Als ich fertig war, sagte er: „Sie können sich jetzt hinlegen. Wir haben Anweisung, Sie etwas ruhen zu lassen."

Ich traute meinen Ohren nicht. Nach mehreren Tagen mit fast pausenlosen Verhören ließen die mich mitten am Tag ins Bett gehen? Schon bald war ich fest eingeschlafen.

Als ich aufwachte, brachte der Wächter mich zurück ins Wohnzimmer, wo man mir befahl, mich zu setzen und auf Mr Park zu warten. Ein anderer Beamter, der seit dem ersten Tag da gewesen war, aber mit dem ich bisher kaum zu tun gehabt hatte, trat zu mir.

„Sie sind also ein Missionar?", fragte er.

Ich nickte.

„Ich möchte Sie etwas fragen. Von Gott habe ich schon gehört, aber noch nie von diesem Jesus. Sagen Sie mir: In welchem Dorf wohnt er? Wohnt er in Nordkorea oder in China?"

Ich musterte den Mann. Wollte der mich aufziehen? Aber nein, es schien ihm ernst zu sein, die Frage war echt. Er wollte wirklich wissen, wo Jesus wohnte und warum ich Kopf und Kragen riskiert hatte, um in ein verschlossenes Land zu gehen und den Menschen dort von Jesus zu erzählen.

Doch bevor ich antworten konnte, kam Mr Park zurück. Er war sichtlich nicht zufrieden mit meinen neuesten Ergüssen. Aber wann war er je zufrieden?

Er schrie den anderen Mann an. „Raus hier!" Der Mann gehorchte ihm.

Dann drehte Mr Park sich zu mir. „Ich will die Wahrheit!" Er warf mir die nächsten Blätter Papier auf den Tisch. „Schreiben Sie!"

Also gut, ich fing wieder an. Mr Park war immer noch unzufrieden und so schrieb ich das Gleiche noch einmal. Genauso war es am nächsten Tag. Und am übernächsten. Immer wieder schrie Mr Park mich an, ihm endlich zu sagen, wer mich „wirklich" nach China und Dandong und schließlich Nordkorea geschickt hatte. Wieder und wieder schrieb ich die Wahrheit nieder, aber er glaubte sie nicht.

Die Tage flossen ineinander. Morgens war ich in Gottes Gegenwart, den Rest des Tages schrieb und schrieb ich, im Wesentlichen immer dasselbe, und musste die Folgen ausbaden, wenn Mr Park wieder nicht zufrieden war. Mr Park machte munter weiter mit seiner Zuckerbrot-und-Peitsche-Taktik, und ich klammerte mich an das, was Gott mir zugesagt hatte an jenem Tag, als meine Hand plötzlich warm geworden war und ich seine Gegenwart körperlich gespürt hatte. Gott war bei mir. Er würde mich durch alles hindurchtragen, und niemandem würde etwas Böses geschehen. Diese Verheißung war alles, was ich hatte, aber sie genügte.

# 6. „Operation Jericho“

*Da erhob das Volk ein Kriegsgeschrei und man blies die Posaunen. Und als das Volk den Hall der Posaunen hörte, erhob es ein großes Kriegsgeschrei. Da fiel die Mauer um und das Volk stieg zur Stadt hinauf, ein jeder stracks vor sich hin. So eroberten sie die Stadt.*

(Josua 6,20)

Die Nächte waren nicht leicht für mich in dem Monat, den ich in Villa 3 verbrachte. Sobald ich die Augen geschlossen hatte, sah ich meine Frau Lydia und meine Kinder vor mir. Wie ich sie vermisste! *Inzwischen wissen sie bestimmt alle, was mit mir ist,* sagte ich mir.

Ich wünschte mir so, einfach ein Telefon zur Hand zu nehmen, meine Kinder anzurufen und ihnen alles zu erklären. Bestimmt machten sie sich furchtbare Sorgen und der Klang meiner Stimme hätte sie vielleicht etwas beruhigt.

Ich machte mir auch Sorgen um die Sicherheit meiner Frau. Hoffentlich hatte sie Dandong verlassen und sich so weit weg von der nordkoreanischen Grenze begeben wie möglich!

„Geht es dir gut, Lydia?“, flüsterte ich nachts. „Bist du in Sicherheit?“ Es war fast unerträglich. Aber dann erinnerte ich mich wieder an Gottes Versprechen: *Es wird niemandem etwas passieren.* Er hatte mir nicht gesagt, dass *mir* kein Leid geschehen würde, sondern dass *niemandem* ein Leid geschehen würde. Und ich sprach mir Mut zu: Gott selbst würde für meine Frau sorgen; mit meinen Ängsten und Sorgen würde ich ihm dabei nicht helfen.

Daher beschloss ich, mich auf das konzentrieren, was ich selbst beeinflussen konnte. In meiner Situation war das herzlich wenig. Ich konnte bestimmen, wie ich auf die Männer, die mich gefangen hielten, reagierte und was ich für Mr Park schrieb. So ziemlich alles andere musste ich in Gottes Händen lassen.

Es war nur normal, dass ich mir Sorgen um meine Familie zu Hause machte. Aber hätte ich gewusst, wie weit die Agenten schon mit ihrer Übersetzung der englischen Dateien auf meiner externen Festplatte waren und was sie alles von Songyi und den anderen, die sie verhört hatten, erfahren hatten, hätte ich mir noch viel mehr Sorgen darüber gemacht, was auf *mich* zukommen konnte.

~

„Was ist Jericho?“, fragte Mr Park eines Morgens, kaum dass er hereingekommen war.

Ich antwortete: „Jericho? Das ist eine Stadt in der Bibel.“

Das verschlagene Grinsen kam wieder. „Wissen Sie, ich war drauf und dran, Ihnen zu glauben, als Sie sagten, dass Sie diese Touristen nur zum Beten in unser Land gebracht haben. Aber jetzt weiß ich, dass noch mehr dahinterstecken muss. Sie haben mir immer noch nicht alles gesagt." Er machte eine Pause. „Also noch einmal: Was ist Jericho?"

„Jericho ist eine sehr alte Stadt, in der sich viele der Geschichten in der Bibel zugetragen haben", sagte ich. Ich wusste genau, worauf Mr Park hinauswollte, aber ich wollte ihm nicht mehr Information geben, als unbedingt nötig war.

Mr Park lehnte sich in seinem Sessel zurück. „Ihr Plan war echt gut. Eine gute – Operation." Er unterbrach sich, um meine Reaktion zu testen. „Also, Bae Junho, heraus mit der Sprache: Was ist *Operation Jericho?*"

Mir wurde flau im Magen. Meine nächsten Worte musste ich sehr sorgfältig wählen. „Operation Jericho ist meine Bezeichnung für meinen Plan, Menschen in Ihr Land zu bringen, um dort zu beten. Ich habe Ihnen das ja schon gesagt, als ich zugab, ein Missionar zu sein. Der Name kommt aus einem Abschnitt in der Bibel, im Buch Josua, wo die Israeliten um die Stadt Jericho herummarschieren und dabei beten."

„Hier ist Ihre Bibel." Er reichte sie mir. Es war das erste Mal seit meiner Verhaftung, dass ich sie sah. „Schreiben Sie diese Geschichte exakt so auf, wie sie in der Bibel steht. Ich möchte mich selbst über dieses Jericho kundig machen."

Ich öffnete meine englische Bibel beim sechsten Kapitel des Buches Josua und schrieb die ersten zwanzig Verse ab, die beschreiben, wie die Priester, die Kämpfer und das Volk der Israeliten sechs Tage lang jeden Tag einmal um die Stadt herummarschierten, in ihrer Mitte die Bundeslade. Am siebten Tag taten sie dies sieben Mal und beim siebten Mal erhoben sie ein großes Kriegsgeschrei, worauf die Stadtmauern einstürzten. Den Vers 21, wo es heißt: „… und vollstreckten den Bann an allem, was in der Stadt war, mit der Schärfe des Schwerts, an Mann und Weib, Jung und Alt, Rindern, Schafen und Eseln“, ließ ich vorsichtshalber aus.

Als ich fertig war, riss Mr Park mir das Blatt aus der Hand und begann zu lesen. War dies womöglich das erste Mal, dass er irgendetwas aus der Bibel las?

Ich sah, wie seine Miene immer wütender wurde. Bei den letzten Versen begann er förmlich zu zittern. Er ließ das Blatt fallen, und ehe ich es mich versah, packte er den großen Aschenbecher aus Kristallglas, der auf dem Schreibtisch stand und hob den Arm, als ob er ihn mir ins Gesicht schleudern wollte.

Ich warf abwehrend beide Arme hoch, aber er warf den Aschenbecher nicht.

„Das war die ganze Zeit Ihr Plan!“, schrie er. „Sie wollten unsere Stadt erobern! Sie wollten sie an sich reißen, und was hätten Sie als Nächstes gemacht? Erst Rason und dann unsere ganze große Nation, wie?“

„Nein, nein, nein!“ Ich hob beschwörend die Hände. „Sie missverstehen das! Diese Stelle im Buch Josua beschreibt zwar eine Schlacht, aber das ist lange her, und ich habe den Namen Jericho nur benutzt, weil auch damals gebetet wurde. Ich will überhaupt nichts erobern. Bei *Operation Jericho* geht es nicht darum, wortwörtlich eine Stadt einzunehmen.“

„Lügen Sie mich nicht an!“, zischte Mr Park. „Wir wissen, dass Sie mitten in Rason ein Gebetszentrum geplant hatten." Mein Unterkiefer klappte nach unten. „Jawohl, Sie haben richtig gehört! Ihr Freund Sam hat ausgesagt und uns alles erklärt."

Mr Park hatte meine Reaktion falsch gedeutet. Ich war nicht schockiert darüber, dass er offenbar erfahren hatte, dass ich in Rason Räumlichkeiten hatte anmieten wollen, wo die Teams, die ich in die Stadt brachte, beten konnten. Nein, ich hatte schlicht Angst um Sam. Dieser Freund betrieb in dem Hotel, vor dem ich verhaftet worden war, ein Café. Wie Songyi hatte er die Jüngerschaftsschule von „Jugend mit einer Mission" durchlaufen. Er hatte gerade angefangen, in unserem Zentrum in Dandong zu arbeiten. Ich hatte gewusst, dass sie ihn versuchen würden zu verhören, aber gehofft, dass es ihm gelingen würde, rechtzeitig zurück über die Grenze zu gehen.

„Aber", sagte ich, „dieses Gebetszentrum war doch nicht für Nordkoreaner gedacht, sondern nur für die Menschen, die ich zum Beten in das Land bringe. Und ich habe dieses Gebetszentrum nie realisiert, das Ganze war nur eine Idee von mir."

„Aber es war so gedacht, dass Sie von dort aus einen – wie nennen Sie das? – *geistlichen Kampf* führen?", fragte Mr Park.

Ich antwortete: „Ja." Kaum hatte ich das Wort ausgesprochen, wünschte ich mir, es zurücknehmen zu können. Aber es war zu spät.

„Aha!", rief Mr Park triumphierend aus. „Wir haben gelesen, was für ‚Geister' Ihrer Meinung nach über unsere große Nation herrschen." Eines der Dokumente auf meiner Festplatte war ein Teil der Einführung, die ich jeder Gruppe gab, bevor ich sie nach Nordkorea brachte. Ich sprach darin über den geistlichen Kampf und die sieben Geister, die meiner Meinung nach über Nordkorea herrschen.

Mr Park fuhrt fort: „Sie nennen sie den Geist des Götzendienstes, den Geist der Angst, den Geist der Lüge, den Geist des Hasses, den Geist der Trennung, den Geist des Stolzes und den Geist der Herrschsucht." Nach jedem dieser Begriffe machte er eine Pause. Dann sah er mich an und zum ersten Mal glaubte ich, dass der Hass in seinen Augen echt war.

„Sie nennen diese Dinge ‚Geister', aber in Wirklichkeit meinen Sie unsere Regierung. *Das* ist also das, was Sie von uns halten! Sie bezichtigen uns der Lüge, der Angst, der Herrschsucht. Und deswegen wollen Sie uns vernichten."

„Das tut mir echt leid", sagte ich, „das ist ein großes Missverständnis. Ich hatte nicht vorgehabt, Sie zu beleidigen. Ich bitte um Entschuldigung."

Mr Park schaltete zurück zum Zuckerbrot. „Ein Missverständnis? Nun gut, dann klären Sie mich bitte auf. Schreiben Sie alles auf, was Sie über *Operation Jericho* wissen, und erklären Sie, warum diese Operation keine Bedrohung für unsere große Nation bedeutet." Er zeigte auf den kleinen Papierstapel auf dem Schreibtisch. „Schreiben Sie es auf. Klären Sie mich über Ihren Jericho-Plan auf." Er wandte sich zum Gehen. Vor der Tür blieb er kurz stehen. „Bitte diesmal keine Lügen. Schreiben Sie die Wahrheit."

Noch bevor Mr Park aus dem Raum war, begann ich,

Gott um Weisheit zu bitten. Wie viel von den Plänen zu *Operation Jericho* durfte ich preisgeben?

Heute, drei Jahre später, während ich dieses Kapitel schreibe, sind meine Bedenken die gleichen. Wie schon erwähnt, war ich nicht der einzige heimliche Missionar in Rason. Jegliche Enthüllungen, die ich mache, können das Leben der Menschen in Gefahr bringen, die in einem der verschlossensten Länder der Erde die Liebe Christi zu zeigen versuchen.

Die Idee zu *Operation Jericho* kam mir im Jahre 2010, während meines zweiten Besuchs in Nordkorea. Ich war in das Land zurückgekehrt, um herauszufinden, ob es möglich wäre, Reisegruppen dorthin zu bringen. Eines Tages machte ich im Park des Hotels in Rason, in welchem ich untergebracht war, einen Spaziergang – so ähnlich wie der Spaziergang, bei dem die beiden Beamten in dem schwarzen Auto auftauchten und mich festnahmen.

Als ich so dahinschlenderte, spürte ich, wie Gott mir sagte: *Die Augen meines Volkes sind blind; sie können nicht sehen. Die Ohren meines Volkes sind taub; sie können nicht hören. Die Münder meines Volkes sind stumm; sie können nicht reden. Ich werde ihre Augen öffnen, damit sie meine Herrlichkeit sehen. Ich will ihre Ohren öffnen, dass sie meine Stimme hören. Und ich werde ihre Münder öffnen, dass sie meinen Namen preisen und mir die Ehre geben. Ich werde mein Volk heilen. Ich werde es erlösen. Ich werde es wiederherstellen.*

Ich weiß noch gut, dass ich nicht wusste, was ich Gott antworten sollte. Ich betete: *Herr, was soll ich tun? Ich weiß es nicht.* In Nordkorea ist es illegal, mit jemandem über Gott zu sprechen. Wie um alles in der Welt sollte ich die Augen dieser Menschen öffnen?

Ich hatte schon erste Pläne gemacht, wie ich Reisegruppen in das Land bringen und den Teilnehmern die Augen für die Not der Menschen in Nordkorea öffnen könnte. Nun ging mir auf, dass ich ja noch mehr tun konnte, als ihnen bloß die Not zu zeigen. Ich musste an Josua und die Mauern Jerichos denken. Nordkorea ist von riesigen geistlichen Mauern umgeben. Jericho war die erste Stadt, auf die die Israeliten trafen, als sie ins Verheißene Land einzogen; Rason war die erste nordkoreanische Stadt, die sich für Fremde geöffnet hatte.

Diese Gedanken gingen mir durch den Kopf, bis es mir kam: Was, wenn wir diese geistlichen Mauern durch Gebet überwanden? Unsere Gruppe in China hatte bereits zahlreiche „Gebetsspaziergänge" um diverse Häuser gemacht; wir hatten erlebt, wie Gott diese Gebete erhörte, so wie er einst die Gebete der israelitischen Priester erhört hatte, die um Jericho herummarschierten. *Wir können das auch machen – für eine ganze Stadt, ja für ein ganzes Land! Wir können das, weil Gott dahintersteht; er will diese Menschen frei machen.*

Nach Dandong zurückgekehrt, begann ich eine Phase des Brainstormings. Die Ideen mündeten schließlich in der „Operation Jericho". *Juche*-Ideologie hin, totalitäres System und „Großer Führer" her – das Volk von Nordkorea lag mir so sehr auf dem Herzen, dass ich unbedingt etwas für es unternehmen musste. Ich musste an den Soldaten am Ufer des Yalu zurückdenken, der aus der Dunkelheit aufgetaucht war, um mich um Geld und Zigaretten anzubetteln. Was er wirklich brauchte, was ich ihm wirklich schuldig war, war die Liebe von Jesus.

Das war mein Motiv hinter *Operation Jericho*. Ich wollte Christen aus anderen Ländern nach Nordkorea bringen, um den Menschen dort die Liebe von Jesus zu bringen. Die Nordkoreaner leben in völliger Finsternis. Sie wissen nichts über Jesus, und bevor wir ihnen von Jesus erzählen, müssen wir ihnen Jesus zuerst durch unser Verhalten zeigen. Darum stand das Gebet im Zentrum von *Operation Jericho*. Wenn Menschen für Nordkorea beten, werden die inneren Mauern um das Land einstürzen, ein Stein nach dem anderen. Und ich wollte den Touristen, die ich nach Nordkorea brachte, auch etwas von der Schönheit des Landes und seiner Menschen zeigen und ihnen die Möglichkeit geben, während ihres Besuches direkt Gottes Stimme zu hören, wie dies auch bei mir geschehen war.

*Operation Jericho* – das war nichts weiter als ein Plan zur Mobilisierung von Betern, die für das Volk von Nordkorea vor Gottes Thron traten. Wie ich für Mr Park niederschrieb: „Ich liebe die Menschen in Nordkorea und ich möchte für sie eine Brücke zur Außenwelt sein."

Als ich vor einigen Jahren meinem Computer die Details meines Planes anvertraute, hatte ich unglücklicherweise Ausdrücke und Bilder benutzt, die von Nichtchristen, vor allem aber von den Vertretern des nordkoreanischen Regimes, leicht missverstanden werden konnten. In dem Dokument standen Sätze wie: „Wir wollen die Armee des Herrn mobilisieren, um die Mauer zum Einsturz zu bringen", aber ich meinte damit natürlich keine Armee im wörtlichen Sinne, sondern ich wollte, dass Menschen in aller Welt auf die Knie gingen, um für das Volk von Nordkorea zu beten.

Mr Park sah das anders.

Als er las, was ich geschrieben hatte, explodierte er. Er wusste mehr, als ich mich zu erwähnen getraut hatte, weil er das Dokument auf meiner Festplatte gelesen hatte – ein Dokument, das nur für mich bestimmt gewesen war.

„Dies ist nicht die ganze Wahrheit! Dies ist nicht Ihr ganzer Plan! Ihr Plan ist, in unsere große Nation einzufallen, Anspruch auf sie zu erheben und sie zu erobern. Leugnen Sie das nicht! Ich habe die Worte gelesen, die Sie selber geschrieben haben." Er stand auf und tigerte durch den Raum. „Sie sind ein hochgefährlicher Verbrecher, Mr Bae. Sie sind hierhergekommen, um unsere große Nation zu zerstören. Wir haben Sie gestoppt und jetzt werden Sie für das, was Sie getan haben, büßen."

Ich erwiderte nichts. Im Augenblick hielt ich wohl besser den Mund.

Mr Park fuhr fort: „Sie haben den Artikel 60 in unserer Verfassung verletzt. Dies ist ein überaus ernstes Verbrechen, vielleicht das ernsteste überhaupt. Wissen Sie, was für eine Strafe auf die Verletzung des Artikels 60 steht, Mr Bae?"

Ich schüttelte den Kopf.

„Der Tod." Mr Park lächelte dünn.

# 7. Geständnis

*Er ist mein Fels, meine Hilfe und mein Schutz,*
*dass ich nicht fallen werde.*
*Bei Gott ist mein Heil und meine Ehre,*
*der Fels meiner Stärke,*
*meine Zuversicht ist bei Gott.*

(Psalm 62,7–8)

*Operation Jericho* brachte für Mr Park das Fass zum Überlaufen. Es bestätigte seine schlimmsten Befürchtungen. Ich hatte angegeben, ein Missionar zu sein, aber *Operation Jericho* ließ ihn mich als Strohmann für eine viel ernstere Verschwörung sehen.

„Wer hat Sie in unser Land geschickt?“, fragte er, als er zur nächsten Verhörrunde kam.

„Das habe ich Ihnen doch schon gesagt“, erwiderte ich. „Gott.“

Er tat, als habe er mich nicht gehört. „Wer hat Sie in unser Land geschickt?“

„Gott.“

„Noch einmal: Wer hat Sie hierhergeschickt?“ Sein Geduldsfaden wurde sichtlich dünner.

„Ich habe versucht, es Ihnen zu erklären“, sagte ich. „Gott hat zu mir gesprochen und mir den Auftrag gegeben, eine Brücke zu Nordkorea zu sein.“

„Lügen Sie mich nicht an!“, schrie er. „Wollen Sie mich

für dumm verkaufen? Bilden Sie sich ein, dass ich mir nicht denken kann, wer hinter der ganzen Sache steckt? Wir haben viel Geduld mit Ihnen gehabt, aber unsere Geduld hat Grenzen."

„Ja, das verstehe ich", sagte ich, „aber ich habe Ihnen doch schon gesagt, dass ich ein Missionar bin."

„Sie sind mehr als nur ein Missionar; kommen Sie mir nicht mehr mit dieser Masche." Mr Parks Stimme wurde leiser, er wechselte wieder von der Peitsche zum Zuckerbrot. „Wir wissen genau, dass Sie für ‚Jugend mit einer Mission' arbeiten. Da haben Sie doch sicher einen Vorgesetzten über sich – richtig?"

„Ja", antwortete ich. „Er heißt John und leitet die Arbeit in Dandong."

„Und wer steht über John?"

„Das müsste dann wohl Loren Cunningham sein, der Gründer von ‚Jugend mit einer Mission'."

„Ah, das ist schon besser", sagte Mr Park. „Und über Loren Cunningham ist Obama, und der hat Sie also in unser Land geschickt, um uns zu terrorisieren und zu ruinieren. Mit anderen Worten: Sie arbeiten für die CIA. Obama und die CIA stecken hinter dieser ganzen Geschichte."

Ich wusste nicht, was ich auf diese „Logik" antworten sollte.

Mr Park fuhr fort: „Für das, was Sie da getan haben, haben Sie den Tod verdient. Erstens haben Sie mit Ihren gegen die Demokratische Volksrepublik Korea gerichteten Schriften dem Namen unseres Großen Führers Unehre gemacht; allein schon dafür müssten Sie sterben.

Zweitens haben Sie im Rahmen Ihrer *Operation Jericho* das Denken von Menschen aus unserem großen Land vergiftet und sie anschließend zu uns zurückgeschickt, um als Missionare gegen uns zu arbeiten. Sie haben versucht, unsere Regierung durch Gebet, Gottesdienste und das Einschleusen von Ausländern zu stürzen. Die Strafe dafür kann nur der Tod sein oder vielleicht ‚lebenslänglich', aber sicher nicht weniger."

„Okay", sagte ich.

Mr Park funkelte mich an. „Wie bitte? Ist es Ihnen egal, ob Sie für Ihre Verbrechen sterben? Wir brauchen nicht auf ein Gerichtsverfahren zu warten. Wenn wir wollten, könnten wir Ihnen hier und jetzt den Kopf abschlagen und die Sache wäre erledigt. Bei uns ist ein Menschenleben weniger wert als eine Fliege."

Ich antwortete: „Wissen Sie, was? Machen Sie doch, was Sie wollen." Ich versuchte nicht, den Tapferen zu markieren, ich hatte einfach genug. Ich war zu müde, um diese Farce weiterzuspielen. Vier Wochen lang hatte ich jeden Tag von acht Uhr morgens bis elf abends Mr Parks Fragen beantwortet. Ich konnte nicht mehr. Wenn die mich töten wollten – bitte sehr.

„Soll das eine Drohung sein, Mr Bae? Wissen Sie nicht, dass Ihr Leben in unserer Hand ist?"

„Mein Leben ist in *Gottes* Hand", sagte ich. „Sie sagen also, dass Sie mich jederzeit töten könnten. Wissen Sie nicht, dass Sie mich damit nur zu einem Märtyrer machen würden? Das ist die höchste Ehre, die es für einen Missionar gibt."

Ich musste denken: *Sie haben ja keinen Schimmer, mit*

*wem Sie es zu tun haben. Ich bin ein Botschafter des höchsten Gottes. Gott selbst hat mich hierhergeschickt und egal was passiert, er sitzt im Regiment.*

Mr Park sah mich entgeistert an. Er schien nicht zu wissen, was er sagen sollte. So hatte ich noch nie zu ihm geredet; so hatte wahrscheinlich noch nie jemand zu ihm geredet.

Sicher käme jetzt der nächste Ausbruch? Aber nein, Mr Park schwieg. Es war eine peinliche Stille. Dann stand er auf und ging aus dem Zimmer.

Spät am Abend kam er wieder. „Ich habe gute Nachrichten für Sie", sagte er. „Sie kommen nach Pjöngjang und von dort aus werden Sie dann nach Hause können."

Jetzt verstand ich gar nichts mehr. Vor ein paar Stunden noch hatte er mir damit gedroht, mir den Kopf abzuschlagen und meine Leiche irgendwo ins Gestrüpp zu werfen, und jetzt hieß es auf einmal, dass ich vielleicht bald nach Hause könnte. Ich seufzte leise auf. „Wie bitte?"

Sein Blick verriet mir, dass er auf diesen Augenblick gewartet hatte. „Sie haben ein schweres Verbrechen begangen, aber Sie haben sich gut geführt und mit uns kooperiert. Vielleicht kann unsere Regierung etwas für Sie tun."

„Und was erwarten Sie von mir? Was muss ich machen, um zurück nach Hause zu können?" Ich war zu allem bereit.

Mr Park erwiderte: „Wenn Sie Ihre Taten ehrlich bekennen und sich entschuldigen, könnte es sein, dass unsere Regierung Gnade vor Recht ergehen lässt."

„Und was muss ich da sagen?“, fragte ich.

„Sie müssen das mit Ihren eigenen Worten tun“, sagte er.

„Ja, sicher, das verstehe ich“, sagte ich. „Aber was muss ich da genau sagen? Sagen Sie mir einfach, was ich schreiben muss, damit ich nach Hause komme, und ich mache das.“

Bestimmt eine ganze Stunde lang sagte Mr Park mir, was ich alles zu schreiben hatte, und ich notierte es mir. „Bekennen Sie Ihren Versuch, durch Gebet unsere Regierung zu stürzen“, sagte er. Ich sollte auch einiges über *Operation Jericho* erwähnen und wie ich Nordkoreaner zu Jüngern von Jesus ausgebildet hatte und wie eine dieser Personen zurück ins Land gekommen war, um ein christliches Waisenhaus zu gründen. Und selbstverständlich hatte ich auch mein „Verbrechen“ der Missachtung der Führung der Demokratischen Volksrepublik Korea zu gestehen.

Und so schrieb ich das, was, wie ich dachte, Mr Park und die Leute, die über ihm standen, lesen wollten. Ich glaubte allen Ernstes: Wenn ich alles, dessen sie mich angeklagt hatten, bekannte, würden sie mich endlich nach Hause lassen.

Als ich mein Geständnis fertig geschrieben hatte, nahm Mr Park es an sich und verschwand. Es dauerte sehr lange, bis er wiederkam, in seiner Hand mehrere beschriebene Papierbögen. „Wir haben uns erlaubt, Ihr Geständnis für Sie zu schreiben.“

„Okay“, erwiderte ich. „Dann muss ich es jetzt nur noch unterschreiben?“

„Nein, nein, ich bitte Sie." Er sagte es in einem Ton, als hätte ich gerade vom Mann im Mond gesprochen. „Das Geständnis muss in Ihren eigenen Worten verfasst sein und in Ihrer Handschrift niedergeschrieben. Nehmen Sie das hier und formulieren Sie es um. Aber achten Sie darauf, dass Sie nichts auslassen, kein einziges Wort."

Ich seufzte. Wie sollte ich das machen? Nun gut, ich nahm den Kugelschreiber und fing an. Hier der Text, soweit ich mich an ihn erinnern kann:

*Ich, Kenneth Junho Bae, habe die Gesetze der DVRK (Demokratischen Volksrepublik Korea) verletzt, indem ich versucht habe, die Regierung mittels Gebet und Gottesdienst zu stürzen. Unter dem Deckmantel meiner missionarischen Arbeit diente ich als Werkzeug eines heimtückischen Versuchs der amerikanischen Imperialisten, die Macht in der Nation an sich zu reißen, indem ich die antinordkoreanische Propaganda und brutale Isolationsstrategie der USA und Südkoreas unterstützte. Ich brachte über 300 christliche Beter aus über 17 Ländern in die DVRK, verkleidete sie als Touristen und befahl ihnen zu beten, Gottesdienste zu halten und das Volk der DVRK mit der Liebe von Jesus Christus zu lieben. Im Rahmen eines Planes mit dem Namen „Jericho-Projekt" setzte ich mich in voller Absicht mit christlichen Gruppen in aller Welt in Verbindung, damit diese beteten, Gottesdienste hielten, das Volk liebten und das Land Nordkorea unter Gottes Herrschaft brachten. Ich glaubte, dass dadurch die Mauer um die Stadt Rason einstürzen würde, so wie einst die Mauern Jerichos fielen.*

*Ich habe auch versucht, in Rason ein Gebetszentrum aufzubauen, mit dem Hotel Rajin als Basis. Auch wenn dieses Gebäude speziell der Unterbringung der Ausländer diente, bekenne ich, dass es durch die Gründung des Gebetszentrums für die DVRK einen großen Einfluss auf die Stadt Rason ausübte.*

*Indem ich christliche Touristen ins Land brachte, die durch ihr Verhalten (z.B. Lächeln und Goodwill-Gesten) die Liebe von Jesus Christus zeigen sollten, versuchte ich, das Volk der DVRK dazu zu bringen, sich Gott zuzuwenden und nicht der Regierung oder der Führung der DVRK. Ich erkläre und bekenne, dass diese Aktionen mit dem Ziel erfolgten, die Einheit des Volkes der DVRK zu brechen, indem ich es unter den Einfluss des Christentums brachte. Mir ist klar, dass diese meine Taten einen ernsten Verstoß gegen die Gesetze der DVRK darstellen.*

*Ich bekenne, dass ich die Gebetszentren und Stützpunkte in China gründete, um Missionare zu mobilisieren, auszubilden, mit ihnen zu beten und sie in die DVRK zu schicken. Sechs Jahre lang habe ich Seminare, Orientierungskurse und Gebetsversammlungen für über 800 Personen aus Dutzenden von Ländern abgehalten, um für Nordkorea zu beten.*

*Ich möchte auch feststellen und bekennen, dass ich die Führung der DVRK schändlich missachtet habe, und möchte mich entschuldigen für meine Verbrechen der Respektlosigkeit gegenüber der Führung sowie des Verbreitens falscher Gerüchte über sie. Aufgrund dessen, was ich den westlichen Medien entnommen hatte, sowie meiner antikommunistischen Erziehung in Südkorea hetzte ich die in China lebenden nordkoreanischen Bürger gegen ihre Führung auf. Ich sagte Dinge wie: „Was ist das für ein Führer, der es zulässt, dass im 21. Jahrhundert im wohlhabenden Ostasien über drei Millionen Menschen verhungern?" Und: „Wasser fließt immer von oben nach unten. Wenn das Wasser unten rein sein soll, muss es zuerst oben rein sein." Mir ist klar, dass ich durch solche Bemerkungen gegenüber Bürgern der DVRK der Führung der DVRK die Schuld für das Leiden der Bevölkerung zuschieben wollte – ein direkter Angriff auf das Vertrauen und die Loyalität der Bevölkerung gegenüber der Regierung.*

*Ich bekenne ebenfalls, dass ich nordkoreanische Bürger einer christlichen Jüngerschaftsschule unterzog und dass ich eine Nordkoreanerin zurück nach Nordkorea schickte, um dort ein privates Waisenhaus zu gründen. Ich habe damit versucht, die Kinder der DVRK dazu zu bringen, Gott zu lieben und nicht den Großen Führer. Mir ist klar, dass solche Kinder in dem*

*Wissen um die Liebe Gottes aufwachsen und der Liebe des Vaters und Führers der Nation zunehmend entfremdet werden. Mir ist klar: Wenn zehn Kinder den christlichen Glauben annehmen, wird diese Zahl mit der Zeit sehr viel größer werden, was die Einheit der Nation mit ihrem Führer zerstören wird. Ein von nordkoreanischen Christen geführtes Waisenhaus wäre eine ernsthafte Bedrohung der Sicherheit und Einheit des Volkes.*

*Ich erkenne, dass meine Handlungen die Führung und die Regierung der DVRK ernsthaft verletzt und beleidigt haben, und möchte mich für meine Missetaten entschuldigen und um Vergebung bitten.*

*(Unterschrift) Kenneth Junho Bae*

Ein lächelnder Mr Park las mein Geständnis durch. „Ja, ja, dies ist genau das, was wir brauchen. Aber jetzt müssen Sie auch noch Ihre Entschuldigung schreiben."

Es war nicht das erste Mal, dass man mich aufforderte, eine formelle Entschuldigung zu schreiben. Ich hatte schon x Versionen zu Papier gebracht, zusätzlich zu all den anderen Sachen, die ich für Mr Park schreiben musste. Aber gut, wenn er einen neuen Entschuldigungsbrief verlangte und wenn ich danach nach Hause konnte, würde ich mich halt noch einmal entschuldigen.

„Gibt es bestimmte Dinge, für die ich mich entschuldigen muss?", fragte ich.

„Ja, natürlich", sagte er, in einem Ton, als ob wir alte

Freunde seien. Er rasselte seine Liste herunter, worauf ich fast wörtlich das Folgende niederschrieb:

1. Ich bitte um Entschuldigung für meine Missachtung der Führung der DVRK.
2. Ich bitte um Entschuldigung dafür, dass ich versucht habe, Christen nach Nordkorea zu bringen, um dort zu beten, Gottesdienste zu halten und die Menschen von Nordkorea mit der Liebe von Jesus Christus zu lieben.
3. Ich bitte um Entschuldigung dafür, dass ich, wenn auch rein aus Versehen, eine Festplatte mit Anti-DVRK-Videoclips ins Land gebracht habe.
4. Ich bitte um Entschuldigung dafür, dass ich mich als Leiter einer Reisegruppe ausgab, obwohl ich in Wirklichkeit ein Missionar und Pastor bin.
5. Ich bitte um Entschuldigung für meinen Versuch, in Rason ein Gebetszentrum (wenn auch nur für ausländische Touristen) einzurichten.
6. Ich bitte um Entschuldigung dafür, dass ich nordkoreanische Bürger im Christentum ausgebildet habe.
7. Ich bitte um Entschuldigung für den Versuch, in der DVRK ein privates christliches Waisenhaus zu gründen und die Kinder dort im Sinne der Liebe zu Gott (anstatt der Liebe zum Führer der DVRK) zu beeinflussen.
8. Ich bitte um Entschuldigung dafür, dass ich in China die Stützpunkte zum Abhalten von Seminaren, Orientierungskursen und Ausbildungsprogrammen für Nordkorea gründete.
9. Ich bitte um Entschuldigung für meinen Versuch,

Missionare für die DVRK zu mobilisieren, auszubilden und auszusenden.
10. Ich bitte um Entschuldigung dafür, dass ich nicht schon von Anfang an die Wahrheit gesagt habe.

Ich reichte Mr Park meine fertige Entschuldigung. Er war sichtlich sehr zufrieden, als er sie las. „Jawohl, das ist in Ordnung, das ist bestens."

Ich wünschte, ich könnte vermelden, dass ich erleichtert war, aber das war ich nicht. Ich wollte nur noch eines: zurück nach Hause. Erleichtert würde ich erst sein, wenn sie mich freigelassen hatten.

Mr Park ging. Ein Wächter kam herein und sagte mir, dass ich mich gerne hinlegen und eine Weile ausruhen konnte. Ich ließ mich auf mein Bett fallen und schlief sofort ein. Als der Wächter mich aufweckte, musste ich mich wieder auf meinen Stuhl setzen und warten. Ich wusste nicht, was jetzt käme, hoffte aber das Beste.

Später am Abend kam ein anderer Wächter herein. „Aufstehen!", befahl er.

Ich stand auf. Der Bujang, den ich am ersten Tag meiner Gefangenschaft gesehen hatte, kam herein. Nach einem ganzen Monat unter lauter kleinen, sehr dünnen Männern kam mir „der Mafiaboss" noch größer vor als beim ersten Mal. In seiner Hand hielt er mehrere Papiere.

Der Bujang setzte sich auf den Platz mir gegenüber und bedeutete mir mit einer Handbewegung, mich ebenfalls zu setzen. Er legte die Papiere auf den Schreibtisch. Es war mein Geständnis mit meiner Unterschrift.

Er begann: „Sie haben ein sehr ernstes Verbrechen gestanden. Ist Ihnen das klar? Sie haben den Artikel 60 unserer Verfassung verletzt und darauf steht *jooktang*."

Das Wort *jooktang* ist sehr schwierig zu übersetzen. Südkoreaner benutzen es nie, nur die Nordkoreaner. Es bedeutet ungefähr Folgendes: „Du bist der Abschaum der Erde und wir werden dich totprügeln und gänzlich vernichten." Gemeint ist im Wesentlichen eine Todesstrafe, die sozusagen mit Begeisterung vollstreckt wird.

Der Bujang fuhr fort: „Aber Sie sind sehr kooperativ gewesen und haben sich bis jetzt gut geführt, und das werden wir natürlich mit berücksichtigen." Er lächelte, aber dieses Lächeln beruhigte mich nicht; dazu ähnelte es zu sehr dem Grinsen einer Katze, kurz bevor sie die Maus frisst. „Jetzt möchten andere Personen mit Ihnen sprechen – Personen in Pjöngjang. Wir wissen, dass Sie uns noch mehr zu sagen haben, aber Pjöngjang möchte, dass Sie kommen, und so schicken wir Sie dorthin."

„Wann wird das sein?", fragte ich. Da wir hier in der Nähe der Grenze waren und die ganze Sache hier begonnen hatte, hatte ich nichts anderes gedacht, als dass sie mich über die Grenze zurückverfrachten würden, mit der Anweisung, mich nie wieder blicken zu lassen. Und jetzt sprach der Bujang davon, mich nach Pjöngjang zu schicken!

*Also, gut,* dachte ich. *Dann mache ich halt einen Abstecher nach Pjöngjang, bevor ich nach Hause komme und endlich meine Frau und alle anderen wiedersehe. Wenn nichts dazwischenkommt, bin ich bis Weihnachten zu Hause.*

Nach Hause ... Der bloße Gedanke begeisterte mich.

Seit ich vor einem Monat den Spaziergang über den Hotelparkplatz gemacht hatte, hatte ich keinen Schritt aus dieser „Suite“ in Villa 3 getan.

„Morgen“, sagte der Bujang. „Wenn Sie dort ankommen, kooperieren Sie bitte mit den Untersuchungsbeamten. Wenn Sie das tun, wird es gut laufen für Sie. Hören Sie sich an, was sie Ihnen sagen, und tun Sie, was sie verlangen.“ Der Bujang stand wieder auf und ging aus dem Zimmer.

Kurz darauf kam Mr Park zurück. Zum ersten Mal freute ich mich, ihn zu sehen. „Sie hatten mir doch gesagt, wenn ich gestehe, kann ich nach Hause.“

„Ja“, erwiderte er.

„Aber jetzt wollen die mich morgen nach Pjöngjang schicken.“

„Ja“, sagte er wieder, in einem Ton, der so viel sagte wie: „Natürlich; ich verstehe nicht, was Sie daran merkwürdig finden.“

Ich fuhr fort: „Warum werde ich nach Pjöngjang geschickt und wie lange werde ich dort sein?“

„Sie kommen nach Pjöngjang, weil die obersten Behörden Sie sehen möchten. Sie wollen die Antworten, die Sie uns hier gegeben haben, noch einmal nachprüfen. Es wird nicht lange dauern.“

„Wie lange?“, fragte ich erneut.

„Nicht lange. Vielleicht einen Monat.“

„Und dann darf ich nach Hause?“

„Wenn Sie sich nicht in Widersprüche verwickeln.“

~

Als Mr Park gegangen war, verbrachte ich den Rest des Abends damit, meine Sachen zu packen und den Auszug aus dem Zimmer, das einen Monat lang mein Gefängnis gewesen war, vorzubereiten. Das meiste von meinen Siebensachen hatte ich seit meiner Verhaftung nicht mehr gesehen, aber die Beamten gaben mir wenigstens einen Teil meiner Kleidung zurück, damit ich in Pjöngjang etwas anzuziehen hatte. Während ich meine Taschen packte, kam Mr Park herein, in seiner Hand ein Zettel.

„Was ist das?“, fragte ich.

„Na, Ihre Rechnung natürlich.“

„Meine *Rechnung*? Wofür?“

„Kost und Logis.“

Ich überflog die Rechnung. Ganz unten stand: „Gesamtbetrag: 20.000 Yuan.“ Das waren etwa 3.000 Dollar. Ich hatte 1.300 Yuan mit ins Land gebracht, für Taxifahrten und andere kleinere Ausgaben meiner Reisegruppe während der vier Tage. Das hier war verrückt.

„So viel Geld habe ich nicht“, sagte ich.

„Vielleicht können Sie Ihre Frau kontaktieren und Sie bringt Ihnen das Geld“, sagte Mr Park.

Ich konnte es nicht erwarten, mit meiner Frau zu sprechen, aber sie nach Nordkorea kommen lassen? Alles, nur das nicht. Sie konnte mir gar nicht weit genug von Nordkorea wegbleiben.

„Wie wäre es, wenn ich sie anrufe und sie bitte, das Geld hierher zu überweisen?“, fragte ich. Wenn Lydia wenigstens meine Stimme hören würde, wäre sie vielleicht nicht mehr so in Sorge um mich.

„Nein, das geht nicht, telefonieren dürfen Sie nicht“,

erwiderte Mr Park, schon auf dem Weg zur Tür. Dann kam ein anderer Funktionär, um die Rechnung mit mir zu besprechen. Nach einigem Hin und Her kam ein dritter Beamter herein, der in der Hierarchie etwas höher zu stehen schien, und sagte mir, ich solle mir keine Sorgen machen wegen der Rechnung. „Wir tun das einfach auf Ihre Rechnung für Pjöngjang."

„Danke, das ist prima", sagte ich. Wenn ich dadurch das Land sofort hätte verlassen können, ich hätte das Geld irgendwie aufgetrieben. Ich wollte endlich zurück nach Hause, je eher, desto besser.

Der Gedanke, dass mein Elend bald zu Ende wäre, regte mich so auf, dass ich nicht schlafen konnte. Bald würde ich wieder zu Hause bei meiner Familie sein! Was mussten sie sich Sorgen machen, nachdem ich sie den ganzen Monat nicht hatte kontaktieren können. Aber jetzt würde ich für ein paar Tage nach Pjöngjang kommen und dann – endlich nach Hause.

Ich ahnte nicht, dass das Schlimmste noch vor mir lag.

# 8. Auf nach Pjöngjang

*Der Herr ist mein Helfer, deshalb fürchte ich mich nicht.*
*Was kann ein Mensch mir anhaben?*

(Hebräer 13,6)

Als ich Rason verließ, glaubte ich, auf dem Weg nach Hause zu sein. Sicher, vorher musste ich noch nach Pjöngjang, aber das hielt ich für eine bloße Formalität. Im ersten Monat meiner Haft war es für mich schwierig gewesen festzuhalten, wie viel Zeit vergangen war, da ich nie nach draußen durfte. Ein Tag war wie der andere gewesen. Aber ich hörte gut zu, wenn sich die Beamten und Wächter in meinem Zimmer und daneben unterhielten, und so wusste ich, dass ich genau einen Monat hier gewesen war. Am 3. November hatten sie mich verhaftet, sodass jetzt also die erste Woche im Dezember war.

Die Fahrt nach Pjöngjang begann in aller Frühe. Etwas vor sechs Uhr morgens kam Mr Park in mein Zimmer und sagte: „Es geht los." Er führte mich nach draußen, wo ein Toyota-Geländewagen stand. Neben dem Wagen wartete ein anderer Mann (ich nahm an, dass er für dieselbe Regierungsbehörde arbeitete).

„Steigen Sie ein", sagte Mr Park, während er die eine hintere Tür für mich öffnete. Ich stieg ein. Der zweite Mann stieg neben mir ein, während Mr Park an meiner anderen Seite Platz nahm, sodass ich, wie auf der Fahrt zum Hotel Bipa, in der Mitte der Rückbank saß. Gut, dass der Land Cruiser um einiges geräumiger war als das chinesische Kompaktauto damals.

Jetzt kamen zwei weitere Männer zum Auto. Bevor sie einstiegen, schärfte Mr Park mir ein: „Erwähnen Sie gegenüber diesen Männern nichts von Ihrem Fall. Sie arbeiten nicht mit uns zusammen. Sie sind Beamte aus Rason, die ebenfalls in Pjöngjang zu tun haben und halt mit uns fahren."

Ich nickte.

Der eine der beiden Männer setzte sich hinter das Steuer, der andere auf den Beifahrersitz. Mr Park verneigte sich knapp in seine Richtung und sagte: „Guten Morgen, Sir. Schön, dass Sie heute mit uns fahren."

In Nordkorea zeigt die Sprache, die jemand benutzt, wie wichtig die Person ist, zu der er spricht. Der Respekt, mit dem Mr Park ihm begegnete, zeigte mir, dass dieser Mann ein hoher Funktionär sein musste. Später erfuhr ich, dass er ein früherer stellvertretender Direktor der internationalen Handelsbehörde von Rason war.

Während die beiden Männer ins Auto stiegen, starrten sie mich an, als sei ich ein seltenes Tier im Zoo. Sie schienen sich nicht von mir bedroht zu fühlen und auch nichts gegen mich zu haben; sie wirkten einfach neugierig.

„Gut, dann mal los", sagte der Beamte, der links neben mir saß, als alle eingestiegen waren. Der Fahrer startete den Motor und wir verließen den Hotelparkplatz. Die Sonne war noch nicht aufgegangen.

Wir nahmen Kurs nach Süden. Kaum hatten wir die

Stadt verlassen, waren die Straßen nicht mehr asphaltiert, sondern nur noch geschottert. Rason ist ein wirtschaftliches Zentrum von Nordostkorea, doch die Straße, die nach Chongjin, der drittgrößten Stadt des Landes, und von dort weiter nach Hamhung, einem Industriezentrum und der zweitgrößten Stadt Nordkoreas, führt, ist nicht viel mehr als ein Schotterweg, wie man sie in den USA nur in den einsamsten Gegenden findet. Hier galt sie sozusagen als Bundesstraße.

Wir waren noch nicht weit gefahren, als der Himmel im Osten heller wurde. Jetzt stieg die Sonne über dem endlosen Horizont des Pazifiks auf. Der Funktionär auf dem Beifahrersitz zeigte lächelnd in die Richtung. „Mann, schaut euch diesen Sonnenaufgang an!"

Wie würden Mr Park und der andere Beamte neben mir reagieren? Meine bisher einzige Autofahrt mit Funktionären des Regimes war in eisigem Schweigen verlaufen. Das war heute offenbar anders. Mr Park und sein Kollege auf der Rückbank schauten mit bewundernden „Ooh"s und „Aah"s in die Richtung, in die der Mann vorne zeigte. „Großartig!", kommentierte Mr Park.

Ich hob etwas den Kopf und schaute ebenfalls nach draußen. Doch, so etwas Schönes hatte ich schon lange nicht mehr gesehen. *Eine schöne Erinnerung zum Mitnehmen nach Hause,* dachte ich.

Wir fuhren weiter. Der Fahrer drehte sich kurz zu uns um und fragte: „Hat jemand was dagegen, wenn ich das Radio einschalte?"

„Machen Sie das ruhig", sagte Mr Park. Nordkoreanische Popmusik erfüllte das Auto. Mr Park begann mitzusingen. Diesen Mr Park hatte ich bisher nicht gekannt.

Es sollte noch mehr Überraschungen geben. Irgendwann um Mittag herum zog Mr Park sein Handy hervor und fing an, sich einen nordkoreanischen Kampfsport-Action-Film anzusehen. Er hielt mir das Handy hin und fragte: „Wollen Sie mitschauen?" Kaum zu glauben, dass dies derselbe Mann war, der laut darüber nachgedacht hatte, mich mal eben zu köpfen.

Hinter Chongjin begann die Schotterstraße, sich ins Küstengebirge hochzuwinden. Dann und wann ließ ein besonders tiefes Schlagloch den Land Cruiser in die Höhe springen. Stellenweise war die Straße sehr schmal, und hier und da sah man weiter unten die Wracks von Pkws und Lkws, die von der Straße abgekommen und in den Abgrund gestürzt waren. Ich bat Gott still, uns vor Unfällen zu bewahren, und dankte ihm, dass unser Fahrer selten mehr als 50 km/h fuhr.

Diese Autofahrt war in gewisser Weise ein Geschenk für mich. Ich hatte mir immer gewünscht, das ländliche Nordkorea und die Häuser der einfachen Menschen zu sehen; jetzt bekam ich die Gelegenheit dazu.

Die meisten Häuser waren von der Regierung errichtet, was eine der Methoden ist, mit denen Pjöngjang die Menschen abhängig vom „Großen Führer" hält. Fast alle hatten sie das gleiche, baukastenmäßige Aussehen. Sie waren aus Beton gebaut und nicht aus den traditionellen Baumaterialien. Die meisten waren entweder weiß oder himmelblau gestrichen.

Ich merkte, wie die beiden Männer vorne sich immer

wieder umdrehten, um einen Blick auf mich zu erhaschen. Schließlich konnten sie ihre Neugier nicht mehr bezähmen, und der Funktionär auf dem Beifahrersitz stellte ein paar Fragen über die Lebenshaltungskosten in den USA. Er erklärte, dass er aufgrund seiner Position viel in China gewesen war, sodass er wusste, wie das Leben außerhalb von Nordkorea war.

Als wir zum Mittagessen vor einem Fischrestaurant anhielten, sah er mich an und sagte: „Mr Bae, was möchten Sie essen? Bestellen Sie sich, was Sie wollen." Er zeigte auf das Krabbengericht auf der Speisekarte. „Wie wär's mit Krabben, oder vielleicht Garnelen?"

Meinte der das ernst? Erst hatte man mich zum gefährlichsten Verbrecher seit dem Koreakrieg erklärt und jetzt lud dieser Mann mich zum Mittagessen ein.

„Ach, lassen Sie", sagte ich, „ich glaube, ich nehme eine Suppe mit Schweinefleisch."

Mr Park schüttelte den Kopf, sagte aber nichts. Er bestellte das Gleiche wie ich. Der Mann auf dem Beifahrersitz hatte weniger Hemmungen. Er bestellte mehrere Gerichte, von denen er den anderen bereitwillig abgab, und so kamen Mr Park und ich doch noch zu einem guten Menü.

Bezahlen tat der Mann auf dem Beifahrersitz nicht mit nordkoreanischem Geld, sondern mit chinesischen Yuan. In Rason, wo es Euro, chinesische Yuan und sogar amerikanische Dollar gibt, macht jeder einen Bogen um nordkoreanisches Geld, dessen Wert ständig abnimmt.

Als wir zurück zu unserem Auto gingen, meinte unser Wohltäter lachend: „Da haben wir mit vier Personen für weniger als 100 Yuan bestens gegessen. In Rason hätten wir mindestens das Doppelte gezahlt." 100 Yuan entsprechen ungefähr 15 Dollar.

~

Wir fuhren den ganzen Nachmittag. Die Sonne ging unter und immer noch fuhren wir. Schließlich, gegen neun oder zehn Uhr abends, erreichten wir Hamhung. Die Stadt ist als industrielles Zentrum bekannt, aber auch für den unter Surfern beliebten Traumstrand Majon Beach.

Als wir uns der Stadt näherten, drehte sich der Mann auf dem Beifahrersitz zu mir um und fragte: „Wo wollen Sie lieber übernachten – am Strand oder im Stadtzentrum?"

„Am Strand", erwiderte ich.

„Machen wir doch glatt", sagte der Mann. Er rief über sein Handy irgendwo an und verkündete: „Unsere Zimmer sind bestellt."

Bevor wir zum Strandhotel fuhren, wollte der Fahrer noch tanken, für die Etappe am folgenden Tag. Wir hielten an mehreren Tankstellen an der Hauptstraße, aber entweder waren sie geschlossen oder man weigerte sich, uns zu bedienen, weil der Fahrer nicht mit Bargeld bezahlen wollte, sondern mit seiner Benzinrationskarte. Endlich fand er doch eine Tankstelle, die seine Benzinkarte akzeptierte, doch dafür war gerade der Strom ausgefallen. Die Tankwartin sagte, dass sie zuerst den Generator einschalten musste, damit die Zapfsäule funktionierte, aber ihr Chef war gerade nach Hause gegangen und sie hatte keinen Schlüssel zu dem Abstellraum, in dem der Generator stand. Sie sagte: „Ich rufe ihn eben an, damit er zurückkommt und den Generator anstellt."

„Wie lange wird das dauern?", fragte unser Fahrer.

„Nicht lange", antwortete sie. „Er wohnt in der Nähe."

Sie rief an, doch der Tankstellenverwalter ließ sich nicht blicken. Wir saßen im Auto und warteten. Nach einer halben Stunde kam die Tankwartin und sagte: „Er scheint nicht mehr zu kommen. Aber ich sorge dafür, dass Sie Ihr Benzin kriegen." Sie verschwand für ein paar Minuten und kam mit einer Axt wieder, worauf sie – ich konnte es schier nicht glauben – anfing, das Schloss des Abstellraums mit der Axt zu bearbeiten.

Ich sagte: „So ist's recht, das ist das Hamnam-System in Aktion." „Hamnam-System" ist ein gängiger Ausdruck für die „Das schaffen wir schon"-Philosophie in diesem Teil Nordkoreas. *(Hamnam* ist die Abkürzung für „Hamgyong Namdo", den Namen der Provinz, deren Hauptstadt Hamhung ist.)

Alle lachten. Mr Park fragte: „Wo haben Sie das mit dem Hamnam-System gehört?"

Ich lächelte und sagte: „Ich weiß halt ein bisschen mehr als der Durchschnittstourist."

Nach einer Stunde an der Tankstelle fuhren wir endlich weiter zum Hotel. Das Strandhotel bedeutete einen zusätzlichen Umweg von etwa einer halben Stunde. Das schien aber niemanden im Wagen zu stören, was mich überraschte; die beiden Beamten, die mich ins Hotel Bipa gebracht hatten, hätten sich niemals solch einen Umweg genehmigt.

Da war das Hotel. Wir hielten vor einem gewaltigen Metalltor an. Der Wachmann fragte uns, wer wir waren und wo wir herkamen. Dann fragte er: „Wem gehört der Wagen?“ Mit dem „wem“ meinte er nicht uns, sondern die zuständige Regierungsbehörde; in Nordkorea sind alle Autos in Regierungsbesitz.

„Dem Büro für nationale Sicherheit“, erwiderte Mr Park. Jetzt hatte ich es also amtlich: Mr Park, der Bujang und alle anderen Funktionäre, mit denen ich den vergangenen Monat zu tun gehabt hatte, gehörten alle zum NSB, dem nordkoreanischen Gegenstück zum amerikanischen FBI und zur NSA (National Security Agency).

Das Hotel bestand aus mehreren Villen. Mr Park und ich übernachteten im Erdgeschoss eines der Häuser, die beiden anderen Männer aus unserer Gruppe im Obergeschoss. Kaum waren wir in unserem Zimmer, fragte Mr Park mich: „Warum haben Sie sich beim Mittagessen nicht etwas Besseres bestellt, als die anderen sagten, dass sie bezahlen?“

„Ich bin doch ein Verbrecher; wie kann ich da Krabben oder Garnelen bestellen?“ Ich meinte das nur halb im Scherz.

„Dann hätte *ich* das halt gegessen“, erwiderte Mr Park und mir dämmerte: In einem Restaurant essen war ein seltener Luxus für ihn. – Den ganzen Rest dieses Abends schien Mr Park ein anderer Mensch zu sein als während meiner Verhöre. Er sprach mit mir, als ob wir Freunde wären. Bevor wir ins Bett gingen, sagte er: „Ich mag diese Reisen gar nicht. Meine kleine Tochter vermisst mich immer so, wenn ich weg bin.“

„Wie alt ist sie?“, fragte ich.

„Sieben. Sie haben sicher auch Kinder?“

„Ja. Drei.“

„Wohnen sie in dieser Gegend oder in den USA?“

„Zwei in Amerika“, erwiderte ich, „und eine Tochter bei ihrer Mutter in unserem Haus in China.“

Mr Park schüttelte den Kopf. „Wie schaffen Sie das, so weit weg von ihnen zu sein?“

Wir unterhielten uns noch eine Weile. Schließlich konnte ich sie mir nicht mehr verkneifen, die Frage: „Wie kommt es, dass Sie auf einmal so locker sind?“

„Wie meinen Sie das?“

„Na, Sie bohren nicht mehr nach Informationen. Sie fragen mich nicht nach meinen Verbrechen aus. Sie sind wie ein Freund zu mir.“

„Warum sollte ich nicht locker sein?“, erwiderte er. „Sie haben ja alles gestanden, ich brauche Ihnen nichts mehr aus der Nase zu ziehen. Außerdem habe ich gemerkt, dass Sie kein böser Mensch sind. Sie sind ein Opfer all der Lügen, die Sie in der Schule in Südkorea und danach in den amerikanischen Medien gehört haben. Und ein Opfer Ihrer Religion. Ich weiß, dass Sie in dem ehrlichen Glauben waren, etwas Gutes zu tun. Sie sind kein Übeltäter, sondern das Opfer einer Gehirnwäsche mit tausend Fehlinformationen.“

Was sollte ich darauf antworten? Ich zog es vor, nur zu lächeln. In den nächsten beiden Jahren sollte ich die ganze abgründige Ironie in Mr Parks Sätzen gründlich kennenlernen.

~

Am nächsten Morgen hatte ich eine Bitte an Mr Park: „Bevor wir weiterfahren, würde ich gerne kurz zum Strand hinuntergehen." Das Hotel lag in der Nähe des Strandes, aber nicht direkt am Wasser. Ich hatte viel darüber gehört, wie schön Majon Beach ist; der Strand gehörte zu den Orten, die ich zu besuchen gehofft hatte, falls der Staat es mir erlaubte, meine Nordkorea-Reisen auszuweiten, und jetzt war ich glatt dort und hatte vielleicht die einzige Chance meines Lebens, mir den Strand anzuschauen.

Zu meiner Überraschung antwortete Mr Park: „Gerne, warum nicht?"

Wir gingen zum Strand und schlenderten über den Sand, während wir zuschauten, wie die Sonne aus dem Ozean emporstieg. Obwohl es Dezember war, war es nicht besonders kalt. Es war einer der schönsten Sonnenaufgänge, die ich je gesehen habe, noch schöner als der am Tag zuvor.

Als die Sonne aufgegangen war, nahmen wir Kurs nach Westen, ins Binnenland hinein, Richtung Pjöngjang. Die Straße war nicht viel besser als die, die wir am vergangenen Tag benutzt hatten. Bald fing es an zu schneien und wir mussten noch langsamer fahren. Der Schnee zeigte mir eine Seite von Nordkorea, die ich noch nicht gekannt hatte und über die ich heute noch staune.

In den meisten Ländern mit kaltem Klima werden die Straßen im Winter von Schneepflügen freigehalten. Nicht so in Nordkorea. Stattdessen sah ich immer wieder, wie ganz normale Bürger am Straßenrand standen und den Schnee von Hand mit Schneeschaufeln wegschoben, so wie man bei uns den Bürgersteig vor dem Haus oder die Garageneinfahrt räumt. Selbst junge Mütter, die ihre Säuglinge auf dem Rücken hatten, machten mit.

„Was ist denn das?“, fragte ich.

Die Frage schien Mr Park zu überraschen. „Wie meinen Sie das?“

„Die Leute, die da Schnee schieben. Wo kommen die alle her?“

„Na, die wohnen hier.“ Er sagte es in einem Ton, als habe ich gerade etwas völlig Verrücktes gesagt.

„Aber warum machen die das?“, bohrte ich.

„Um den Schnee von der Straße zu räumen. Wenn es schneit, muss jeder anpacken, um die Straßen frei zu halten. Das ist mit das, was unser System so großartig macht. Wir arbeiten alle zusammen, jeder zählt auf jeden und keiner kann sich drücken. Darum sehen Sie hier auch Mütter mit Kindern, Ärzte und sogar Parteifunktionäre. Jeder muss seinen Teil beitragen.“ In Mr Parks Stimme schwang ein Stückchen Stolz.

„Aber müssen diese Leute nicht zu ihrer Arbeit gehen?“

„Natürlich, aber das Gemeinwohl geht vor. Erst räumen sie die Straße und dann gehen sie zur Arbeit.“ Mr Park schaute durch das Fenster auf die Kolonne der Schneeschieber und lächelte ihnen zu. „Was machen die Leute bei Ihnen in Amerika? Lassen die den Schnee liegen?“

„Nein“, antwortete ich. „Wir haben Schneepflüge, die die Straßen für die Bürger räumen.“

Mr Park sah mich kopfschüttelnd an, mit dem Blick eines Zimmermanns, der miterlebt, wie jemand versucht, mit seinem Schuh einen Nagel in ein Brett zu schlagen. In den nächsten Stunden kamen wir an Zehntausenden von Menschen vorbei, die dabei waren, den Schnee von der Straße zu schaufeln. Das ging so bis Pjöngjang, eine Strecke von etwa 300 Kilometern.

~

Als wir uns Pjöngjang näherten, wurde die Straße besser. Wir fuhren auf einer der wenigen asphaltierten Hauptstraßen des Landes. Mit den Straßen in den USA oder Südkorea konnte sie es trotzdem nicht aufnehmen und der ständige Schnee machte es nicht besser.

Die ganze Fahrt dauerte drei- oder viermal so lang wie eine vergleichbare Strecke in den USA. Wie schön wäre es gewesen, so schnell fahren zu können wie auf einer amerikanischen Autobahn! Ich konnte es nicht mehr erwarten, endlich wieder ein freier Mann zu sein. Je früher wir in Pjöngjang ankamen, umso schneller konnte ich das letzte Verhör hinter mich bringen, bevor ich nach Hause fuhr. Am dritten Tag meiner Inhaftierung in Villa 3 hatte ich die Gegenwart des Heiligen Geistes körperlich gespürt und Gottes Verheißung gehört, dass er mich durchbringen würde. Jetzt war die Ziellinie endlich in Sicht und ich konnte es nicht erwarten, sie zu überqueren.

Die Stimmung im Auto war weiter gut. Wir hörten Musik aus dem Radio. Ein, zwei Stunden vor Pjöngjang zeigte Mr Park uns in seinem Handy ein Video aus einem Comedy-Club in Pjöngjang, in welchem Präsident George W. Bush durch den Kakao gezogen wurde. Alle im Wagen lachten über die dümmlichen Befehle, die der Schauspieler Bush in den Mund legte und die diesen als jemanden darstellten, der nicht bis drei zählen konnte. Das Video benutzte unter anderem mehrere Szenen und Musiknummern aus einer amerikanischen Filmkomödie über Bush. Eigentlich war es nicht schlecht gemacht, aber es war ein komisches Gefühl für mich, mit über einen unserer ehemaligen Präsidenten zu lachen in einem Auto, in dem lauter Menschen saßen, die unser Land hassten. Aber ich machte mir nichts weiter daraus; hin und wieder einmal lachen musste schließlich jeder, selbst in Nordkorea.

Als das Video zu Ende war, begann der Mann auf dem Beifahrersitz, mich mit mehr Fragen darüber zu löchern, wie das Leben in Amerika war. Einmal kommentierte Mr Park: „Was Sie mir alles darüber erzählt haben, wie die Menschen im Westen über unser Land denken, hatte ich zum Teil noch gar nicht gewusst. Kein Wunder, dass Sie so denken."

Ein paar Kilometer vor Pjöngjang wurde unser Auto plötzlich langsamer. Wir waren immer noch auf der Landstraße, und wir konnten wohl kaum in einen Stau geraten sein in einem Land, wo es so wenige Autos gibt. Ich schaute nach vorne. Aha. In der Mitte der Straße entdeckte ich einen schwarzen SUV aus nordkoreanischer Produktion. Neben dem SUV standen zwei Männer in dunklen Anzügen. Unser Fahrer hielt an und ließ sein Fenster herunter. Der eine der beiden Männer trat ans

Fenster und schaute zu mir hin, dann sagte er zu unserem Fahrer: „Okay. Folgen Sie uns."

Er ging zurück zu seinem Auto und fuhr uns voraus in die Stadt.

Ich sah Mr Park an. „Wie lange werde ich noch mal hierbleiben?" Ich brauchte wohl ein paar beruhigende Worte.

„Ich würde sagen, höchstens einen Monat." Mr Park lächelte. „Nur keine Sorgen. Bleiben Sie bei Ihrer Aussage und kooperieren Sie, und es wird keine Probleme geben."

Ich hoffte, dass er recht hatte.

Wir verließen die Landstraße und fuhren ins Zentrum der Stadt hinein. Das Auto vor uns bog mehrere Male ab, bevor es vor einem Restaurant langsamer wurde. Unser Fahrer folgte ihm in eine enge Gasse direkt hinter dem Restaurant, die abrupt vor einem großen Metalltor endete. Das Tor öffnete sich und gab den Blick auf ein unauffällig aussehendes zweistöckiges Gebäude frei, das von der Straße aus nicht sichtbar war. Wir fuhren durch das Tor und hielten vor dem Gebäude an. Die beiden Männer aus dem SUV kamen zu unserem Wagen und musterten mich. Dann sagte der eine: „Kommen Sie mit."

Mr Park öffnete die Tür, stieg aus und half mir, ebenfalls auszusteigen. Es war das letzte Mal, dass ich ihn sah.

Die beiden Männer führten mich durch die Tür. Das Innere des Gebäudes sah eher wie ein Klubhaus aus als wie eine Polizeistation oder ein Gefängnis. Die Männer führten mich den Flur entlang, vorbei an mehreren Türen und hinein in ein Zimmer im Parterre. „Hier rein, bitte“, sagte der eine. Ich ging hinein und fand mich in einem Raum wieder, der wie ein Hotelzimmer aussah. Es gab einen Schreibtisch, zwei Stühle, einen Fernseher sowie ein Doppelbett.

Der eine der Sicherheitsbeamten sagte: „Fühlen Sie sich wie zu Hause und machen Sie es sich bequem. Sie können sich gerne hinlegen. Oder fernsehen. Melden Sie sich, wenn Sie etwas brauchen.“ Er drehte sich um und ging.

Ich schaute um mich. Es waren keine Wächter zu sehen, jedenfalls nicht in meinem Zimmer und auch nicht draußen auf dem Flur. Aber ich wusste, dass ich unter Beobachtung stand, denn an einer der Wände war eine Kamera montiert, die den ganzen Raum erfassen konnte.

Nach der langen Fahrt war ich hundemüde. Kaum hatte ich mich hingelegt, schlief ich ein. Nach einiger Zeit wachte ich wieder auf und schaltete den Fernseher ein. Ich brauchte nicht lange, um die verschiedenen Sender durchzugehen, denn es gab nur einen. Gerade liefen die Nachrichten; alle drehten sie sich um den geliebten Großen Führer, Kim Jong-un.

Als die Nachrichten zu Ende waren, folgte keine Werbung, sondern stattdessen ein Konzert. Eine Frau in einer eng anliegenden soldatenmäßigen Uniform sang vor einem voll besetzten Saal. Sie schien ein Liebeslied zu singen. Ein sehr emotionales Liebeslied, denn in ihren Augen glitzerten Tränen. Ich musste denken: *Na, die geht aber voll mit.* Dann hörte ich etwas genauer hin, wie der Text lautete. So ein Liebeslied hatte ich noch nie gehört.

Die Dame besang nicht irgendeinen Mann, sondern den „Großen Führer"! Ich hätte gerne das Programm gewechselt, aber es gab nur diesen einen Kanal.

Nach dem Konzert kam ein Spielfilm. Ich dachte: *Gut! Spielfilme mag ich und ich habe schon so lange keinen mehr gesehen.* Doch meine Begeisterung verflog bald wieder. Der Star des Filmes war Kim Il-sung, der erste „Große Führer", der im Zweiten Weltkrieg seine siegreichen Truppen gegen die japanische Armee führte.

Ich schaltete den Fernseher aus und ging ins Bett.

Die ersten drei, vier Tage ließen mich die nordkoreanischen Sicherheitsbeamten ziemlich in Ruhe, obwohl ich bemerkte, dass inzwischen mehrere Wächter an meiner Tür standen. Die meiste Zeit verbrachte ich im Bett, um den Schlaf aufzuholen, den ich in dem anstrengenden Verhörmonat verpasst hatte. Wenn ich wach war, erkundete ich mein Zimmer. In eine der Schubladen des Schreibtischs hatte jemand die englischen Worte *Love Nest* („Liebesnest") gekritzelt; ich war wohl nicht der erste Amerikaner, der in diesem Raum festgehalten wurde. Später erfuhr ich, dass fast jeder Amerikaner, der im Laufe der Jahre in Nordkorea festgenommen worden war, in diesem Gefängnis gesessen hatte.

Wenn ich nicht nach Geheimbotschaften suchte, schlief ich, so viel ich konnte, sah fern (wenn es Sendungen gab, was nur ein paar Stunden pro Tag der Fall war) und las. Kurz nach meiner Ankunft in Pjöngjang bekam ich meine Bibel zurück, die ich in dem Monat in Rason nicht gehabt und schmerzlich vermisst hatte. An manchen Tagen las ich über acht Stunden in ihr.

Fast täglich gab es Stromausfälle; sie dauerten meist ein, zwei Stunden, manchmal auch länger. Schon bei meinen früheren Nordkorea-Besuchen hatte ich gelernt, in mehrstöckigen Gebäuden grundsätzlich die Treppe zu benutzen, selbst wenn mein Hotelzimmer im fünften oder sechsten Stock lag. Es gibt nicht viel, was schlimmer ist, als während eines längeren Stromausfalls im Aufzug festzusitzen.

Alles in allem konnte ich in meinen ersten Tagen in Pjöngjang ausruhen und neue Kräfte schöpfen. Ich nahm an, dass irgendwelche Beamten dabei waren, mein Geständnis zu lesen und Mr Park zu befragen, sodass sie all das, was ich in Rason geschrieben hatte, prüfen konnten. Wenn sie damit fertig waren, würde man mich nach Hause schicken. Dachte ich.

Endlich wieder nach Hause – das war alles, was ich wollte. Gott hatte mich durch meinen Monat der Gefangenschaft in Rason durchgetragen. Trotz der Todesdrohungen, die man mir entgegengeschleudert hatte, hatte ich gewusst, dass Gott mich beschützen würde, und er hatte Wort gehalten. Die Aussicht, bald wieder nach Hause zu können, hatte den vergangenen Monat erträglicher für mich gemacht. Wenn einer eine Reise tut, dann kann er was erzählen. Ich würde eine ganze Menge zu erzählen haben. Ich hatte sogar die Hoffnung, dass ich meine Arbeit in Nordkorea, zumindest aber in China, bald wieder aufnehmen könnte.

~

An meinem vierten Tag in Pjöngjang machte ich gerade meinen Mittagsschlaf, als ein Mann, den ich noch nicht gesehen hatte, abrupt in mein Zimmer kam. Ich schreckte hoch und stand auf.

„Bitte bleiben Sie sitzen." Der Mann schien etwa in meinem Alter zu sein, Mitte vierzig. Er war dünn, aber größer als der durchschnittliche Nordkoreaner. Er fuhr fort: „Mein Name ist Lee Chul. Ich komme von der Generalstaatsanwaltschaft. Es hat etwas gedauert, bis ich Sie besuchen konnte, weil es so viele Informationen zu verarbeiten gab. Mr Park hat sehr sorgfältig gearbeitet."

„Haben Sie ihn gesprochen?", fragte ich.

„Ja, natürlich. Wir haben uns viel unterhalten in den letzten vier Tagen."

Ich war erleichtert. Bestimmt hatten sie auch über meine Freilassung gesprochen.

„Bae Junho, ich bin gekommen, um Sie zu informieren, dass Sie ab heute offiziell mehrerer Verbrechen gegen die Demokratische Volksrepublik Korea angeklagt sind. Ihre Regierung ist von der Anklage in Kenntnis gesetzt worden. Mit dem heutigen Tag beginnt das Vorverfahren zu Ihrem Prozess."

Ich schüttelte ungläubig den Kopf. „Prozess?" Das Wort schockierte mich derart, dass ich ganz vergaß zu fragen, warum man die US-Regierung erst jetzt über meine Lage informiert hatte. Ich war in dem guten Glauben gewesen, dass die Nordkoreaner sie sofort nach meiner Verhaftung kontaktiert hatten.

„Jawohl. Prozess. Während des Vorverfahrens werden wir alle Informationen, die Sie Mr Park in Rason gegeben haben, prüfen. Die Tatsache, dass Sie etwas ausgesagt haben, macht diese Aussage ja noch nicht wahr. Wir werden Zeugen vernehmen und Ihren Fall gründlich untersuchen, und sobald wir fertig sind, kommen Sie vor Gericht."

*Was* sagte der da? „Soll das heißen, dass ich vor Gericht komme und regelrecht angeklagt werde?"

„Ja, natürlich. Was hatten Sie denn erwartet?"

„Ich … äh …" Mir fehlten die Worte.

„Mr Park hat mir berichtet, dass Sie bisher gut kooperiert haben. Wenn Sie das weiter tun, sollte eigentlich alles gut gehen für Sie. Ich bin sicher, dass das Ergebnis positiv sein wird."

Ich fragte ihn nicht, was er unter einem positiven Ergebnis verstand. Ich hoffte, dass er meinte, dass ich zurück nach Hause konnte, aber es klang nicht danach, dass dies schon bald der Fall sein würde. „Und wie lange wird das Ganze dauern?", fragte ich.

„So lange wie erforderlich", erwiderte er.

# 9. Der Marschall oder Jesus?

*Herzlich lieb habe ich dich, Herrr, meine Stärke!*
*Herr, mein Fels, meine Burg, mein Erretter;*
*mein Gott, mein Hort, auf den ich traue,*
*mein Schild und Berg meines Heiles und mein Schutz!*

(Psalm 18,2–3)

Ich war ganz begeistert, als ich im Untersuchungsgefängnis in Pjöngjang das erste Mal fernsehen durfte. Endlich waren sie zu Ende, die Wochen ohne Musik, ohne Filme und ohne Bücher und Zeitschriften! Für mich und für so ziemlich jeden Amerikaner steht das Fernsehen für Unterhaltung. Doch nicht so in Nordkorea.

Ich merkte rasch, dass man mir nicht plötzlich „erlaubte" fernzusehen. Das Fernsehen gehörte zu meinem Umerziehungsprogramm, und ich musste jeden Tag vor dem Kasten sitzen, vom Beginn der Sendezeit des staatlichen Hauptprogramms bis zu ihrem Ende, also von etwa 17.00 bis 22.30 Uhr. Spät am Abend gab es noch ein zweites Programm und an den Wochenenden sogar ein drittes, die indes nicht viel besser waren. Das nordkoreanische Regime benutzt das Fernsehen als reines Propagandamittel zur „Erziehung" der Bevölkerung und es hoffte offensichtlich, auch mich erziehen zu können.

Jeden Tag kam einer der vier mir zugeteilten Wächter Punkt 17.00 Uhr in mein Zimmer und befahl mir, den Fernseher einzuschalten. (Die vier Wächter wechselten sich ab; alle drei Stunden war „Schichtwechsel", und die Schichten deckten lückenlos den ganzen Tag und die ganze Woche ab.) Was sollte ich machen? Ich drückte gehorsam auf den Knopf. Wenn ich den Fernseher einmal vor Ende der Sendezeit ausschaltete, kam sofort der Wächter herein und befahl mir, den Apparat wieder einzuschalten.

Die Stunden vor dem Fernseher waren gleichzeitig die besten und die schlimmsten meines Tages. Die besten, weil sie die triste Monotonie des Alleinseins in diesem Zimmer unterbrachen, und die schlimmsten wegen der Nonstop-Propaganda, mit der sie mich überschütteten.

Ich weiß fast jeden Satz aus den Sendungen, die ich mir anschauen musste, auswendig, weil ein und dieselbe Sendung tagelang wiederholt wurde. So gab es zum Beispiel eine ganze Woche lang jeden Tag denselben Dokumentarfilm über Kim Il-sungs Weg zur Alleinherrschaft. Nach der dritten oder vierten Wiederholung begann ich, für einen Stromausfall zu beten.

Einmal machte ich den Fehler, mitten in diesem Kim-Il-sung-Film auf das andere Programm umzuschalten. Sofort war mein Wächter da. „Was machen Sie da?" Ich erklärte ihm, dass ich diesen Film schon viermal gesehen hatte. „Das ist mir wurscht", schnauzte er. „Dann sehen Sie ihn halt noch mal!"

An einem Samstagabend schaltete ich schweren Herzens wieder den Fernseher ein. Noch ein Film über Kim Il-sung oder Kim Jong-il, und ich würde verrückt werden.

Aber halt, was war das? Ein Film über eine Familie auf dem Land. *Endlich mal was Neues,* dachte ich.

Nun, ich lernte bald meine nächste Lektion über die nordkoreanischen Filmemacher: Egal um was für eine Art von Film es sich handelt (Actionfilm, Herz und Schmerz oder Krimi), jeder Film hat das gleiche Ende. Immer greift zum Schluss der Große Führer, der Liebe Führer oder der Höchste Führer ein und löst alle Probleme. Denn dies ist die eine große Botschaft, die jeder Mensch in Nordkorea von der Wiege bis zur Bahre hört: Der Führer ist alles, was du brauchst. Er liebt dich. Er sorgt für dich. Er gibt dir alles, was dir fehlt.

Doch noch schlimmer als diese Filme waren die Musikvideos, die als Lückenfüller zwischen den eigentlichen Sendungen dienten. Die meisten brachten die führende Popmusikgruppe von Nordkorea, die Mädchenband Moranbong. Die Mädchen waren von Kim Jong-un persönlich handverlesen, wobei die Schönheit mindestens genauso zählte wie die Musikalität. Es war nicht möglich, den Fernseher einzuschalten, ohne sich früher oder später die Moranbong-Band anhören zu müssen. Jeden Abend musste ich mir Songs mit Texten wie diesem anhören:

*Heute, morgen, immer werde ich neben ihm stehen.*
*Bis an mein Ende teile ich mein Schicksal mit ihm.*
*Das ist das große Bekenntnis meines Herzens.*
*Unser Genosse Kim Jong-un, unser Herz zieht es zu ihm,*
*weil er der Führer ist.*
*Bis mein Leben endet, werde ich mein Herz nicht verändern.*

Das war ihr Hit-„Bekenntnis". Ein anderer ihrer Lieblingssongs hieß „Brennendes Verlangen". Er begann so:

*Wir denken an den Marschall, der zu dieser späten Stunde*
*in die Ferne zieht,*
*und unsere willigen Herzen folgen seinen Schritten.*
*Unser Los und unser Glück hängt an dem Marschall,*
*und dass es ihm wohlergehe, ist unser einziger Wunsch.*

Der „Marschall" ist Kim Jong-un. Sein Großvater, Kim Il-sung, der erste „Große Führer", ist der Präsident (obwohl er bereits 1994 verstorben ist), und Kim Jong-il, der ebenfalls verstorbene Sohn von Kim Il-sung und Vater von Kim Jong-il, ist der „General".

In dem Lied „Brennendes Verlangen" gibt es die Zeile: „Durch den Marschall hat unsere Zukunft keine Grenzen." Eines Abends, als ich mir dieses Musikvideo ansah, gab es just nach diesen Worten einen Stromausfall und der Bildschirm wurde dunkel und das ganze Haus mit.

Ich musste lachen. „Eure Zukunft hat keine Grenzen, aber dafür, dass das Licht an bleibt, reicht es nicht", flüsterte ich.

Ich hörte diese Lieder so oft, dass ich die Texte bald auswendig konnte. Manchmal erwischte ich mich sogar dabei, dass ich sie mir leise vorsang. Egal was ich versuchte, ich konnte sie nicht mehr aus dem Kopf bekommen. Wie furchtbar diese Texte waren! Oder vielleicht doch nicht? Eigentlich brauchte ich doch bloß das Wort „Marschall" durch „Jesus" zu ersetzen und schon hatte ich ein Anbetungslied, das sich sogar für den Gottesdienst in der Kirche eignete. Und ich begann, durch mein Zimmer zu laufen und die Moranbong-Hits in meiner neuen Version zu singen. Je öfter ich sie sang, umso besser gefielen sie mir. Ob die neue Version auch der Moranbong-Band oder Kim Jong-un gefallen hätte, darf bezweifelt werden.

Die pausenlose Fernsehpropaganda lieferte mir nicht nur neue Lieder, sondern half mir auch, das Verhältnis des Durchschnittsbürgers in Nordkorea zu seinem „Führer“ besser zu verstehen. Ich versuchte, mir vorzustellen, was wohl aus mir geworden wäre, wenn mein Großvater nicht während des Koreakrieges in den Süden geflüchtet und ich in Nordkorea aufgewachsen und tagaus, tagein mit dieser Propaganda gefüttert worden wäre. In diesem Fall würde ich jetzt wohl auch den „Großen Führer“ loben und preisen. Was mich die Nordkoreaner mit barmherzigeren Augen sehen ließ. Die einzige Welt, die sie kennen, ist die, in der Kim Il-sung Gott ist. Kein Wunder, dass sie mich als eine solche Gefahr betrachteten.

Die pausenlose Regierungspropaganda zeigte sich am deutlichsten in den Nachrichtensendungen im Fernsehen. Jede Meldung diente dazu, die Nordkoreaner daran zu erinnern, dass ihr Land das Paradies auf Erden war. Für die nordkoreanischen Medien ist die ganze Welt neidisch auf die Volksrepublik. Denn was hat der Rest der Welt schon zu bieten? Das nordkoreanische Fernsehen bringt mit Wonne Nachrichten über die neuesten Amokläufe, Rassenunruhen und sonstigen Gewalttaten in Amerika und dem Westen, es dokumentiert jeden neuen Waldbrand oder Hurrikan, jeden Tornado und jede Überschwemmungskatastrophe, kurz: alles, was ein schlechtes Licht auf die USA wirft. In den Wochen, in denen ich mir jeden Abend die nordkoreanische Tagesschau anschauen musste, erkannte ich: Der nordkoreanische Durchschnittsbürger ist wohl ehrlich davon überzeugt, dass Amerika für Armut und Gewalt, Mord und Totschlag steht.

~

Am 12. Dezember begann das Fernsehprogramm früher als üblich. Ich hatte wie immer keine Wahl, ich musste es mir anschauen. Auf dem Bildschirm erschien eine Nachrichtensprecherin in rosa Landestracht. Ihr Gesicht war euphorisch und sie sprang fast vom Stuhl hoch vor Begeisterung.

„Wir haben mit einer Unha-3-Rakete den Satelliten Kwangmyongsong 3 erfolgreich in eine Umlaufbahn geschossen!“, jubelte sie. Es klang fast wie der amerikanische Fernsehjournalist Walter Cronkite, der am 1969 die erfolgreiche Mondlandung der Apollo-Astronauten Neil Armstrong und Buzz Aldrin verkündet hatte. „Ich wiederhole“, rief die Dame, „wir haben mit einer Unha-3-Rakete den Satelliten Kwangmyongsong 3 erfolgreich in eine Umlaufbahn geschossen!“

Es folgten Bilder feiernder Menschenmassen in den Straßen von Pjöngjang. Viele weinten vor Freude. Einige tanzten; die meisten liefen wie benebelt herum, wie ein kleines Mädchen, das bei der Bescherung an Heiligabend ein Pony geschenkt bekommen hat. Diese Nachricht schien fast zu schön, um wahr zu sein.

Meine Reaktion war anders. „Das ist nicht gut", murmelte ich. Pjöngjang hatte schon mehrere Male versucht, einen Satelliten in eine Umlaufbahn zu bringen. Alle Versuche waren fehlgeschlagen (obwohl das Regime natürlich das Gegenteil behauptete) und von den USA und fast allen anderen Ländern als Schritte zur Entwicklung einer Interkontinentalrakete verurteilt worden, die Ziele in den USA erreichen konnte. Das Raketenprogramm von Nordkorea ist eine sehr ernste Sache, da das Land bereits über nukleare Sprengköpfe verfügt.

Ich wusste: Wenn diese Meldung ausnahmsweise glaubwürdig und es Nordkorea tatsächlich gelungen war, einen Satelliten in eine Umlaufbahn zu bringen, dann war das Land der Möglichkeit, die Westküste der USA mit Atomraketen zu erreichen, einen großen Schritt näher gekommen. Mehr als einmal schon hatte Pjöngjang mit einem Atomschlag gegen die USA gedroht. Ich glaube zwar nicht, dass es je dazu kommen wird, aber für die Menschen in Nordkorea ist der Koreakrieg noch heute nicht zu Ende, und es gibt denn auch bis heute keinen offiziellen Friedensvertrag, sondern lediglich einen Waffenstillstand.

Da saß ich also am anderen Ende der Welt allein in meinem Zimmer, als Gefangener eines Regimes, das mein Heimatland hasst und als Urheber alles Bösen betrachtet, das Nordkorea je erlitten hat, und ich wusste: Nein, dieser Tag, der 12. Dezember 2012, war kein guter Tag für mich.

Ich begann, die Hoffnung zu verlieren. Ich hatte keine Post von zu Hause erhalten und rein nichts gehört, was den Anschein erweckte, dass die US-Regierung etwas unternahm, um meine Freilassung zu erwirken. Gut, schon zweimal hatte man mir gesagt, dass das Außenministerium der USA von meiner Festnahme in Kenntnis gesetzt war, aber ich bezweifelte, dass das stimmte. Wenn meine Regierung wirklich von meinem Schicksal wusste, warum unternahm sie dann nichts? Und jetzt, nach diesem Raketenstart, fragte ich mich, ob sie überhaupt noch etwas unternehmen konnte, selbst wenn sie wollte.

Das Regime in Nordkorea trichtert seiner Bevölkerung pausenlos ein, dass die USA den Koreakrieg begannen, indem sie Nordkorea überfielen. Amerika ist der Erzfeind und dies macht jegliche Verhandlungen – und wenn es nur um einen kleinen Missionar geht, der aus Versehen eine Computer-Festplatte ins Land gebracht hat – sehr, sehr schwierig.

Später erfuhr ich, dass das State Department erst einen Tag zuvor, am 11. Dezember 2012, meine Verhaftung publik gemacht hatte. Ich schätze, dass die fast gleichzeitige Bekanntgabe des Satellitenstarts kein bloßer Zufall war, sondern Teil der langfristigen politischen Strategie Nordkoreas.

Das Fernsehen brachte weiter Jubelszenen aus Pjöngjang. Ich versuchte, sie zu ignorieren. Gerne hätte ich den Fernseher ausgeschaltet oder wenigstens leiser gestellt, aber das hätten die Wärter natürlich nicht zugelassen. Und so saß ich da, grübelte vor mich hin und wurde immer deprimierter.

Dann musste ich auf einmal an all die Glaubenshelden in der Bibel denken, die ebenfalls unschuldig ins Gefängnis gekommen waren. Zum Beispiel Josef. Ich konnte mich gut in seine Lage versetzen. Erst hatten seine Brüder ihn in die Sklaverei verkauft. Dann war er ins Gefängnis gekommen, weil die Frau seines Besitzers ihn der versuchten Vergewaltigung beschuldigt hatte, nachdem es ihr nicht gelungen war, ihn zu verführen. Josefs eigener Vater hielt ihn für tot; er hatte niemanden dort in dem Kerker. Wirklich niemanden? Er hatte Gott; „denn der Herr war mit Josef, und was er tat, dazu gab der Herr Glück“ (1. Mose 39,23).

Und ich spürte, wie Gott mir zuflüsterte: *Vergiss es nicht: Ich bin nach wie vor bei dir.*

Ich schlug meine Bibel bei den Psalmen auf. Diese Gebete hatten mich schon durch viele dunkle Tage getragen. Ich blätterte und blieb am 91. Psalm hängen, dessen Worte mir förmlich entgegenzuspringen schienen, vor allem die letzten Verse, wo Gott sagt:

*Er liebt mich, darum will ich ihn erretten;*
*er kennt meinen Namen, darum will ich ihn schützen.*
*Er ruft mich an, darum will ich ihn erhören;*
*ich bin bei ihm in der Not,*
*ich will ihn herausreißen und zu Ehren bringen.*

(Psalm 91,14-15)

Ich las diese Verse, wieder und wieder, und jedes Mal hörte ich sie neu, die Verheißung Gottes. *Ich will dich erretten, Kenneth. Ich will dich schützen. Ich will dich er-*

*hören. Ich bin bei dir in der Not. Ich will dich herausreißen und zu Ehren bringen.*

Eine tiefe Freude erfüllte mich. Ich dachte daran, was die nordkoreanischen Behörden mir vorwarfen: Pläne für ein Gebetshaus in Pjöngjang. Wenn das so war, warum fing ich dann nicht einfach an mit diesem Gebetshaus? Und ich rief laut aus: „Gott, dies hier ist dein Haus!“

Die Wächter hörten mich natürlich, und falls Mr Lee (das war der Mann, der mich an meinem vierten Tag in Pjöngjang von der förmlichen Anklage gegen mich in Kenntnis gesetzt hatte) in der Nähe war, hörte er mich ebenfalls. Alle auf diesem Stockwerk des Untersuchungsgefängnisses mussten mich gerade gehört haben. Sollten sie ruhig.

Ich betete weiter. „O Herr, du liebst diese Menschen hier. Du möchtest sie zurück zu dir führen und so lege ich sie dir hin. Zieh sie alle zu dir, Herr!“

Je länger ich laut betete, desto mehr spürte ich, wie der Geist Gottes in mir wirkte. Ich ergänzte die Gebete durch Lob- und Danklieder. Ich ließ meinen Blick durch das Zimmer schweifen. „Gott, ich gebe dir dieses Zimmer. Dieses Zimmer ist *dein* Zimmer. Es ist heiliger Boden, o Vater, und auf diesem heiligen Boden stehe ich. Ich werde nicht fortgehen und nicht weichen, ich werde nicht aufhören, dich zu rühmen und zu loben. Ich will an deiner Seite stehen; egal was kommt, ich werde nicht weichen!“

Der Wächter vor meiner Tür öffnete diese und spähte in meine Richtung. Halb schien er mich für verrückt zu halten, halb schien er Angst zu haben. Er sagte nichts, sondern ging zurück auf seinen Posten.

Ich fuhr fort mit meinem lauten Beten und der Geist Gottes erfüllte das Zimmer. „Vater, meine Feinde sind um mich herum, aber ich werde nicht weichen und nicht nachgeben. O Herr, öffne du ihre Augen! Zeige ihnen deine Herrlichkeit!" Ich musste plötzlich an die Erweckung denken, die Pjöngjang 1907 erlebt hatte. „Tu es wieder, Herr! Heile dieses Land. Erneuere dein Werk von damals, wende die Herzen dieser Menschen wieder dir zu!"

Und dann hatte ich eine Vision. Ich sah den Kim-Il-sung-Platz im Herzen von Pjöngjang vor mir, und er war voller Nordkoreaner, die den einen wahren Gott lobten und priesen und anbeteten. „Oh, lass dies wahr werden, Herr!", rief ich aus. „Herr, gib, dass es so wird!" Und so wurde aus einem der dunkelsten Tage meiner Gefangenschaft eine der größten Anbetungsstunden, die ich in meinem Leben erlebt habe.

~

In den Tagen nach dem Raketenstart verschärfte sich der antiamerikanische Ton in den nordkoreanischen Medien. Eine Regierungserklärung verurteilte die neuen Sanktionen der Vereinten Nationen und erklärte: „Die DVRK hat jedes Recht, ihr Weltraumprogramm voranzutreiben." Die Schuld an den Sanktionen gab sie den USA.

Für Nordkorea sind die Amerikaner an allem schuld, auch daran, dass es zwei Koreas gibt. Wie meine Wächter und andere Beamte mir erklärten: „Wenn Amerika uns nur in Ruhe lassen würde, könnte ganz Korea sich unter dem Großen Führer vereinen." Ich versuchte, ihnen zu erklären, wie ganz anders Südkorea ist. Ich wies auf die große Zahl von Christen dort hin und dass die Südkoreaner eine Freiheit genießen, die keiner im Norden hat. „Das werden die nicht aufgeben wollen", sagte ich. Doch niemand glaubte mir. Diese Menschen glaubten so fest an die Größe ihres „Führers" und die Überlegenheit ihres *Juche*-Systems; sie konnten sich nicht vorstellen, dass es Menschen gab, die sich nicht danach sehnten.

Doch ich hörte nicht nur im Fernsehen zunehmend antiamerikanische Töne, ich bemerkte auch eine Veränderung in der Haltung der Wächter mir gegenüber. Anfangs hatten sie mich ziemlich genauso behandelt wie die Wächter in Rason. Ich war für sie ein Untersuchungsgefangener und sonst nichts. Doch es dauerte nicht sehr lange und sie schauten mich an, als ob ich ein Haufen Dreck wäre.

Dass die Temperaturen draußen weiter nach unten gingen, machte die Sache nicht besser. Mein Zimmer war beheizt, aber der Flur, in dem die Wächter stehen mussten, nicht. Zweimal in der Woche musste ein Wächter mich in die Sauna am anderen Ende des Gebäudes bringen, wo ich ein richtiges Bad nahm und meine Kleidung wusch. Ich dankte den Wärtern dann immer und lächelte sie an, um ihnen zu zeigen, dass ich nicht gefährlich war, aber das half mir nichts; mit jedem Gang zur Sauna wurden sie mürrischer.

Wahrscheinlich wurmte es sie auch, dass ich (jedenfalls für nordkoreanische Verhältnisse) so gut zu essen bekam. Wie schon erwähnt, sind Lebensmittel knapp in

Nordkorea. Ich nahm etliche Kilo ab in den Monaten vor meinem Prozess, aber ich bekam dort in Pjöngjang keine Hungerrationen, und das schien den Wächtern schwer gegen den Strich zu gehen. Sie behandelten mich noch nicht offen feindselig, aber ich spürte, wie ihre Antipathie wuchs.

Die zunehmend antiamerikanische Stimmung in Pjöngjang ließ mich auf der Hut vor meinen Anklägern sein. Bis jetzt hatte ich drei kennengelernt. Der Erste, Mr Lee, war wie gesagt der Mann, der mich an meinem vierten Tag in Pjöngjang über die förmliche Anklage gegen mich informiert hatte. Er war am nächsten Tag wiedergekommen, mit zwei weiteren Beamten. Der eine stellte sich mir als der Generalstaatsanwalt vor und erklärte, wie der Prozess verlaufen würde und wie er sowie Mr Lee und der dritte Mann die Anklage gegen mich vorbereiten würden.

Während der Generalstaatsanwalt sprach, stand Mr Lee ein Stückchen seitlich hinter ihm und der Dritte noch weiter hinten. Der Dritte war älter als Mr Lee – er mochte Mitte fünfzig sein – und viel kleiner. Er machte einen unglücklichen Eindruck. Als der Generalstaatsanwalt fertig war, gingen er und der Dritte, und ich war allein mit Mr Lee.

In der Folge wurde Mr Lee der Hauptankläger in meinem Fall. Anfangs machte er mir einen netten Eindruck. Am ersten Tag des offiziellen Vorverfahrens erklärte er mir, dass er die Aufgabe hatte, alles, was ich in meinem Monat in Rason geschrieben hatte, genau zu prüfen. Das war kein Pappenstiel, denn vor meiner Verlegung nach Pjöngjang hatte ich an die dreihundert Seiten geschrieben.

Er fuhr fort: „Wir haben auch verschiedene Personen vernommen, um Ihre Angaben zu verifizieren. Und wir haben durch Untersuchungsbeamte die von Ihnen erwähnten Personen und Orte auf Richtigkeit prüfen lassen."

Das kam mir spanisch vor, da die Beamten in Rason mir ziemlich genau vorgeschrieben hatten, was ich schreiben sollte. Wenn ich etwas nicht exakt so formuliert hatte, wie sie wollten, hatten sie es einfach umgeschrieben.

Ich fragte: „Dann muss ich für Sie wieder alles x-mal aufschreiben, wie in Rason?"

Mr Lee lächelte und winkte beruhigend mit den Händen. „Nein, nein, das ist vorbei. Sie haben uns alles geliefert, was wir brauchen. Ich möchte es lediglich noch einmal mit Ihnen durchgehen. Also: Am ersten Tag Ihres Geständnisses sagten Sie ..." Die nächsten ein, zwei Stunden verbrachten wir mit der ersten Seite meiner Ausführungen. Mr Lee las einen Satz nach dem anderen vor und ich musste ihm bestätigen: „Ja, so ist das gewesen."

So ging das weiter. Jeden Tag ging Mr Lee meine Aussagen Satz für Satz und Zeile um Zeile durch und ich bestätigte, was ich da geschrieben hatte. Er versicherte mir, wenn ich kooperierte, wäre alles bestens, sprich: würde ich bald nach zu Hause kommen, und ich klammerte mich an diese Hoffnung. Aber andererseits sprach er immer wieder von meinem Prozess, und ich konnte ja wohl schlecht gleichzeitig nach Hause gehen und vor Gericht erscheinen.

Und noch etwas merkte ich: Je mehr von meinem Geständnis Mr Lee laut vorlas, umso mehr sank mein Ansehen bei den Wächtern. Als sie hörten, was ich getan hatte, behandelten sie mich bald nicht mehr wie einen normalen Verbrecher, sondern wie einen gefährlichen Staatsfeind.

Nach dem Satellitenstart erwartete ich nichts anderes, als dass auch Mr Lee mich schlechter behandeln würde, doch glücklicherweise behielt er seine sanfte Art bei. Er stellte seine Fragen in einem Ton, als ob er eher mein Verteidiger wäre als ein Vertreter der Anklage. Er sagte mir auch: „Wenn Sie je etwas brauchen, sagen Sie es mir."

Eines Tages, ein paar Wochen nach Beginn des Vorverfahrens, erwähnte ich, dass ich als Diabetiker eigentlich immer ein paar Süßigkeiten in Reichweite brauchte. „Wenn mein Blutzuckerspiegel plötzlich zu stark sinkt, brauche ich ein paar Bonbons, um ihn schnell wieder auf normal zu bekommen", sagte ich Mr Lee. Nun, einen Tag später brachte einer der Wächter mir zwei Tüten. In der einen waren diverse Bonbons und Schokoladen, in der anderen mehrere Zwei-Liter-Flaschen Limonade. Das Gesicht des Wächters war unwillig; es schmeckte ihm sichtlich nicht, dass ich bevorzugt behandelt wurde und Süßigkeiten bekam, die er sich wahrscheinlich im Leben nicht leisten konnte.

Entweder bemerkte Mr Lee den Missmut der Wächter nicht oder er war ihm egal. Als er mich etwas später an demselben Tag besuchte, sagte er: „Wenn Sie noch etwas brauchen, geben Sie mir einfach Bescheid." Ich dankte ihm. Er hat mir noch mehrere Male solche Gefälligkeiten erwiesen.

Einige Wochen später, am Ende der nächsten Verhörrunde, lehnte Mr Lee sich auf seinem Stuhl zurück und musterte mich eingehend. Dann lächelte er und sagte: „Sie und ich, wir sind ungefähr im selben Alter, nicht wahr?"

Ich sagte: „Ja."

Er fuhr fort: „Nach allem, was ich so über Sie gehört habe, scheinen Sie jemand zu sein, der eigentlich nicht das Gesetz braucht, um das Rechte zu tun. Ich weiß, dass Sie in unser großes Land gekommen sind, um Gutes zu tun. Sie sind kein böser Mensch."

„Es freut mich, dass Sie so denken", sagte ich vorsichtig. Was bezweckte Mr Lee mit diesem Lob? Er hatte mir manche Gefälligkeit erwiesen, aber er war immer noch ein Vertreter der Anklage.

Er fuhr fort: „Das meine ich ernst. Sie machen mir einen sehr aufrichtigen Eindruck. Sie haben lediglich falsche Vorstellungen davon, was recht und was unrecht ist. Ihre Lehrer in Südkorea haben Ihr Gehirn mit lauter falschen Informationen über den Kommunismus und über unser Land gefüllt. Und danach haben Sie in den Vereinigten Staaten gewohnt, wo die westlichen Lügenmedien so viele Unwahrheiten über uns verbreiten. Sie behaupten, dass unsere Regierung zu Beginn dieses Jahrhunderts drei Millionen Menschen hat verhungern lassen, und Sie denken: *Was für eine Regierung tut so etwas?* Und so sind Sie hierhergekommen, um den Menschen zu helfen, und zu dieser Hilfe gehört für Sie, dass Sie ihnen die Geschichten erzählen, die man Ihnen als die Wahrheit beigebracht hat. Ich kann das gut verstehen, aber es sind halt alles Lügen."

Er beschloss seine kleine Rede mit der Bemerkung:

„Mir ist klar, dass Sie eigentlich kein Verbrecher sind. Sie sind ein Missionar und kein CIA-Agent. Ich glaube, Sie haben eine Chance verdient."

Ich dankte ihm für seine Worte. In dem zunehmend antiamerikanischen Klima, in dem ich mich hier befand, waren dies geradezu mutige Worte aus dem Mund eines Anklägers.

„Sie haben eine Chance verdient", hatte er gesagt. Würde er womöglich etwas unternehmen, damit ich diese Chance bekam?

# 10. Lebenszeichen

*Wenn jemand mir dienen will, muss er mir nachfolgen. Und da, wo ich bin, wird auch mein Diener sein. Wer mir dient, den wird der Vater ehren.*
(Johannes 12,26)

Ein paar Tage vor Weihnachten kam Mr Lee mit einigen Blättern Schreibpapier und einem Kugelschreiber in mein Zimmer. „Ich möchte gerne, dass Sie Ihren Verwandten schreiben", sagte er. „Sie haben doch eine Frau?"

Ich nickte.

„Und auch andere Verwandte? Eine Schwester, Ihre Eltern, Kinder. Korrekt?"

„Ja“, sagte ich. „Kann ich ihnen allen schreiben?“

„Nein. Vorerst nur Ihrer Frau, Ihrer Mutter und Ihrer Schwester.“

„Und wie werden die Briefe sie erreichen?“

„Dafür sorge ich, machen Sie sich keine Sorgen“, entgegnete Mr Lee.

Sollte ich ihm glauben? Was, wenn das nur eine neue Methode war, mir Informationen zu entlocken?

„Sie müssen sich kurzfassen“, fuhr Mr Lee fort. „Bitten Sie Ihre Verwandten, sich bei Ihrer Regierung dafür einzusetzen, dass sie etwas unternimmt, damit Sie nach Hause können.“

„Gut, ich tue mein Bestes“, erwiderte ich. Seit meiner Verhaftung hatte ich in Gedanken Gespräche mit meiner Frau und meinen anderen Verwandten geführt. Jeden Abend, wenn ich ins Bett ging, dachte ich an all das, was ich ihnen sagen wollte. Ich wusste, dass ich unmöglich alle diese Gedanken und Sorgen in den Briefen äußern konnte, die ich jetzt schreiben würde; die staatlichen Zensoren, die die Briefe als Erste lesen würden, bevor sie sie an meine Familie weiterleiteten (wenn sie sie denn weiterleiteten), würden dergleichen nicht durchgehen lassen.

Aber gut, eigentlich brauchte ich ja nicht viel zu schreiben. Meine Angehörigen wollten doch vor allem wissen, ob ich noch lebte und ob es mir gut ging. Und so schrieb ich ihnen genau dies. „Bitte macht Euch keine Sorgen um mich. Ich sitze hier fest, weil ich Touristen ins Land gebracht habe, um für die Menschen hier zu beten, aber ich werde gut behandelt. Es geht mir ordentlich und Gott ist bei mir. Bitte kontaktiert das Außenministerium, damit es mich hier rausholt."

Alle drei Briefe hatten diese Botschaft. Im Brief an meine Frau war ich etwas persönlicher und meiner Mutter versicherte ich etwas ausführlicher, dass es mir gut ging, denn die Mütter machen sich immer am meisten Sorgen.

Mr Lee nahm die Briefe in Empfang und schob sie in einen großen braunen Umschlag.

Am nächsten Tag – ich glaube, es war der 21. Dezember – kam er zusammen mit zwei Wärtern in mein Zimmer. „Bitte kommen Sie mit."

Ich fragte nicht, wohin wir gingen. Ich hatte gelernt, nicht zu viele Fragen zu stellen. Mr Lee führte uns aus dem Gebäude hinaus zu einem Minivan. Die Fenster waren mit schwarzen Vorhängen verhüllt. Einer der Wächter öffnete die hintere Seitentür, stieg ein und rutschte auf die andere Seite. „Jetzt Sie", sagte sein Kollege. Ich stieg ein. Der zweite Wächter folgte mir und schloss die Tür. Wieder saß ich in der Mitte der Rückbank und hatte kaum Platz.

„Legen Sie Ihren Kopf zwischen Ihre Knie", befahl einer der Wächter. Ich gehorchte. Dann hörte ich, wie Mr Lee sagte: „Gut. Los geht's."

Die Fahrt dauerte etwa zehn Minuten. Wir bogen mal nach links, mal nach rechts ab und blieben mehrere Male stehen. Wir waren also offenbar noch in der Stadt. Als der Wagen endgültig anhielt, öffnete der Wächter zu meiner Rechten die Tür und packte meinen Arm. „Wir sind da. Aussteigen."

Obwohl ich offiziell nicht wissen durfte, wo ich war, erkannte ich das Gebäude vor mir sofort wieder. Es war das Hotel Yanggakdo, das auf einer Insel im Taedong liegt, dem Fluss, der durch das Herz von Pjöngjang fließt. Das Hotel ist bei russischen und chinesischen Touristen sehr beliebt. Ich hatte es bei einem meiner früheren Besuche inspiziert, als potenzielle Bleibe für meine Reisegruppen, nachdem ich die Erlaubnis bekommen hatte, mit ihnen in Zukunft auch Pjöngjang zu besuchen.

Mr Lee wies die beiden Wächter an, im Auto zu bleiben. Dann führte er mich in das Hotel.

Der Portier erwartete uns schon. „Guten Morgen", sagte er zu Mr Lee. „Nehmen Sie die Treppe dort rechts."

Wir stiegen in den zweiten Stock, wo Mr Lee mich in eines der Konferenzzimmer des Hotels führte. An der Tür warteten zwei Beamte auf uns; ich schätzte, dass sie zum Außenministerium gehörten. Man wies mich an, mich zu setzen und zu warten.

Nach ein paar Minuten kamen zwei europäisch aussehende Herren in den Raum. Der eine, der blond und athletisch gebaut war und um die vierzig sein mochte, begrüßte mich auf Englisch, mit einem deutlichen Akzent. Wir schüttelten uns die Hand und er stellte sich vor: „Ich bin Karl-Olof Andersson, der schwedische Botschafter in der Demokratischen Volksrepublik Korea. Und dies ist mein Stellvertreter, Johan Svensson." Er wies auf den Mann an seiner Seite, der gute 1,80 Meter groß war und gute 100 Kilo wiegen mochte. „Bitte setzen Sie sich doch."

Mr Lee und ich setzten uns dem Botschafter gegenüber.

Der eine der beiden Beamten, die uns an der Tür empfangen hatten, hatte sich bereits gesetzt. Ich sah, dass er alles aufschrieb, was gesprochen wurde.

„Wir haben nur ein paar Minuten“, begann der Botschafter, „ich muss mich also kurzfassen. Wir sind hier, um die Interessen der USA zu vertreten. Ich möchte Ihnen versichern, dass die US-Regierung von Ihrer Situation in Kenntnis gesetzt worden ist und alles in ihrer Macht Stehende tut, um Ihre Freilassung zu erwirken. Da Ihre Regierung keine diplomatischen Beziehungen zur DVRK unterhält, wird das State Department über unsere Vertretung mit Pjöngjang kommunizieren. Auch Ihre Familie kann Sie über uns erreichen. Bis zur Lösung dieser Angelegenheit werden wir uns um Sie kümmern und prüfen, wie Sie behandelt werden.“

„Danke“, sagte ich. Ich war erleichtert, dass es jemanden außerhalb von Nordkorea gab, der um meine Situation wusste und dem ich nicht egal war.

„Wie hat man Sie bisher behandelt, Mr Bae?“, fragte der Botschafter.

Ich schielte zu dem Funktionär aus dem Außenministerium hin, der fleißig mitschrieb, dann zu Mr Lee. Wie gut waren Mr Lees Englischkenntnisse?

„Ich bin ordentlich behandelt worden“, antwortete ich. „Ich bin nicht körperlich misshandelt worden oder irgendetwas in dieser Richtung.“

„Hat man Ihnen gesagt, warum Sie in Haft sind?“

„Man wirft mir vor, eine Verleumdungskampagne gegen die Regierung des Landes geführt und in China Missionsstützpunkte aufgebaut zu haben, um die nordkoreanische Regierung zu stürzen. Ebenso, dass ich Menschen ins Land gebracht habe, um hier zu beten." Der Botschafter schrieb sich alles auf. Und dann fügte ich etwas hinzu, was ich wohl besser nicht gesagt hätte: „Man warf mir auch gewisse Dinge vor, die ich in meinen Einführungsseminaren für meine Reisegruppen über Nordkorea gesagt habe."

„Und was war das?", fragte der Botschafter.

„Ich sagte den Teilnehmern, dass der Koreakrieg damit begann, dass Nordkorea Südkorea angriff."

Der Botschafter nickte und sagte: „Okay. Gibt es etwas, was Sie der US-Regierung mitteilen möchten?"

„Im Augenblick geht es mir gut, aber ich brauche die Hilfe meiner Regierung. Ich brauche ihre Intervention, damit ich zurück nach Hause kann."

Der Botschafter lächelte mich beruhigend an. „Das kann ich gut verstehen", sagte er. „Ich weiß, dass Ihre Regierung tut, was sie kann. Aber in der kurzen Zeit, die uns noch bleibt, muss ich jetzt noch ein paar andere Punkte ansprechen. Zunächst einmal habe ich hier eine Datenschutzverzichtserklärung, die Sie mir bitte unterschreiben. Sie ermächtigt uns, Informationen über Ihre Lage weiterzugeben. Bitte kreuzen Sie an, wen wir informieren dürfen. Es gibt je ein Kästchen für Ihre Verwandten, Ihre Freunde und die Öffentlichkeit, über die Medien."

Ich kreuzte nur die Kästchen für meine Verwandten und Freunde an. Ich wollte nicht, dass ich in die Zeitung und ins Fernsehen kam und dass wildfremde Menschen von meinem Fall erfuhren. Ich war immer noch in dem Glauben, dass das Missverständnis, das zu meiner Verhaftung geführt hatte, sich leicht würde aufklären lassen, und bis dahin wollte ich so wenig Aufmerksamkeit wie möglich auf mich oder auf die nordkoreanische Regierung lenken. Ich weiß, dass das verrückt klingt, aber ich hoffte immer noch, dass ich bald wieder meine Reisegruppen ins Land bringen könnte. Ich dachte allen Ernstes, wenn ich dem nordkoreanischen Regime mit Achtung begegnete und es in den Medien schonte, könnte alles wieder so werden, wie es vor meiner Verhaftung gewesen war.

„Und schließlich“, fuhr der Botschafter fort, „habe ich hier noch ein paar Briefe von Ihren Verwandten.“ Er zog einen großen braunen Umschlag hervor und reichte ihn mir. Es war das Schönste, was ich je in meinem Leben gesehen hatte. „Und Ihre Frau hat uns gebeten, Ihnen dies hier zu geben.“ Er reichte mir ein Paket, in dem mehrere warme Hemden und ein neues Paar Schuhe waren. „Aber ich glaube, Sie haben auch etwas für uns, nicht wahr?“

Ich schaute Mr Lee an. Der gab Mr Andersson die Briefe, die ich am Tag zuvor geschrieben hatte. Ich sagte: „Ja. Wenn Sie diese Briefe an meine Familie weiterleiten könnten, wäre ich Ihnen sehr dankbar.“

„Natürlich“, sagte der Botschafter. „Wenn Sie irgendetwas brauchen, bitten Sie die Beamten der DVRK, sich mit unserem Büro in Verbindung zu setzen, und ich werde sehen, was sich machen lässt.“

Mr Andersson und sein Stellvertreter erhoben sich. Das Gespräch war zu Ende. Ich dankte ihnen für ihr Kommen und wir verabschiedeten uns. Ich wandte meine Aufmerksamkeit dem Umschlag mit den Briefen zu.

Auch Mr Lee erhob sich. „Sie können gerne zuerst Ihre Briefe lesen." Dann ging er aus dem Raum, zusammen mit dem anderen Beamten, und ich war allein.

Ich riss den großen Umschlag auf und ließ die Briefe auf den Tisch fallen. Mein Herz machte einen Sprung. Da war ein Brief von meiner Frau. Ich nahm ihn in die Hand und las:

*Mein Yeobo (Liebling),*

*ich mache mir solche Sorgen um Dich. Ich habe drei Wochen gewartet, bevor ich diesen Brief schrieb, weil ich dachte, Du kämst bald wieder nach Hause. Stream hat mir erzählt, was passiert ist. Sie sagte mir auch, dass die DVRK-Beamten ihr versichert hatten, sie würde Dich am Zoll treffen, wenn sie das Land verließ. Ich warte weiter auf Dich. Wo bist Du gerade?*

*Hier in Dandong ist der erste Schnee gefallen. Als Du fortgefahren bist, hast Du keine Winterkleidung mitgenommen. Ich mache mir Sorgen, dass Du jetzt frierst. Bekommst Du die Medikamente, die Du brauchst? Ich wollte, ich könnte Dir Deine Diabetesmittel bringen, und bete, dass Du sie auch so bekommst. Deine Mutter schlägt sich wacker. Du hast einen guten Ruf in Nordkorea, sodass wir hoffen, dass sie Dich gut behandeln, während dieses Missverständnis geklärt wird.*

*Bitte mach Dir keine Sorgen um uns und um die Arbeit hier in Dandong. Ich werde die Arbeit bis zu Deiner Rückkehr weiterführen. Egal*

*wie lange es dauert – ich bin hier und warte auf Dich. Ich liebe Dich.*
*Deine Lydia*

Ich weinte, als ich den Brief las. Ich las ihn mehrere Male. Ich konnte förmlich Lydias Stimme hören; es war fast so, als ob sie zusammen mit mir in dem Konferenzzimmer war. Doch gleichzeitig machte dieser Brief die Entfernung zwischen ihr und mir noch größer und ich vermisste sie noch schmerzlicher. So weit weg von zu Hause hatte ich mich noch nie gefühlt.

Auch meine Mutter und meine Schwester hatten mir geschrieben, und beim Lesen dieser Briefe musste ich genauso weinen. Sie versuchten, zuversichtlich zu klingen, und hofften, dass ich bald wieder zu Hause sein würde, aber ich merkte, dass sie sich große Sorgen um mich machten. Beide fragten, ob ich meine Medikamente bekam und ob ich schon bei einem Arzt gewesen war.

„Warum halten sie Dich fest?“, fragte meine Mutter. Sie begriff nicht, in was für eine Situation ich geraten war. Ich musste wieder weinen; wie machte ich meinen Lieben das Herz schwer …

Die Tür des Raumes öffnete sich und Mr Lee kam zurück. Sicher würden sie mich jetzt zurück ins Untersuchungsgefängnis bringen. „Bleiben Sie sitzen“, sagte Mr Lee. „Um Ihnen zu zeigen, wie human wir sogar gegenüber Menschen sind, die Verbrechen gegen uns begangen haben, werde ich Ihnen jetzt erlauben, Ihre Verwandten anzurufen.“

„Jetzt?“ Mein Herz schlug schneller.

„Jawohl, jetzt. Sie können anrufen, wen Sie wollen. Der Zweck der Anrufe ist, dass Sie Ihre Verwandten darüber informieren, dass Sie wegen ernster Verbrechen vor Gericht kommen werden. Sie müssen ihnen sagen, was diese Verbrechen sind und worauf die Anklage lautet. Hier haben Sie Papier. Schreiben Sie genau auf, was Sie gleich sagen werden, und machen Sie es so, wie ich Ihnen gerade gesagt habe."

„Alles?", fragte ich. Wie um alles in der Welt sollte ich alles, was ich gleich sagen würde, im Voraus aufschreiben? Ich wusste ja noch gar nicht, was für Worte aus meinem Mund kommen würden, wenn ich gleich zum ersten Mal nach zwei Monaten die Stimme meiner Frau hörte.

„Nun", sagte Mr Lee, „so genau, wie es Ihnen möglich ist. Es ist offensichtlich, dass Ihre Verwandten nicht wissen, wegen welch ernster Vergehen Sie sich verantworten müssen. Sie nennen das Ganze ein Missverständnis, aber es ist viel, viel ernster." Aha, Mr Lee hatte die Briefe an mich also gelesen. Und bestimmt nicht nur er. „Sie müssen sagen: ‚Ich werde der Verletzung des Artikels 60 der Verfassung bezichtigt, und darauf steht die Höchststrafe.'"

Ich hatte keine Lust, das Wort „Höchststrafe" zu benutzen; ich wusste, dass damit die Todesstrafe oder „lebenslänglich" gemeint war. Der Ausdruck würde meine Familie nur noch mehr beunruhigen. Aber ich hatte natürlich keine Wahl. „Okay", sagte ich.

Ich schrieb rasch auf, was ich gleich am Telefon sagen würde, und schob das Blatt zu Mr Lee hin. Der fragte: „Wen wollen Sie zuerst anrufen?"

„Meine Frau.“

Er wählte die Nummer in China und hielt mir den Hörer hin. Mein Herz hämmerte mir in der Brust. Die Verbindung kam nicht zustande.

„Kann ich es selbst versuchen?“, fragte ich.

Mr Lee nickte.

Ich wählte die Nummer. Diesmal ging der Ruf durch. Ich hörte das Klingeln von Lydias Telefon. Und dann ihre Stimme.

„Hallo.“

„Lydia, ich bin's. Kenneth.“

Sie brach in Tränen aus. Auch ich fing an zu weinen. Ich versuchte, mich an das Konzept zu halten, das ich für Mr Lee geschrieben hatte, aber es war so furchtbar schwer. Ich sagte Lydia, was man mir vorwarf, und erwähnte auch das mit der Höchststrafe, denn Mr Lee stand wenige Schritte neben mir.

Ich fuhr fort: „Aber mach dir keine Sorgen deswegen, es wird schon alles gut werden.“

„Woher willst du das wissen?“, schluchzte sie.

„Gott hat mir versprochen, dass mir nichts geschehen wird.“

Ich wollte noch mehr sagen, aber Mr Lee trat zu mir. „Kommen Sie zum Schluss“, sagte er.

„Ich muss Schluss machen“, sagte ich. „Ich liebe dich. Bald komme ich zurück nach Hause.“

Danach rief ich meine Mutter und meine Schwester in Washington an. Auch diese Gespräche waren voller Tränen. „Bitte behaltet das möglichst für euch“, sagte ich. „Ich will nicht, dass das an die große Glocke kommt.“

Als ich das letzte Gespräch beendet hatte, führte Mr Lee mich wieder aus dem Konferenzzimmer hinaus und die Treppe hinunter ins Foyer des Hotels.

Ich schaute um mich und musste denken: *Vor ein paar Monaten habe ich hier in diesem Hotelfoyer gestanden, als freier Mann. Und jetzt bin ich ein verhasster amerikanischer Verbrecher, den sie zurück ins Gefängnis bringen.*

In vier Tagen war Weihnachten. Der Gedanke, Weihnachten im Untersuchungsgefängnis verbringen zu müssen, war wie ein Zentnerstein um meinen Hals. Ich wünschte mir, die Uhr zurückdrehen zu können. Der Anblick des Hotelfoyers verstärkte dieses Gefühl nur noch.

Zurück in meinem Zimmer im Untersuchungsgefängnis las ich die Briefe meiner Familie noch einmal. Und noch einmal und immer wieder. Ich versuchte, stark zu bleiben, aber ich konnte nicht verhindern, dass mir die Tränen über die Wangen rollten. In den sechs Jahren, die ich in China gewohnt und gearbeitet hatte, hatte ich jedes Weihnachtsfest im Familienkreis gefeiert. Jedes Jahr war ich zu Weihnachten in die USA geflogen, um mit meinen Kindern, meiner Mutter und Schwester zusammen zu sein. Dieses Jahr würde das anders sein. Ich kam mir wie der schlimmste Vater, Ehemann, Sohn und Bruder in der ganzen Welt vor.

Als der Morgen des Heiligen Abends da war, musste ich an eine Idee zurückdenken, die mir auf meiner ersten Reise nach Pjöngjang gekommen war, ein paar Monate vor dem fatalen achtzehnten Nordkoreabesuch. Damals hatte ich noch die Gunst der Funktionäre genossen, als angesehener Geschäftsmann, der dringend benötigte Touristendollars ins Land brachte. Ich war im Hotel Koryo untergebracht gewesen, dem besten und bekanntesten in ganz Pjöngjang. Es war nicht weit vom Yanggakdo entfernt. Eines Abends hatte ich durch das Fenster meines Zimmers auf die Stadt geblickt und war ins Nachdenken gekommen. Ich hatte schon etliche Gebetsteams in die Gegend um Rason gebracht, aber ich suchte immer noch nach einer Möglichkeit, alle Menschen in Nordkorea zu erreichen und ihnen zu zeigen, dass Gott existiert und dass er sie liebt.

Ich hatte denken müssen: *Es ist so schwierig, aus der Ferne etwas auszurichten.* Und dann hatte ich sie gehabt, meine Idee. *Vielleicht könnte ich ein, zwei Jahre ganz hier wohnen. Klar: Ich könnte ein oder zwei Jahre in Pjöngjang bleiben und vielleicht sogar mit einer Reisegruppe Weihnachten in der Hauptstadt von Nordkorea feiern! Das wäre doch was!*

Jetzt musste ich denken: *Mann, merkst du was? Dein Wunsch hat sich erfüllt! Was machst du jetzt?*

Ich dachte einen Augenblick nach. Ich hatte also eine Reisegruppe nach Pjöngjang bringen wollen, um dort Weihnachten zu feiern. Nun, dann konnte ich doch damit anfangen, dass *ich* diese Gruppe war. Und ich fing an, dort auf meinem Bett, auf dem ich saß, Weihnachtslieder zu singen. Je mehr ich sang, desto besser fühlte ich mich, und so sang ich weiter, ein Lied nach dem anderen. Eigentlich war es doch gar nicht so wichtig, ob ich zu Hause in den USA war oder hier allein in einem nordkoreanischen Untersuchungsgefängnis saß. Weihnachten ist das Fest der Geburt von Jesus, der für uns Menschen auf die Erde kam, und dieses Fest feierte ich jetzt. Einer der Namen von Christus, *Immanuel,* bedeutet „Gott mit uns", und genau dies erlebte ich, als ich da saß und sang: Ich spürte, wie Gott mir ganz nahe war.

Den ganzen Tag sang ich. Um 17 Uhr befahl der Wächter mir wie gewohnt, den Fernseher einzuschalten. Aber was war das auf dem Bildschirm? Das ganze Land schien ebenfalls zu feiern. Und dann erinnerte ich mich, dass ja der 24. Dezember in Nordkorea ein nationaler Feiertag ist, zu Ehren des Geburtstages von Kim Jong-suk, der Ehefrau von Kim Il-sung und Mutter von Kim Jong-il. Der Film dieses Tages zeigte sie als Freiheitskämpferin, die an der Seite von Kim Il-sung japanische Soldaten mit ihrem Maschinengewehr niedermähte. Sie war eine richtige Actionfilm-Heldin, so ähnlich wie die „Schwarze Witwe" aus dem Science-Fiction-Film The Avengers, nur anmutiger und charmanter.

Der Film ging weiter, während draußen in der Stadt Partys zu Ehren von Kim Jong-suk und dem „Großen Führer" gefeiert wurden. Es war echt bizarr. Diese Menschen feierten die Geburt ihres Führers, während ich die Geburt meines Heilands feierte. Und ich fing an, „Stille Nacht" zu singen – so laut, dass es das Plärren des Fernsehers übertönte.

# 11. Verschärfung

*Glücklich zu preisen seid ihr, wenn man euch um meinetwillen beschimpft und verfolgt und euch zu Unrecht die schlimmsten Dinge nachsagt.*
(Matthäus 5,11)

Die Feiertage kamen und gingen. Als ich Rason verließ, hatte ich geglaubt, vor Weihnachten wieder zu Hause zu sein. Jetzt war ich immer noch in Pjöngjang. Ich bekam neue Hoffnung, als es im Fernsehen hieß, dass Bill Richardson, der ehemalige UN-Botschafter der USA, mit Google-Chef Eric Schmidt gerade Nordkorea besuchte.

Ich dachte: *Endlich. So gehen diese Geschichten immer aus: Ein amtierender oder ehemaliger hoher Regierungsbeamter der USA handelt einen Deal aus.* Aber ich sollte Richardson nie sehen. Später erfuhr ich, dass er persönlich einen Brief von meinem Sohn nach Nordkorea gebracht hatte, den ich ein paar Wochen später über den schwedischen Botschafter erhielt. Ich nahm an, dass Richardson sich für meine Freilassung eingesetzt hatte, aber die war immer noch nicht in Sicht.

Also gut. Ich machte mir einen Kalender, zum Zählen der Tage, bis ich endlich nach Hause konnte. Es war ein 30-Tage-Kalender, denn länger als noch einmal einen Monat würde es ja bestimmt nicht dauern, das würde Gott nicht zulassen. Dachte ich.

In Psalm 34,23 heißt es: „Der Herr erlöst das Leben seiner Knechte.“ Jeden Tag betete ich darum, dass Gott mich aus meiner Gefangenschaft erlösen würde – nicht irgendwann, sondern bald. Gewissen Äußerungen von Mr Lee entnahm ich, dass das Regime vorhatte, mich nach Überprüfung aller schriftlichen Aussagen, die ich während des Monats in Rason gemacht hatte, streng zu verwarnen und anschließend nach Hause zu schicken. *Gott, gib, dass es so kommt!,* betete ich.

Meine Hoffnungen lösten sich am 12. Februar des neuen Jahres 2013 in nichts auf, als Nordkorea einen unterirdischen Atomwaffentest unternahm. Es war der dritte erfolgreiche Test einer Atomwaffe. Die Vereinten Nationen reagierten mit der sofortigen Verurteilung des Atomprogramms der DVRK und neuen Sanktionen. Selbst China und Russland, die beiden engsten Verbündeten Nordkoreas, verurteilten den Test.

Die Reaktion des nordkoreanischen Regimes auf die Sanktionen war, gelinde gesagt, nicht positiv. In den Fernsehnachrichten konnte man den Eindruck bekommen, als ob ein Krieg mit den USA vor der Tür stand, und die Bürger schienen das zu glauben.

„Amerika ist ein Tyrann“, tönte ein Nachrichtenmoderator, „aber jetzt werden wir es ihm zeigen! Jetzt wird er es nicht mehr wagen, in unser Land einzufallen.“ In Interviews mit Bürgern auf der Straße hieß es: „Amerika hat selber Satelliten in den Weltraum geschossen und hat Tausende Atomwaffen. Warum sollen wir da nicht auch eine haben? Das ist nicht gerecht!“ Mehrere schrien in die Kamera: „Wenn ihr Amis uns nicht endlich in Ruhe lasst, kriegt ihr 'ne Atombombe aufs Dach!"

Ich hatte den Eindruck, dass sie es ernst meinten.

Auch im Untersuchungsgefängnis wurde das Klima aggressiver. Der Generalstaatsanwalt besuchte mich und präsentierte mir eine neue Drohung. „Wissen Sie", sagte er, „die Bürger haben eine Mordswut auf Amerika. Sie wollen es den Amis heimzahlen. Was meinen Sie wohl, was passieren würde, wenn sie wüssten, dass wir in diesem Haus einen amerikanischen Verbrecher haben?"

„Das weiß ich nicht", antwortete ich.

„Nun, ein aufgebrachter Mob würde das Haus stürmen und Sie töten, und wir wären nicht in der Lage, Sie zu schützen. Die Leute würden Sie buchstäblich in Stücke reißen und niemand würde sie stoppen."

Meine Wächter begegneten mir mit jedem Tag feindseliger. Sie machten kein Geheimnis daraus, wie satt sie mich hatten. Einmal hörte ich, wie einer von ihnen den Generalstaatsanwalt fragte, warum die Behörden sich solche Mühe mit mir machten. „Warum ist der immer noch hier?", fragte er. „Der müsste längst in einem Arbeitslager sein. Oder hingerichtet." Ich hatte den deutlichen Eindruck, dass jeder der Wärter nur zu gerne bereit gewesen wäre, die Vollstreckung des letzteren Urteils vorzunehmen. Wie gut, dass sie keine Schusswaffen trugen. Aber andererseits: Es gab auch andere Methoden, mich umzubringen.

~

Die Spannung im Untersuchungsgefängnis wuchs noch durch das plötzliche Verschwinden von Mr Lee. Eines Morgens kam er nicht mehr; niemand erklärte mir, warum. An seiner Stelle kam der dritte Staatsanwalt ins Zimmer. Ich wusste schon, dass sein Nachname „Min" lautete (mit langem „i", wie „Mien"). Er klang genauso wie das englische Wort *mean* („gemein", „bissig"), was bestens zu seinem Charakter passte.

Als er hereinkam, erhob ich mich und verneigte mich höflich, wie ich das immer zu tun hatte, wenn ein Funktionär in mein Zimmer kam. Mr Min funkelte mich kurz und schweigend an und bedeutete mir mit einer knappen Handbewegung, mich wieder zu setzen. Dann holte er einen Stapel Papiere aus seiner Aktentasche – wohl mein Geständnis und die übrigen Sachen, die ich in Rason geschrieben hatte.

Er blätterte den Stapel kurz durch und schüttelte unwillig den Kopf. „Wissen Sie, was?", sagte er. „Das nehme ich Ihnen nicht ab."

„Was nehmen Sie mir nicht ab?", fragte ich.

„Was Sie behauptet haben. Diese ganze Story, dass Sie das, was Sie getan haben, zutiefst bereuen. Das glaube ich Ihnen keine Sekunde lang." Er sah mich mit eisigen Augen an. „Nein, ich glaube es Ihnen nicht. Sie schreiben, dass es Ihnen leidtut, dass Sie Menschen in unser Land gebracht haben, um hier zu beten, aber ich weiß genau, dass es Ihnen nicht leidtut. Wenn Sie nicht erwischt worden wären, würden Sie munter weiter Ihre Reisegruppen zu uns bringen. Das Einzige, was Ihnen leidtut, ist, dass man Sie erwischt hat."

Ich saß so still da, wie ich konnte, und versuchte, nicht zu reagieren.

Mr Min fuhr fort: „Wollen Sie wissen, woher ich das weiß? Weil Sie nicht bloß ein Christ sind, sondern ein Pastor. Ein Missionar sogar. Einer vom harten Kern."

„Ich habe zugegeben, dass ich ein Pastor und Missionar bin." Ich sagte es in einem betont ruhigen, nicht aggressiven Ton.

„Ja, das haben Sie, natürlich, und ich weiß, was das bedeutet. Sie versuchen halt, aus dem Schlamassel, in den Sie sich reingeritten haben, wieder rauszukommen. Sie sagen: ‚Es tut mir leid', weil Sie hoffen, dass wir Sie dann freilassen, aber es tut Ihnen überhaupt nichts leid. Sie haben das gesagt, was Sie sagen mussten, damit wir bitte so nett sind und Sie dahin zurückschicken, wo Sie hergekommen sind." Er hielt kurz inne und fuhr in ominösem Ton fort: „So ist es doch, nicht wahr?"

„Ich bin ein Mann meines Wortes", sagte ich.

„Ihr Wort? Ha! Warum sollte ich Ihnen auch nur ein Wort glauben?" Mr Mins Daumen zeigte auf den Stapel vor ihm. „Sie haben zugegeben, dass Sie versucht haben, unsere Regierung zu stürzen und Lügen über unseren Großen Führer zu verbreiten. Sie haben dieses Geständnis hier unterschrieben. Sie haben selber angegeben, all diese Dinge getan zu haben."

Seine Stimme wurde nicht laut und zornig wie bei Mr Park. Der ganze Mann strahlte etwas Eiskaltes, Berechnendes aus.

„Sie haben gestanden, ein Lügner zu sein, und da soll ich glauben, dass Sie die Wahrheit sagen, wenn Sie sagen, dass Ihnen alles leidtut? Gar nichts tut Ihnen leid, und ich werde dafür sorgen, dass Sie das bekommen, was Sie verdient haben. Wir werden ein solches Exempel an Ihnen statuieren, dass kein anderer ‚Missionar' es mehr wagen wird, in unsere große Nation zu kommen und das zu versuchen, was Sie versucht haben."

Ich zuckte die Achseln. „Okay." Was sollte ich sonst antworten? Es war nicht die erste Drohung, die ich hörte; allmählich gewöhnte ich mich daran.

Mr Min fuhr fort: „Aber kommen wir zur Sache: Wo sind Sie geboren?" Es folgten weitere Fragen, die ich in Rason schon tausend Mal beantwortet hatte. „Wann sind Sie in die USA umgezogen? ... Wie war das mit Ihrem Vater ..."

Mr Mins Fragen klangen gerade so, als ob er beschlossen hätte, meinen Fall wieder ganz von vorne aufzurollen. Warum, wusste ich nicht. Am folgenden Tag kam er wieder und machte weiter. Und am nächsten und am übernächsten. Jeden Morgen erwartete ich, dass Mr Lee durch die Tür kommen würde, aber stattdessen kam immer Mr Min.

Ich fing an, mir Sorgen um Mr Lee zu machen. Hatte er Schwierigkeiten bekommen, weil er mich zu gut behandelt hatte? Einem gefährlichen Verbrecher Süßigkeiten und Limonade zu geben, kann einen in einem Land wie Nordkorea in große Probleme bringen.

Wochenlang kam Staatsanwalt Min jeden Tag, um mich zu verhören. Jede Sitzung verlief nach demselben Muster. Er stellte mir weitere Fragen, die ich schon längst beantwortet hatte, und ging dann zu Drohungen über. „Sie sind der schlimmste amerikanische Kriminelle seit dem Koreakrieg. Sie haben nicht nur versucht, unsere Regierung zu stürzen, sondern auch noch Komplizen mobilisiert, ausgebildet und ins Land geholt. Ich werde dafür sorgen, dass Sie Ihre verdiente Strafe bekommen."

Es war ein tägliches Trommelfeuer, das anfing, mich zu zermürben. Und wenn die Tiraden von Staatsanwalt Min zu Ende waren, kam die abendfüllende antiamerikanische Propaganda im Fernsehen. Ich fühlte mich bald wie in einem inneren Guerillakrieg.

Eines späten Abends wurde dieser Krieg buchstäblich greifbar. Ich lag auf meinem Bett und schlief, als ich plötzlich spürte, wie unsichtbare Hände meine Kehle umklammerten, um mich zu erdrosseln. Ich rang nach Luft. Ich versuchte, die Hände zu packen und von meinem Hals wegzuziehen, aber meine eigenen Hände verweigerten den Dienst. Mein ganzer Körper schien auf das Bett gepresst zu sein, als ob jemand auf mir saß. Es war ein Zentnergewicht, das immer größer wurde. Luft, ich brauchte Luft ...

Endlich gelang es mir, die Augen zu öffnen. Niemand saß auf mir und es waren keine Hände an meinem Hals zu sehen. Aber das Würgen und die Last wurden immer schlimmer.

Ich schrie auf: *„Jesus!"*

Mein unsichtbarer Gegner ließ mich los.

„Im Namen Jesu, verschwinde! Fort mit dir, du dreckiger, böser Geist!"

Die Bedrängnis und Aggression, die das Zimmer erfüllt

hatten, lösten sich in nichts auf und an ihre Stelle trat der Friede Gottes. Ich schlief wieder ein, wie in Abrahams Schoß.

~

Während des Vorverfahrens versuchte ich, meinem Tag eine gewisse Struktur zu geben: drei Stunden Gotteslob, drei Stunden Gebet, drei Stunden Bibellesen und drei Stunden körperliche Bewegung.

Wenn der Staatsanwalt nicht bei mir war, sang ich Lieder zur Ehre Gottes, auf Englisch und Koreanisch. Danach ging ich ins Gebet. Da ich sonst niemand hatte, mit dem ich mich unterhalten konnte, vergingen die drei Stunden Gespräch mit Gott im Nu. Dann ging es ans Bibellesen und schließlich kamen die drei Stunden Bewegung. Die Wächter mochten es nicht, aber der Oberstaatsanwalt gab mir die Erlaubnis, in meinem Zimmer hin- und herzulaufen.

Der Raum war fünf Meter lang, sodass einmal hin und zurück zehn Meter ergaben. Ich begann mit hundert Runden pro Tag, was einem Kilometer entsprach. Dann steigerte ich dies auf zweihundert Runden, auf dreihundert und so weiter, bis ich schließlich auf tausend Runden oder zehn Kilometer am Tag kam. Ich machte auch Liegestützen und andere Gymnastikübungen. Es gelang mir nicht, dieses Programm jeden Tag durchzuhalten, aber ich versuchte es.

Dieser feste Tagesablauf half mir, dem Druck und Stress, die ich erlebte, besser standzuhalten. Trotzdem wurde der Druck immer stärker, bis ich dachte, dass ich ihn nicht mehr lange aushalten würde. Doch dann meldete Gott sich wieder und er tat es auf eine Art, die eine echte Überraschung war.

Eines Morgens, während ich sang, bekam ich plötzlich einen Heißhunger auf eine bestimmte kalte Nudelsuppe, die die Spezialität eines der Restaurants in Pjöngjang war. Ich hatte sie bei einem früheren Besuch in der Stadt gekostet. Aus irgendeinem Grund ging mir diese Suppe nicht mehr aus dem Kopf; fast konnte ich sie riechen und schmecken. Aber ich traute mich nicht, einen der Wächter oder Staatsanwälte zu bitten, mir eine Portion zu bringen. Nein, nicht jetzt, wo von Krieg mit Amerika die Rede war. Ich betete noch nicht einmal für eine so kleine Sache. Ich dachte einfach: *Ich wünschte, ich könnte mal wieder diese Nudelsuppe essen …*

Als am nächsten Tag mein Mittagessen kam, war eine Schale mit genau dieser Suppe dabei! Der Wächter erklärte mir, dass sie sie von dem bewussten Restaurant hatten kommen lassen.

Ich traute meinen Augen nicht. Diese Suppe war die erste Mahlzeit seit meiner Verhaftung, die mir echt schmeckte. Ich genoss jeden Tropfen.

Ein, zwei Tage danach bekam ich auf einmal Appetit auf *Kimchi,* ein gebratenes Reisgericht. Wieder erzählte ich niemandem von meinem Wunsch und betete auch nicht dafür. Als man mir das Abendessen brachte, war genau dieser Reis dabei! Es war fast so, als ob ich den Zimmerservice angerufen und ihm meine Wünsche mitgeteilt hätte.

Einen Tag später bekam ich Appetit auf Tofusuppe. Als sie bei der nächsten Mahlzeit dabei war, war mir endgültig klar, dass das kein Zufall mehr war. In Psalm 37,4 heißt es: „Habe deine Lust am Herrn; der wird dir geben, was dein Herz wünscht." Genau das erlebte ich hier.

In den fünf Monaten, die ich im Untersuchungsgefängnis in Pjöngjang einsaß, gab Gott mir mindestens vierzig Mal genau die Speise, auf die ich gerade einen Heißhunger hatte. Dadurch zeigte er mir auf eine höchst greifbare Weise, dass er mich nicht vergessen hatte. Er gab mir nicht nur das, was mein Herz, sondern sogar was mein Magen sich wünschte! Er war bei mir und es würde mir nichts geschehen, was nicht zuerst an ihm vorbeimüsste.

~

Eines Morgens, im Februar 2013, kam Staatsanwalt Min in mein Zimmer marschiert und begann mit seinem üblichen Spruch: „Sie kommen vor Gericht und Sie werden die Höchststrafe aufgebrummt bekommen!" Er fuchtelte mit meinem Geständnis herum. „Sie werden bekommen, was Sie verdient haben, dafür werde ich sorgen!"

An diesem Morgen riss mein Geduldsfaden. „Ich will Ihnen mal was sagen", sagte ich. „Mir reicht's! Ich mach da nicht mehr mit."

„Wie, bitte?" Mr Mins Gesicht erstarrte.

„Das Geständnis, die ewigen Fragen, alles. Mir reicht's."

„Was soll das heißen: ‚Mir reicht's'? Sie haben das hier unterschrieben, Sie können das nicht widerrufen!" Mr Min war hell empört.

„Ich habe das nur unterschrieben, weil man mir versprochen hatte, dass ich dann nach Hause könnte! Ich bin nicht in Ihr Land gekommen, um Ihre Regierung zu stürzen. Ich habe lediglich Menschen in das Land gebracht, um für es zu beten. Ich habe nie etwas anderes vorgehabt, als dem nordkoreanischen Volk zu helfen und ihm zu zeigen, dass Gott es liebt. Die Nordkoreaner, mit denen ich zusammengearbeitet habe, werden Ihnen bestätigen, dass ich mein Unternehmen stets vorbildlich und mit großer Hochachtung vor Ihrem Land und seiner Kultur betrieben habe. Diese ganze Geschichte hat damit angefangen, dass ich aus Versehen eine Festplatte mit ins Land gebracht habe, die ich kein einziges Mal aus meiner Aktentasche geholt hätte, bevor ich wieder zu Hause war, aber die Ihre Leute konfisziert und zu einer Staatsaffäre gemacht haben. Ich habe mich dafür entschuldigt, dass ich die Festplatte über die Grenze gebracht habe. Ich hatte nie vor, irgendwelches Material auf ihr an Personen in diesem Land weiterzugeben. *Das* meine ich damit, wenn ich sage, dass es mir reicht. Ich mache hier nicht mehr mit."

„Soll das heißen, dass Sie unsere Beamten beschuldigen, Sie zur Unterzeichnung einer falschen Erklärung gezwungen zu haben?" Mr Min kochte.

„Ich beschuldige niemanden, ich sage Ihnen, was geschehen ist. Und was geschehen ist, ist, dass man mir sagte, wenn ich diese Papiere unterschreiben und brav mitmachen würde, könnte ich nach Hause."

„Sie werden bekommen, was Sie verdient haben, und ich werde dafür sorgen!", fauchte Mr Min. Er stand auf und stürmte aus dem Zimmer.

Ich stieß einen langen Seufzer der Erleichterung aus. Wahrscheinlich hätte ich mir stattdessen Sorgen machen sollen, was sie jetzt mit mir machen würden, aber ehrlich gesagt, ich sah nicht ein, was an meiner Lage noch schlimmer werden konnte, als es schon war. Egal ob ich bei diesem Possenspiel mitmachte oder nicht, ich würde bald für Vergehen vor Gericht kommen, auf die die Todesstrafe stand. Alles Kooperieren hatte mir nichts gebracht; da konnte ich es genauso gut mit einer anderen Strategie versuchen.

Am folgenden Tag bekam ich Besuch vom Generalstaatsanwalt. Es war begleitet von zwei amtlich aussehenden Männern in dunklen Anzügen, die sich mir nicht vorstellten.

„Was höre ich da, Sie hätten es sich anders überlegt?“, fragte der Generalstaatsanwalt, sichtlich empört. „Leugnen Sie auf einmal alles ab? Sie sagen also, Sie machen nicht mehr mit? *Wir* brauchen auch nicht mehr mitzumachen! Wir können die ganze Sache hier und jetzt abschließen, wenn wir wollen.“

Er erklärte nicht, wie er den letzten Satz meinte, aber ich konnte es mir ganz gut vorstellen.

„Wissen Sie“, fuhr er fort, „ich könnte Sie gleich heute in ein richtiges Gefängnis verlegen lassen. Das Vorverfahren ist ja fast abgeschlossen.“ Er unterbrach sich kurz, als ob er überlegte, was er mir als Nächstes sagen sollte. „Ich glaube nicht, dass ich das machen werde, jedenfalls nicht, solange wir noch nicht zu einer endgültigen Lösung Ihres Falles gekommen sind. Aber ich merke, dass wir bei Ihnen andere Saiten aufziehen müssen. Ich glaube, Ihnen geht es hier zu gut; deshalb machen Sie solche Sprüche. Sie bilden sich ein, unsere Freundlichkeit ausnützen zu können. Also: Ab sofort werden Sie keine Post mehr von Ihren Verwandten erhalten."

Seit den ersten Briefen, die der schwedische Botschafter mir übergeben hatte, hatte ich alle ein, zwei Wochen weitere Post erhalten.

Der Generalstaatsanwalt fuhr fort: „Sie sagen, Sie wollen nicht mehr kooperieren. Gut. Aber ich habe die Macht, Ihnen das Leben schwer zu machen, das werden Sie schon noch merken." Sprach's, drehte sich auf dem Absatz um und ging, die beiden Herren in den dunklen Anzügen mit ihm.

Am nächsten Morgen kam zum ersten Mal seit mehreren Wochen Mr Lee in mein Zimmer. Ich war erleichtert, ihn zu sehen. „Wo waren Sie so lange?", fragte ich.

„Ich musste mich um einen anderen Fall in einer anderen Stadt kümmern. Es scheint hier nicht so gut gelaufen zu sein während meiner Abwesenheit. Kommen Sie eben mit nach draußen, da können wir uns bei einem Spaziergang unterhalten."

Er führte mich aus dem Gebäude hinaus in einen angrenzenden Hof. Ich glaube nicht, dass es ihm um die frische Luft und den Sonnenschein ging. Mein Zimmer war, wie schon das in Rason, videoüberwacht, und Mr Lee wollte mir die Gelegenheit zu einem Gespräch ohne neugierige Augen und Ohren geben.

„Also", fragte er, als wir draußen waren, „was ist passiert? Warum haben Sie gesagt, dass Sie nicht mehr kooperieren wollen?"

„Ich glaubte, dass Sie nicht wiederkommen würden, und der neue Staatsanwalt hat mir immer nur gesagt, dass ich vor Gericht kommen und meine verdiente Strafe kriegen werde. Das bedeutet, dass ich mein Strafmaß, was immer das sein wird, werde absitzen müssen. Und da habe ich gedacht: Wenn sie dich sowieso einlochen werden, kannst du ihnen auch deine Meinung sagen."

„Nein, nein, nein", sagte Mr Lee. „Sie begreifen nicht, wie ernst Ihre Lage ist. Diese Leute sind sehr aufgebracht. Das ganze Land ist aufgebracht. Die Kollegen meinen es ernst, wenn sie Ihnen sagen, dass sie die Sache auch hier und jetzt zum Abschluss bringen, sprich: Sie hinaus in den Hof führen und als Kriegsverbrecher erschießen können. Der Krieg mit Amerika steht kurz bevor. Die Leute haben eine echte Wut im Bauch. Wenn Sie so weitermachen, wird das Ihr Tod sein."

Ich hatte inzwischen so viele Todesdrohungen gehört, dass ich sie schon bald nicht mehr ernst nehmen konnte.

Aber Mr Lee nahm sie ernst; er glaubte echt, dass mein Leben in Gefahr war. Er sagte: „Das Beste, was Sie tun können, ist, bis zum Ende zu kooperieren und vernünftig zu sein. Sie sind nicht der erste Amerikaner, den wir hier gehabt haben. Jeder Ihrer Vorgänger ist am Ende wieder nach Hause gekommen. Auch Sie werden nach Hause kommen, aber nicht, wenn Sie der Strategie folgen, die Sie gegenüber Mr Min angekündigt haben. Wenn Sie das machen, können wir nichts mehr für Sie tun."

Ich dachte über Mr Lees Worte nach, während wir hin und her durch den Hof spazierten. Schließlich sagte ich: „Gut, ich werde weiter kooperieren und mein Geständnis

*Ich mit meiner Mutter, 1971.*

*Terri und ich, 1975.*

*Mein Vater (der berühmte Baseballtrainer), Terri, Vetter Kirim (als Catcher) und ich, 1978.*

*(Alle Fotos mit freundl. Genehmigung von Myunghee Bae)*

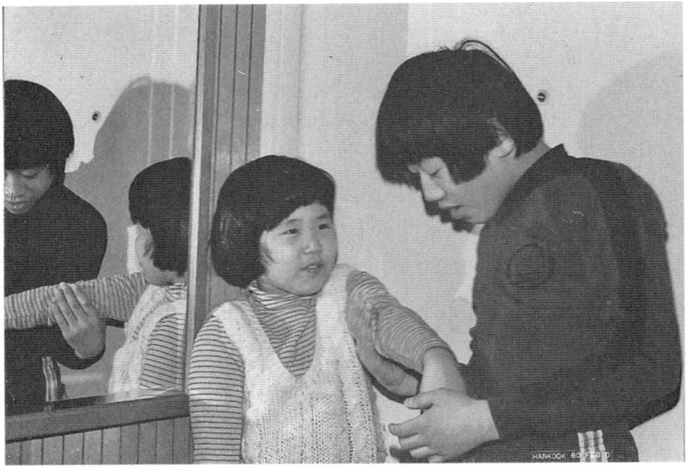

*Ich demonstriere Terri, wie man richtig schwimmt, 1980.*
*(Quelle: Myunghee Bae)*

*Mit Terri, 1987.*
*(Quelle: Myunghee Bae)*

*Ich mit meinem Studienfreund Bobby Lee, Eugene (Oregon), 1989. (Quelle: Bobby Lee)*

*Von links nach rechts: Terris damaliger Freund Andy, Terri, meine Mutter und ich in Boston, 1995.*

*In Dalian (China): Ich serviere Gästen im J-Haus Kimchi, 2007.*

*Ich zusammen mit nordkoreanischen Kindern, die gerade etwas vorgetragen haben, 2011.*

*Bitte recht freundlich in Pjöngjang, während einer Gruppenreise 2012.*

*Familienfoto mit Sophia und Natalie in Changchun (China), 2012.*

*(Alle Fotos mit freundl. Genehmigung von Kenneth Bae)*

*Ein Poster, das den Menschen in Amerika zeigte, wie lange ich schon in Haft war.*

*(Alle Fotos mit freundl. Genehmigung von Terri Chung)*

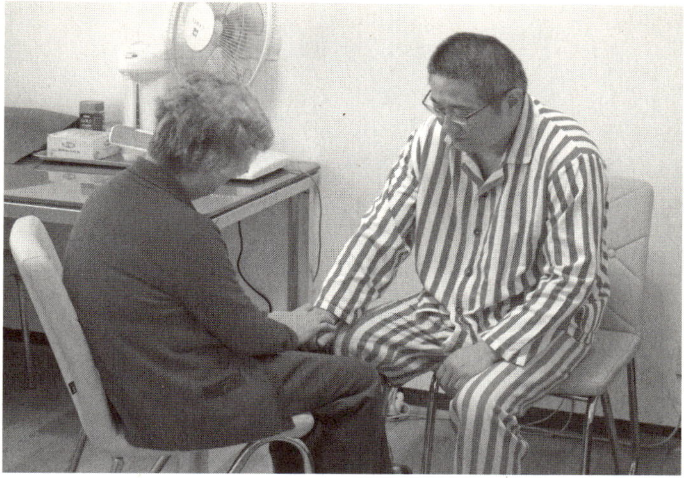

*Meine Mutter bei ihrem Besuch bei mir im Oktober 2013.*
*(Quelle: Kenneth Bae)*

*Bei der Begnadigungszeremonie am 8. November 2014.*
*(Quelle: Regierung von Nordkorea)*

*Endlich wieder daheim! Ich umarme meine Mutter nach der Landung.*

*Ich spreche auf der Pressekonferenz auf dem Flughafen.*

*Ebenfalls auf dem Flughafen:*
*Ich mit meiner Mutter und Terris Familie.*

*(Alle Fotos mit freundlicher Genehmigung von Derek Sciba)*

*Meine Gebete sind erhört worden!*
*Beim Thanksgiving-Fest (amerikanisches Erntedankfest) mit Verwandten, November 2014.*
*Oben von links nach rechts: Andy, Terri, Jonathan, Natalie, Sophia, Lydia, ich.*
*Unten v.l.n.r.: Caitlin, mein Vater, meine Mutter, Ella.*

*(Alle Fotos mit freundl. Genehmigung von Kenneth Bae)*

*Kenneth, Terri und ihre Mutter.*

nicht widerrufen. Ich werde tun, was nötig ist, um die Sache hinter mich zu bringen und nach Hause zu können."

Mr Lee sah sehr erleichtert aus. Er stieß einen leisen Seufzer aus. „Sie haben die richtige Wahl getroffen, Mr Bae." Ich hoffte, dass er recht hatte.

~

Ich kehrte in mein Zimmer zurück, setzte mich auf meinen Stuhl und dachte nach. Ich wusste nicht mehr, wem oder was ich glauben sollte. Waren die aufgebrachten Worte und die Drohungen von Mr Min und dem Oberstaatsanwalt nur so viel heiße Luft gewesen, um mir Angst zu machen, oder hatten die das ernst gemeint? Dass all diese Funktionäre, ja das ganze Land allen Ernstes glaubten, dass ein Krieg mit den USA bevorstand, konnte ich mir schier nicht vorstellen. Aber *wenn* sie es glaubten, dann konnte mir alles Mögliche passieren.

Fragen über Fragen. Lähmende Ungewissheit. Und dann hörte ich plötzlich, als ob gerade jemand das Radio eingeschaltet hatte, im Hinterkopf den Song „Knowing You" (etwa: „Dich, Herr, kennen") des britischen Lobpreismusikers Graham Kendrick, und ehe ich mich's versah, fing ich an mitzusingen, erst leise, dann immer lauter.

Ich sang „Knowing You", wieder und wieder. Ich wusste nicht, ob ich meine Familie wiedersehen, ja, ob ich lebendig aus Nordkorea herauskommen würde, aber ich wusste eines: Ich war nicht allein. Mein Heiland und Erlöser war bei mir. Er war alles, was ich hatte – aber das war genug.

# 12. Schuldspruch

*Der Herr behüte dich vor allem Übel,*
*er behüte deine Seele.*
*Der Herr behüte deinen Ausgang und Eingang*
*von nun an bis in Ewigkeit!*

(Psalm 121,7–8)

Trotz all des Geredes über meinen bevorstehenden Prozess hatte ich immer noch die Hoffnung, dass eines schönen Tages Mr Lee oder der Generalstaatsanwalt in mein Zimmer kommen und mir eröffnen würde, dass ich morgen nach Hause könnte. Ich hakte weiter die Tage auf meinem Rückkehr-Countdown-Kalender ab. Inzwischen hatte ich mehrere solche 30-Tage-Kalender verschlissen. Nun, an einem Tag Ende März 2013 kam Mr Lee tatsächlich zu mir, um sich mit mir über meinen Prozess zu unterhalten, aber er eröffnete mir nicht, dass ich bald nach Hause könnte, sondern erklärte mir, warum Nordkorea so darauf versessen war, dass ich für meine „Verbrechen" büßte.

„Sie *müssen* vor Gericht, wenn der Rest der Welt unsere Gesetze ernst nehmen soll", sagte er. „Wenn wir Ihnen nicht den Prozess machen, werden nur noch mehr Missionare in unser Land kommen, weil sie glauben, dass man sie, wenn sie erwischt werden, im schlimmsten Fall zurück nach Hause schicken wird. Es ist beschlossene Sache, dass wir an Ihnen ein Exempel statuieren werden."

Das gefiel mir gar nicht. Im Februar hatte Mr Lee mir zwar gesagt, dass ich im März vor Gericht käme, aber jetzt, wo der März fast zu Ende und immer noch kein Prozess in Sicht war, hatte ich mir allmählich Hoffnungen gemacht, dass es genug war mit dem Exempelstatuieren.

Der Generalstaatsanwalt kurierte mich von diesen Illusionen. „Dass der Prozess bis jetzt noch nicht stattgefunden hat, liegt an der gegenwärtigen Situation mit den USA", erklärte er. Offenbar war das ganze Land so mit den Vorbereitungen für den Krieg mit Amerika beschäftigt, dass man für so einen Nobody wie mich keine Zeit hatte.

Doch letztlich kam mir die Verzögerung des Prozesstermins zugute. Die Staatsanwälte ließen sich nur noch selten blicken, was mir mehr Zeit für mein Singen, Beten, Bibellesen und Ausgleichssport gab. Das staatliche Fernsehen begann sein Programm jetzt zwei Stunden früher, was bedeutete, dass ich um drei Uhr nachmittags alles andere stehen und liegen lassen musste, um die nächsten siebeneinhalb Stunden vor dem Fernseher zu verbringen. Alle Programme brachten die meiste Zeit das entschlossene Gesicht des „Großen Führers" Kim Jong-un. Was war ich dankbar für die Stromausfälle, die mir jeweils für einige Stunden sein Gesicht ersparten!

Dann und wann verschaffte mir das Wissenschafts- und Technologieprogramm, das nur spätabends ausgestrahlt wurde, eine Atempause, denn es brachte manchmal ausländische Filme. Eines Tages konnte ich meinen Augen und Ohren kaum glauben: Das Wissenschaftsprogramm zeigte glatt den Animationsfilm *Finding Nemo* („Findet Nemo") auf Englisch, offenbar, um die Englischkenntnisse der nordkoreanischen Schüler und Studenten zu verbessern. Mir war es egal, warum sie den Film brachten; nach der wochenlangen Propagandaberieselung dort allein vor dem Fernseher, sieben Tage in der Woche und sieben Stunden jeden Tag, war ein amerikanischer Animationsfilm auf Englisch wie eine Oase in der Wüste. Den ganzen Film hindurch weinte ich; er war ein Gruß von zu Hause, ein Stückchen Amerika.

Ende März erlaubte der Generalstaatsanwalt mir endlich wieder, Post von meiner Familie zu erhalten. Wieder hatte ich im Hotel Yanggakdo ein Treffen mit dem schwedischen Botschafter, und wieder übergab dieser mir einen Stapel Briefe, dazu mehrere Päckchen.

Als Erstes las ich die Briefe meiner Frau. Mein Herz wollte mir dabei fast zerspringen. Sie schrieb mir:

> *Den ganzen Winter mussten wir durch diesen dunklen Tunnel gehen, ohne ein Licht zu sehen. Es war sehr schwer für uns, und es ist ja immer noch nicht vorbei. Aber wir machen diese so unsäglich schwere Reise gemeinsam. Du weißt ja: Hinter den Wolken scheint die Sonne und auf das Gewitter wird der Regenbogen folgen … Ich warte so sehnsüchtig auf gute Nachrichten von Dir, dort unter dem Himmel über Nordkorea. Vergiss nicht, dass Deine Familie auf Dich wartet, voller Liebe und getrost.*

Wieder und wieder las ich den Satz: „Aber wir machen diese so unsäglich schwere Reise gemeinsam." Lydias Worte gaben mir das Gefühl, dass sie direkt neben mir stand. Das Wissen, dass wir ja gemeinsam diesen Weg gingen, gab mir die Kraft, nicht aufzugeben.

Lydia schrieb auch, dass sie meine Missionsarbeit beendet, mein Büro geschlossen und die Möbel woanders untergebracht hatte. Es war nicht leicht für mich, dies zu lesen, aber ich war jetzt seit fast sechs Monaten in Haft und kein Ende in Sicht, und ich wusste: Die Schließung meines Büros war der richtige Schritt. Sobald ich wieder zu Hause wäre, könnte ich meine Arbeit wiederaufnehmen, aber das war ferne Zukunftsmusik. Allmählich fragte ich mich, ob ich meine Arbeit in China je würde weiterführen können, geschweige die in Nordkorea.

Irgendwo in dem Stapel der Briefe von zu Hause war ein Brief von einem Absender, dessen Name mir nichts sagte. Ich öffnete den Umschlag. Aha, es war nicht *ein* Brief, sondern es waren mehrere: kurze Grüße von Studenten einer Gemeinde, die meine Missionsarbeit finanziell unterstützt hatte. Eine Gruppe aus dieser Gemeinde war sogar bei einer meiner früheren Reisen nach Rason dabei gewesen. Wie hatten sie bloß erfahren, dass ich inhaftiert war? Und an wen sie die Briefe schicken konnten, damit sie mich erreichten? Egal, sie hatten mich erreicht.

Diese kurzen, Mut machenden Grüße erwärmten mir die Seele. In einem stand: „Sie sind nicht vergessen; Gottes Augen sind jeden Tag auf Sie gerichtet." Ein anderer lautete: „Gott hat immer einen Plan und Sie werden es schaffen, wie hart es auch im Augenblick sein mag." Ein Absender dankte mir für meine Treue, mehrere andere erinnerten mich daran, dass Gott mich liebte und dass sie das auch taten.

Jetzt hatte ich es sozusagen schriftlich: Nein, ich war nicht allein. Durch meine Inhaftierung war Gott bereits dabei, im Leben anderer Menschen zu wirken. Ich war ganz gespannt, was er als Nächstes tun würde.

~

Gegen Ende April kam der nächste Besuch vom Generalstaatsanwalt. „Sie kommen am 30. April vor Gericht", sagte er. „Bereiten Sie sich also vor."

Ich wusste nicht, was es für mich vorzubereiten gab; das Ergebnis des Prozesses stand doch schon fest.

Der Generalstaatsanwalt fuhr fort: „Wenn Sie dies wünschen, können Sie für den Prozess einen Verteidiger bekommen. Überlegen Sie sich das und teilen Sie mir Ihre Entscheidung mit."

Ich fand dieses Angebot absurd. Was gab es da groß zu überlegen? Was hatte ich in Nordkorea von einem Verteidiger? Die arbeiteten doch sowieso alle für das Regime. An den nordkoreanischen Gerichten ziehen Staatsanwaltschaft und Verteidigung an einem Strang. Aber ich konnte mir ausrechnen, was hinter dem Angebot des Staatsanwalts steckte. Wenn ich es annahm, konnte er anschließend sagen: „Jawohl, Mr Bae hat einen fairen Prozess bekommen; er hat sogar einen Verteidiger gehabt." Und wenn ich ablehnte, konnte er behaupten, dass ich mir das Ergebnis des Prozesses selbst zuzuschreiben hatte.

Ich überlegte hin und her und fand schließlich: Warum nicht? Ich hatte nichts zu verlieren mit einem „Verteidiger“ an meiner Seite. Und vielleicht war das Angebot ja sogar ehrlich. Das glaubte ich zwar nicht, aber ich beschloss, meinen Anklägern eine Chance zu geben.

Als der Generalstaatsanwalt am nächsten Tag wiederkam, fragte er, wie ich mich entschieden hatte.

„Könnte ich einmal kurz mit diesem Anwalt reden, bevor ich mich endgültig entscheide?“, fragte ich.

Der Generalstaatsanwalt schien dies für die verrückteste Idee zu halten, die er je gehört hatte. „Nein, das ist nicht möglich!“

„Und wann werde ich meinen Anwalt sprechen können?“, fragte ich. Ich musste mich ja wohl mit ihm bereden, um meine Verteidigung vorzubereiten.

„Nun, beim Prozess“, antwortete der Generalstaatsanwalt, als sei dies das Selbstverständlichste von der Welt.

„Dann verzichte ich auf einen Verteidiger und verteidige mich lieber selbst“, sagte ich.

Ich wusste auch schon, wie diese Verteidigung aussehen würde. Ich würde kurzerhand alles gestehen und darauf das Gericht um Gnade bitten. Was konnte ich sonst machen?

„Wie Sie wünschen“, sagte der Generalstaatsanwalt. Dann fügte er hinzu: „Möchten Sie einen öffentlichen oder einen nicht öffentlichen Prozess?“

„Was ist da der Unterschied?“

„Wenn der Prozess öffentlich ist, strahlen wir ihn im Fernsehen aus, sodass er den Medien in aller Welt zugänglich ist. Nicht öffentlich bedeutet, dass nur die Menschen im Gerichtssaal ihn miterleben."

Da brauchte ich nicht lange zu überlegen. Ich wollte nicht ins Rampenlicht der Öffentlichkeit, aber nicht, weil ich schüchtern gewesen wäre, sondern weil ich selbst jetzt, wo ich vor einem Prozess stand, der mit der Todesstrafe enden konnte, es für das Beste hielt, meinen Fall still über die Bühne gehen zu lassen, um die Regierung von Nordkorea nicht unnötig an den Pranger zu stellen. Ich hoffte immer noch: Wenn alle Missverständnisse aufgeklärt waren, könnte ich als freier Mann nach Hause gehen und sogar meine Arbeit im Land wiederaufnehmen.

Und ich antwortete: „Bitte nicht öffentlich. Aber ich hätte gerne, dass der schwedische Botschafter dem Prozess beiwohnen kann." Der Botschafter war mein einziger Kontakt zum Ausland, und wenn er bei dem Prozess dabei war, wäre das Regime vielleicht weniger versucht, aus meinem Fall einen Schauprozess zu machen, und meine Chancen, Gerechtigkeit zu bekommen, würden vielleicht steigen.

„Nein", erwiderte der Generalstaatsanwalt. „Die schwedische Delegation darf dem Prozess nur beiwohnen, wenn er öffentlich ist. Dann ist auch die Presse zugelassen. Privat heißt privat und Ausnahmen sind nicht möglich."

„Gut", sagte ich, „dann lassen wir das."

Selbst nach diesem Gespräch konnte ich es immer noch nicht recht glauben, dass man mir allen Ernstes wegen staatsfeindlicher Vergehen den Prozess machen würde. Ich war beileibe nicht der erste Ausländer, der wegen illegaler Aktivitäten in der Demokratischen Republik Nordkorea verhaftet worden war. Fast alle waren nach ein paar Monaten ohne Prozess wieder freigekommen. Die bekannteste Ausnahme waren Laura Ling und Euna Lee gewesen, die verhaftet worden waren, als sie zusammen mit einem Filmteam über den zugefrorenen Tumen von China nach Nordkorea gingen. Sie wurden wegen staatsgefährdender Aktivitäten zu je zwölf Jahren Arbeitslager verurteilt, kamen aber bald nach Ende des Prozesses frei, nachdem Bill Clinton nach Nordkorea geflogen war, um sich für sie einzusetzen. Man hatte sie ganze viereinhalb Monate festgehalten.

Wenn Laura und Euna so schnell wieder freigekommen waren, war mein Prozess eigentlich völlig unnötig, fand ich. Ich hatte doch schon mein Geständnis abgelegt und war seit sechs Monaten in Haft; das reichte doch wohl.

Als Mr Lee das nächste Mal zu mir kam, stellte ich ihm diese Fragen.

Mr Lees Antwort war: „Sie müssen vor Gericht, um der Welt zu zeigen, dass Sie nicht unschuldig in Haft gekommen sind. Es ist wichtig, allen zu demonstrieren, dass Sie der Aggressor sind und wir das Opfer."

„Da komme ich jetzt nicht ganz mit", sagte ich.

„Nun", erklärte Mr Lee, „es ist ganz einfach. Sie sind in unsere große Nation gekommen und haben Handlungen begangen, die sich gegen sie richten. Sie haben gesagt, Sie haben nur gebetet, aber Beten ist eine staatsfeindliche Handlung, weil es alles, worauf unser System beruht, infrage stellt. Sie haben ferner Nordkoreaner zu Ihren missionarischen Mitarbeitern ausgebildet. Auch dies ist staatsgefährdend. Auch Ihre Gottesdienste und Ihre Bibel sind staatsgefährdend, wenn Sie sie im Licht unserer Gesetze und unseres *Juche*-Systems betrachten. Es hat ferner durch amerikanische Regierungsvertreter und in den westlichen Medien bereits Aufforderungen zu Ihrer Freilassung gegeben. Diese Kreise glauben, dass Sie unschuldig und zu Unrecht verhaftet worden sind. Der Prozess wird der Welt zeigen, dass Sie mitnichten unschuldig sind, sondern exakt das getan haben, wessen wir Sie anklagen." Der Ton, in welchem Mr Lee dies sagte, war weder gehässig noch aggressiv; er erklärte mir ganz sachlich die Situation, so wie er sie verstand.

Ich muss wohl etwas niedergeschlagen ausgesehen habe, denn er fuhr fort: „Machen Sie sich keine Sorgen über den Ausgang des Verfahrens oder Ihr Strafmaß. Es ist nicht so wichtig, wie viele Jahre Sie bekommen. Das Wichtige ist nicht das, was während des Prozesses geschieht, sondern was danach kommt und wie Ihre Regierung reagiert. Das Ganze ist so ähnlich, als wenn Ihr Sohn die Fensterscheibe eines Nachbarn zerschlagen hätte. Sie als der Vater müssen für den Schaden geradestehen. Als Erstes entschuldigen Sie sich bei dem Nachbarn für das, was Ihr Kind getan hat, und dann bezahlen Sie ihm die kaputte Fensterscheibe. Genau das erwarten wir auch von der US-Regierung. Sie muss begreifen, was Sie getan haben, damit sie zu uns kommt und sich für das Verhalten ihres Kindes entschuldigt und den Schaden regelt."

Jetzt merkte ich zum ersten Mal, dass es bei diesem

Prozess ja gar nicht so sehr um mich ging. Ich war für das Regime in Nordkorea schlicht eine Trumpfkarte, ein Druckmittel, um den USA den Schwarzen Peter zuzuschieben.

Die Beziehungen zwischen den beiden Ländern verschlechterten sich gerade weiter, zumindest was die nordkoreanische Seite betraf. In den Abendnachrichten im Fernsehen war das große Thema „Krieg“. Videos zeigten Kim Jong-un bei einer Strategiebesprechung. Er zeigte auf verschiedene Orte auf einer vor ihm liegenden Karte der USA, gerade so, als ob er sagte: „Wir bombardieren diese Stadt ... und diese ... und diese.“

Doch die ganze Zeit betrachteten die Nordkoreaner sich mitnichten als die Aggressoren. In den Gesprächen mit Mr Lee und anderen Beamten wurde mir klar, dass diese Menschen sich allen Ernstes für unschuldige Opfer des großen Tyrannen Amerika hielten. „Wir sind ein kleines Land“, sagten sie. „Warum drangsaliert uns diese Großmacht?“

Für das Regime in Nordkorea hat das Militär die höchste Priorität, gerade auch in finanzieller Hinsicht. Alle verfügbaren Mittel werden in den Aufbau des Militärapparats gesteckt, um das Land auf den angeblich unweigerlich kommenden Angriff der USA vorzubereiten. „Daher ist in unserem Land so vieles knapp“, erklärte man mir. „Wir müssen so viel Geld ausgeben, um uns vor euch zu schützen, dass nur sehr wenig übrig bleibt. Wenn Amerika uns in Ruhe lassen würde, müssten wir nicht so leiden; dann hätten wir mehr zu essen, ein glücklicheres Leben und Frieden.“

Als ich dies begriff, begann ich, meinen Platz in dem übergreifenden Kontext der Beziehungen zwischen den USA und Nordkorea zu sehen. Als Clinton gekommen war, um die Freilassung von Laura Ling und Euna Lee zu erwirken, war er – so sahen es die Nordkoreaner – auch gekommen, um sich zu entschuldigen, wie in Mr Lees Beispiel der Vater, dessen Sohn die Fensterscheibe des Nachbarn zerbrochen hatte. Solch ein Besuch war für die Nordkoreaner eine Demütigung der USA und ein Zeichen, dass ihr Land dabei war, den Krieg gegen Amerika zu gewinnen.

Jetzt wusste ich endgültig Bescheid. Die Nordkoreaner wollten also, dass ein ehemaliger US-Präsident erneut vor dem „Großen Führer" zu Kreuze kroch und für eines von Amerikas unartigen Kindern um Gnade bettelte. Das war der Grund, warum ich mich für meine „Verbrechen" vor Gericht verantworten musste. In den Augen von Nordkorea stand mit meiner Person ganz Amerika vor Gericht. Doch was dies im Detail bedeutete, würde ich erst viel später verstehen.

~

Eine Woche vor dem geplanten Prozessbeginn ließ der Generalstaatsanwalt mich meine Verwandten anrufen. Ich glaube nicht, dass dies als humanitäre Geste gemeint war. Er instruierte mich: „Bitten Sie Ihre Familie, Ihre Regierung zu kontaktieren und den Präsidenten aufzufordern, um Ihre Begnadigung zu ersuchen. Das ist die einzige Möglichkeit für Sie, wieder nach Hause zu kommen."

Ich gab diese Botschaft Wort für Wort zuerst an meine Frau weiter, dann an meine Schwester und meine Mutter. Sie waren geschockt, als sie hörten, dass ich vor Gericht musste. Ich versuchte nach Kräften, sie zu beruhigen. „Das ist schon anderen passiert“, erklärte ich. „Bevor es zwischen den USA und Nordkorea zu einer Verständigung kommt, muss ich da durch. Macht euch nicht zu viele Sorgen, wenn ihr das Urteil hört. Ich bin sicher, dass sich bald alles regeln wird.“

Meine Schwester Terri antwortete: „Okay.“ Sehr überzeugt klang es nicht. Sie hatte bereits an US-Außenminister John Kerry geschrieben und ihn gebeten, alles in seiner Macht Stehende zu unternehmen, um mich nach Hause zu holen. Bis jetzt hatte sie sich, meiner ausdrücklichen Bitte folgend, nicht an die Medien gewandt. Ich glaubte immer noch, dass die Regierungen der USA und Nordkoreas sich unter der Hand über meine Freilassung einigen wollten. Aber es war nicht leicht für Terri, stillzuhalten und abzuwarten, wie die Dinge sich entwickelten.

An dem Tag, als ich meine Familie anrief, durfte ich auch wieder den schwedischen Botschafter, Mr Andersson, und seinen Stellvertreter, Mr Svensson, sprechen. Wir trafen uns im selben Hotel wie beim ersten Mal.

Mr Andersson fragte mich über meinen bevorstehenden Prozess aus. „Werden Sie einen Anwalt haben, der Sie vertritt?“, fragte er.

„Nein. Ich habe mich dagegen entschieden“, sagte ich.

„Das geht aber nicht“, sagte Mr Andersson. „Sie brauchen unbedingt einen Verteidiger.“ Er klang echt besorgt. „Lassen Sie uns mal machen, wir regeln das.“

Ich dankte ihm. Er sagte auch, dass sie beide zu dem Prozess kommen würden, obwohl sein nordkoreanischer Kollege gesagt habe, dass dies nicht möglich sei.

Nun ja, wahrscheinlich war es egal, ob die Schweden dabei waren oder nicht. Ich wusste ja, dass mein Schuldspruch schon feststand. Die einzige Frage war, wie viele Jahre das Gericht mir geben würde.

Und ich wusste auch: Wenn ich ein Bürger Nordkoreas gewesen wäre, hätte es diese Frage gar nicht gegeben, denn dann wäre ich schon längst tot gewesen.

~

Mein Prozess, einschließlich der Urteilsfindung durch den Richter, dauerte anderthalb Stunden. Ich stand die ganze Zeit in einem Zeugenstand und saß nicht an einem Tisch, wie das in einem amerikanischen Gericht der Fall gewesen wäre. Ich trug einen Anzug, den ich mir von meiner Frau extra hatte schicken lassen, weil ich nach dem bisschen, was ich aus Filmen und Fernsehberichten über Prozesse wusste, fand, dass ich mich schick machen musste.

Nun ja, es war so eine Sache mit dem „schick". Ich sah in dem Anzug wie ein Junge aus, der die Kleider seines Vaters trug. Ich hatte nicht bedacht, dass ich ja schon um die 30 Pfund abgenommen hatte.

Es kam kein Verteidiger; offenbar hatten die Schweden keinen für mich auftreiben können. Vorne im Gerichtssaal saß mein Richter, flankiert von zwei beisitzenden Richtern, die aufzupassen hatten, dass alles nach Recht und Gesetz verlief. An einem Tisch saß ein Protokollführer, der alles aufnahm. Mr Lee und Mr Min saßen auf den Zuschauerbänken, während der Generalstaatsanwalt an der einen Seite des Saales stand, mir gegenüber.

Der Prozess begann damit, dass der Generalstaatsanwalt die Klage gegen mich verlas:

*Wir erheben hiermit Anklage gegen den amerikanischen Verbrecher Bae Junho, wegen staatsfeindlicher Vergehen. Im Einzelnen halten wir ihn der folgenden Vergehen für schuldig:*

*Zusammenarbeit mit der evangelikalen Organisation „Jugend mit einer Mission" und Predigten gegen die nordkoreanische Regierung in amerikanischen und südkoreanischen Kirchen.*

*Planung eines gegen Nordkorea gerichteten religiösen Staatsstreiches unter dem Decknamen „Operation Jericho", so genannt nach einer Stadt in der Bibel, die von der israelitischen Armee zerstört wurde. Der Staatstreich begann in den USA, Südkorea und China, schon lange bevor Bae nach Nordkorea einreiste.*

*Errichtung von Stützpunkten in China zum Zwecke des Sturzes der Demokratischen Volksrepublik Korea. Der Beklagte brachte sodann als Touristen getarnte Personen ins Land, um dort zu beten.*

*Aufstachelung nordkoreanischer Bürger zum Sturz ihrer Regierung.*

*Durchführung einer Verleumdungskampagne gegen die Regierung Nordkoreas und unsere Großen Führer.*

Die Erwähnung von „Jugend mit einer Mission“ war interessant, weil deren Gründer, Loren Cunningham, schon seit einiger Zeit im Visier Nordkoreas war. Im Jahre 2006 hatte er in einer Predigt zum Druck von sieben Millionen koreanischer Bibeln aufgerufen (eine für jede Familie in Nordkorea), zur Vorbereitung für den Tag, wo Nordkoreas Grenzen sich öffnen würden. Für Nordkorea kam dies einer Kriegserklärung gleich. Die Bibel gilt in Nordkorea als gefährliche Waffe. Sie ist sogar in einem Museum für antiamerikanische Propaganda ausgestellt, Seite an Seite mit Waffen, die die USA im Koreakrieg einsetzten.

Als er die Anklage gegen mich fertig verlesen hatte, rief der Generalstaatsanwalt seinen einzigen Zeugen auf – Songyi, die Nordkoreanerin, die unsere Jüngerschaftsschule durchlaufen hatte, bevor sie nach Nordkorea zurückkehrte, um dort ein christliches Waisenhaus zu gründen. Sie machte einen sehr nervösen Eindruck, als sie in den Zeugenstand trat. Ich versuchte, ihr mit meinem Blick Verständnis und Mitgefühl zu signalisieren, aber ich weiß nicht, ob sie dies bemerkte, denn sie tat ihr Bestes, nicht in meine Richtung zu sehen.

„Kennen Sie diesen Mann, Bae Junho?“, fragte der Staatsanwalt.

„Ja“, erwiderte sie.

„Sind Sie, als Sie in China waren, von diesem Mann in der Bibel unterwiesen worden?“

„Ja.“

„Hat er Sie angewiesen, nach Nordkorea zurückzukehren?“

„Ja."

„Und hat er Ihnen dabei eine Aufgabe gegeben?"

„Ja. Er bat mich, ein Waisenhaus für Straßenkinder zu gründen und diese Kinder christlich zu erziehen."

„Ich habe keine weiteren Fragen", sagte der Generalstaatsanwalt.

Der Richter sah mich an und fragte: „Haben Sie Fragen an die Zeugin?"

„Nein, Euer Ehren", antwortete ich.

Der Richter entließ Songyi, die den Saal mit raschen Schritten verließ.

Nach dem Prozess konnte ich mit Mr Lee über Songyi reden. Er sagte mir, dass er sie nach Hause gebracht hatte und dass sie wohlauf war. „Da sie die Wahrheit gesagt hat, wird ihr nichts geschehen", erklärte er. Ich war da nicht so sicher, aber andererseits dachte ich an das Versprechen zurück, das Gott mir am dritten Tag meiner Haft gegeben hatte. Niemandem würde etwas geschehen, hatte er gesagt. Ich nahm diese Verheißung für Songyi in Anspruch.

Nach Songyis Zeugenaussage verlas der Generalstaatsanwalt eine persönlich unterschriebene Erklärung von Sam, meinem Freund, der das Café im Hotel betrieb, vor dem ich verhaftet worden war. In dieser Erklärung gab Sam an, dass ich in Rason ein Gebetszentrum hatte gründen wollen. Er beschrieb auch das Einführungsseminar, in welchem ich von den sieben Geistern gesprochen hatte, die Nordkorea beherrschten.

Der Generalstaatsanwalt ging darauf zu belastendem Videomaterial über. Auf dem Bildschirm des Gerichtssaals erschien ein Foto von einem der Logos, die mein Team für meine Missionsarbeit entworfen hatte. Mithilfe eines Bildbearbeitungsprogramms hatte ein Mitarbeiter aus einer nordkoreanischen Flagge mit eingerissenen Rändern das Wort „Hope“ („Hoffnung“) gebastelt. Für das Regime in Pjöngjang war das eine Entweihung der Nationalflagge – die Sünde aller Sünden.

„Sehen Sie?“, sagte der Staatsanwalt. „*Das* ist die Hoffnung, die Sie unserem Volk bringen wollen – der Sturz unserer Regierung.“

Meine Ankläger zeigten auch kurze Ausschnitte aus einigen der Videos, die sie auf meiner Festplatte gefunden hatten – Bilder von hungernden Kindern auf den Straßen Nordkoreas. Dass diese Videos nicht von mir waren, ja dass ich gar nicht gewusst hatte, sie auf meiner Festplatte zu haben, zählte nicht.

Der Generalstaatsanwalt sah den Richter an. „Sie sehen, Euer Ehren: Die Beweislast ist überwältigend. Dieser Mann ist eindeutig schuldig. Er hat gegen Artikel 60 unserer Verfassung verstoßen.“

Der Richter schien dies auch so zu sehen. Der Staatsanwalt fuhr fort: „Doch andererseits hat Bae Junho Reue gezeigt und sich entschuldigt. Ich beantrage daher, dass wir ihm Gnade erweisen, indem wir ihn lediglich zu fünfzehn Jahren Zwangsarbeit verurteilen.“

Dies war das erste Mal, dass von fünfzehn Jahren die Rede war. Mr Lee hatte angedeutet, dass man versuchen würde, eine mildere Strafe für mich zu erwirken. Waren fünfzehn Jahre milde? Im Vergleich zur Todesstrafe wahrscheinlich schon.

Als der Generalstaatsanwalt mit seinem Plädoyer fertig war, fragte der Richter mich: „Möchten Sie dem Gericht etwas sagen, bevor wir zur Beratung über die Beweise und Indizien gegen Sie schreiten?"

Seit mir klar geworden war, dass ich vor Gericht kommen würde, hatte ich intensiv über diesen Punkt des Verfahrens nachgedacht. Mr Lee hatte mir sogar geraten, meine Aussage schriftlich zu formulieren und ihm vor dem Prozess zu übergeben. Es war klar, dass ich nicht meine Unschuld beteuern konnte, vor allem, nachdem ich ein Geständnis unterschrieben hatte. Aber ich wollte dem Gericht erklären, warum ich das getan hatte, was ich getan hatte, und klarstellen, dass ich das Volk von Nordkorea liebte. Und so fing ich an:

*Hohes Gericht! Als Erstes möchte ich meine Vergehen gegen die Regierung der Demokratischen Volksrepublik Korea und ihre Führung bekennen. Während der sechs Monate, die ich in der Demokratischen Volksrepublik Nordkorea verbracht habe, ist mir klar geworden, dass ich durch mein Handeln die Verfassung Ihres Landes schwer verletzt habe. Ich sehe deutlich, dass meine Aussagen gegen die Führung der Demokratischen Volksrepublik Nordkorea den Ruf und die Glaubwürdigkeit der Regierung beschädigt haben.*

*Daher möchte ich mich zweitens für meine Handlungen gegen die Regierung und die Führung der Demokratischen Volksrepublik Nordkorea entschuldigen. Ich bedaure diese Handlungen zutiefst, und ich möchte mich ehrlich für alle meine Vergehen und Taten, die so viele verletzt haben, entschuldigen.*

*Drittens: Ich bin bereit, die Konsequenzen für meine Taten zu akzeptieren. Ich habe erfahren, dass ich den Artikel 60 Ihrer Verfassung verletzt habe und dass mein Verhalten nach Ihren Gesetzen nicht toleriert werden kann, und ich akzeptiere in vollem Umfang jegliche Strafe, die mein Verhalten mir einbringen mag.*

*Und viertens und letztens: Obwohl ich bereit bin, die Konsequenzen zu tragen, möchte ich Sie doch bitten, mir eine Chance zu geben, eine Brücke zwischen dem Westen und der Demokratischen Volksrepublik Nordkorea zu werden. Es gibt in Südkorea über zwölf Millionen Christen und über fünfzigtausend Kirchen. Dazu kommen zehn Millionen Buddhisten. Als Koreaner habe ich den tiefen Wunsch, dass es einst zur Wiedervereinigung der beiden Koreas kommen möge. Aber wie werden Sie nach einer solchen Wiedervereinigung mit den Gläubigen der verschiedenen Religionen umgehen? In einem vereinigten Korea müssen wir lernen, unsere Unterschiede zu sehen, einander anzunehmen und in Harmonie zusammenzuleben. Selbst Präsident Kim Il-sung sagte einmal, dass, solange die Menschen für die Vereinigung Koreas und für das koreanische Volk seien, er bereit sei, mit jedem zusammenzuarbeiten, egal was sein Glaube, sein Hintergrund und seine Herkunft sind.*

*Ich bin Christ und habe mein Leben lang versucht, nach den Lehren des Christentums zu leben. Ich stehe aufgrund meines Glaubens hier vor Gericht. Ich habe meine Taten bekannt, ich habe mich für sie entschuldigt und ich akzeptiere ihre Konsequenzen, aber ich möchte Sie bitten, mir noch einmal eine Chance zu geben, eine Brücke zu werden für die Vereinigung und für das Wohl des Volkes in diesem Land, auch wenn auf meine Vergehen eine schwere Strafe steht. Wer hat etwas davon, wenn Sie mich in ein Arbeitslager schicken? Ich bitte Sie hier und jetzt um Gnade.*

Als ich fertig war, sagte der Richter: „Das Gericht wird sich jetzt zurückziehen und über seine Entscheidung beraten."

Eine Viertelstunde später kam er zurück. Sein Urteilsspruch überraschte niemanden. Er sagte: „Ich befinde den Angeklagten für schuldig und verurteile ihn zu fünfzehn Jahren Zwangsarbeit. Die Sitzung ist geschlossen."

Die Reaktion von Mr Lee auf das Urteil war gerade so, als ob ich einen Freispruch erster Klasse bekommen hätte. Später erfuhr ich, dass er sich vor dem Prozess sehr für eine milde Strafe eingesetzt hatte. Die übrigen Vertreter der Anklage hatten mich als Kriegsverbrecher vor Gericht stellen und zu lebenslänglicher Haft verurteilen wollen, doch Mr Lee hatte sich für Milde ausgesprochen. Als mein Prozess begann, hatten die Spannungen zwischen Nordkorea und den USA auch etwas nachgelassen, was es den übrigen Staatsanwälten leichter machte, Mr Lees Linie zu folgen.

Später, irgendwann im Sommer, sagte der Generalstaatsanwalt mir: „Sie haben diesem Mann Ihr Leben zu verdanken."

Da musste ich ihm recht geben.

## 13. Nr. 103

*Ich bin froh, euch mitteilen zu können, Geschwister, dass das, was mit mir geschehen ist, die Ausbreitung des Evangeliums sogar noch gefördert hat. Bei der ganzen kaiserlichen Garde und weit darüber hinaus hat es sich inzwischen herumgesprochen, dass meine Gefangenschaft eine Gefangenschaft wegen Christus ist.*

(Philipper 1,12–13)

Einige Tage nach meiner Verurteilung fuhr man mich zu einer Untersuchung in ein Krankenhaus in der Stadt. Eine ähnliche Untersuchung hatte ich schon kurz nach meiner Verhaftung erlebt, um festzustellen, ob ich fit genug war, die Strapazen der vor mir liegenden Verhörwochen zu ertragen. Ich hatte damals den Eindruck gehabt, dass es vor allem darum ging, mich zu verunsichern und glauben zu machen, dass man mich foltern würde, wenn ich nicht aussagte. Doch das war jetzt Vergangenheit. Bei dieser neuen Untersuchung ging es darum, ob ich gesund genug war, um die nächsten fünfzehn Jahre als Zwangsarbeiter in einem landwirtschaftlichen Arbeitslager zu überstehen.

Ich glaubte, das Ergebnis im Voraus zu wissen. Welcher Arzt in der Welt würde mich mit meiner langen Liste von Gesundheitsproblemen für arbeitslagertauglich erklären? In einem Gespräch direkt nach meiner Verurteilung sagte Mr Lee mir sogar, dass er das genauso sah.

Ein, zwei Tage nach der Untersuchung und bevor ich das Ergebnis erfuhr, durfte ich wieder meine Familie anrufen. Doch der Generalstaatsanwalt schrieb mir genau auf, was ich meiner Frau, meiner Mutter und meiner Schwester zu sagen hatte.

„Sie müssen sie auffordern, Ihre Regierung zu kontaktieren", sagte er, „und mit aller Kraft auf Folgendes hinzuarbeiten: Die USA müssen das Justizsystem der Demokratischen Republik Nordkorea anerkennen, sie müssen Ihre Schuld einsehen, sie müssen sich für Ihre Verbrechen entschuldigen und sie müssen versprechen, dass es solche illegalen Akte durch Amerikaner in Zukunft nicht mehr geben wird."

Ich hatte meiner Familie so vieles sagen wollen, aber ich kam nicht dazu. Sobald ich den Spruch, den der Generalstaatsanwalt mir aufgeschrieben habe, aufgesagt hatte, befahl er mir, aufzulegen und den nächsten Anruf zu tätigen. Immerhin konnte ich meiner Frau, meiner Mutter und meiner Schwester versichern, dass ich zwar zu fünfzehn Jahren verurteilt worden war, aber nicht glaubte, dass ich tatsächlich in ein Arbeitslager käme. „Die Ärzte hier haben mich untersucht“, sagte ich, „sodass ich wohl kaum in ein Lager komme. Macht euch keine Sorgen, es wird alles gut.“

Am folgenden Tag besuchte mich der schwedische Botschafter. Ich übergab ihm eine Liste meiner Gesundheitsprobleme. Sein Gesicht wurde besorgt. Die Botschaft bat darauf die nordkoreanische Regierung in aller Form, mich vor der Vollstreckung meines Urteils medizinisch behandeln zu lassen.

Wir fanden alle, dass kein Arzt mich für arbeitslagertauglich erklären würde, aber ich war doch nervös, als Mr Lee und der Generalstaatsanwalt mich wieder zu dem Krankenhaus fuhren, zu einem Treffen mit der Krankenhausdirektorin und dem Allgemeinarzt, der mich untersucht hatte. Wir trafen uns in einem Besprechungszimmer in der Klinik. Der Generalstaatsanwalt schien die Sache rasch über die Bühne bringen zu wollen, sodass es keine Vorstellungsrunde gab. Er fragte rundheraus: „Also, wie haben Sie entschieden?“

Die Direktorin, eine Frau in den Fünfzigern, antwortete: „Aufgrund der Ergebnisse unserer Untersuchungen sind wir zu dem Schluss gekommen, dass der Patient, Mr Bae, nicht tauglich für den Einsatz im Arbeitslager ist.“

Ich hätte ihr um den Hals fallen mögen. Ich kam mir vor, als ob sie mir gerade das Leben gerettet hätte.

„Ist er wenigstens in der Lage, leichte Arbeiten zu verrichten, also ohne das volle Programm für einen normalen Gefangenen?“, bohrte der Generalstaatsanwalt.

Ich hielt die Luft an. Ich kannte ihn noch nicht, den Unterschied zwischen „leichter“ und „schwerer“ Zwangsarbeit im nordkoreanischen System. Die Antwort der Direktorin würde darüber entscheiden, ob ich tatsächlich ins Lager kam.

Die Direktorin räusperte sich. „Nein“, sagte sie. „Der Patient braucht zwar regelmäßige Bewegung für seinen Diabetes, aber mit seinem Allgemeinzustand, nicht zuletzt seinem Rückenleiden, ist er selbst für leichte Arbeiten kaum geeignet.“

Ich schaute die Direktorin an, mit einem Blick, der, wie ich hoffte, meine große Dankbarkeit zum Ausdruck brachte. Ich traute mich nicht, etwas zu sagen. In diesem System wusste man nie, was alles als Ungehorsam gedeutet werden konnte. Und so saß ich da, sog die Worte der Krankenhausdirektorin auf und dankte ihr innerlich. Äußerlich zeigte ich keinerlei Gefühlsregung.

Der Generalstaatsanwalt wollte sich nicht geschlagen geben. „Sind Sie da ganz sicher?“, fragte er.

„Jawohl, wir sind sicher“, erwiderte die Direktorin. „Dieser Mann ist nicht arbeitslagertauglich, jedenfalls nicht in seinem jetzigen Zustand.“

Damit war die Besprechung beendet. Man brachte mich zurück ins Untersuchungsgefängnis. Kaum saß ich wieder in meinem Zimmer, kam Mr Lee herein. Er sagte: „Warum haben Sie vorhin nichts gesagt und dem Generalstaatsanwalt klargemacht, dass Sie zu schwach für das Arbeitslager sind?“ Er klang ganz aufgeregt.

Die Frage überraschte mich. „Wieso hätte ich etwas sagen sollen? Die Direktorin hat doch alles Nötige gesagt!

Was hätte ich dem hinzufügen können, das noch mehr Gewicht gehabt hätte?"

„Sie hätten aber etwas sagen müssen!", sagte Mr Lee. „Sie müssen ein bisschen mehr jammern und klarstellen, dass Sie den Strapazen des Arbeitslagers nicht gewachsen sind."

„Meinen Sie, dass das wichtig ist?", fragte ich.

„Ja. Sehr sogar", erwiderte Mr Lee.

~

Ich begriff Mr Lees Logik erst drei Tage später, als der Generalstaatsanwalt in mein Zimmer marschiert kam und nicht sagte, sondern schrie: „Packen Sie sofort Ihre Sachen! Sie kommen heute in das Arbeitslager, um die Verbüßung Ihrer Strafe zu beginnen!"

„Wie bitte?", fragte ich.

Der Generalstaatsanwalt kochte vor Wut. „Die westlichen Medien machen sich über unser Justizsystem lustig. Sie haben Ihren Prozess für eine Farce erklärt und für ungerecht, weil er nur eineinhalb Stunden gedauert hat. Dabei hat das Vorverfahren nicht weniger als viereinhalb Monate gedauert! Diese Schreiberlinge halten Sie für unschuldig und für einen politischen Gefangenen. Nein! Sie sind eindeutig schuldig und haben das Arbeitslager mehr als verdient! Und ins Arbeitslager kommen Sie, und das *jetzt!*"

Mit so etwas hatte ich nicht mehr gerechnet. Aber offenbar war das nordkoreanische Regime über die Berichterstattung der westlichen Medien über meine Verurteilung empört und hatte beschlossen, in die Offensive zu gehen und mich jetzt erst recht ins Arbeitslager zu stecken, dem Urteil der Ärzte zum Trotz.

So lief das also. Die nordkoreanische Regierung wollte testen, wie weit sie gehen konnte gegenüber der Regierung der USA. Ich war mitten in einem politischen Pokerspiel und einer diplomatischen Kraftprobe gelandet, und so würde ich jetzt der erste Amerikaner seit dem Koreakrieg werden, der in einem nordkoreanischen Arbeitslager landete.

Der Generalstaatsanwalt drehte sich auf dem Absatz um und ging aus dem Zimmer. Kaum war er fort, kam einer der Wächter herein und sagte: „Setzen Sie sich auf den Stuhl."

Ich wollte protestieren, dass man mir doch gerade gesagt hatte, ich solle meine Sachen packen, tat es aber lieber nicht. Schon kam ein anderer Wächter, mit einem Friseur im Schlepptau. Wieder hieß es: „Setzen Sie sich!"

Ich setzte mich. Der Friseur legte mir einen Umhang um, holte seine Haarschneidemaschine hervor und schor mir den Kopf kahl. Ich kam mir vor wie in einem alten Kriegsfilm.

Ein paar Minuten später kam der Generalstaatsanwalt zurück, um mich aus meinem Zuhause der letzten knapp sechs Monate zu holen. „Na, wollen Sie nicht ein kleines Abschiedsgebet sprechen, bevor Sie gehen?", fragte er spöttisch.

„Danke, ich habe hier schon genug gebetet", erwiderte ich. Ich konnte mir vorstellen, was der Mann dachte:

*Und was hat Ihnen das ganze Beten gebracht? Fünfzehn Jahre Arbeitslager!*

Und so führten mich der Generalstaatsanwalt und mehrere Wächter zum letzten Mal aus dem Untersuchungsgefängnis in Pjöngjang heraus und schoben mich in einen Minivan mit schwarzen Vorhängen vor den Fenstern. Wieder saß ich in der Mitte der Rückbank, nur dass ich diesmal Handschellen trug. Ich hatte bis jetzt noch nie Handschellen getragen.

Ob Sie es glauben oder nicht, diese Fahrt hatte einen gewissen Reiz für mich. Nicht dass ich mich auf das Arbeitslager gefreut hätte – natürlich nicht –, aber nach bald sechs Monaten in Einzelhaft freute ich mich auf den Austausch mit anderen Gefangenen.

Ich musste an ein Gespräch zurückdenken, das ich mit einem der Mitglieder meiner letzten Reisegruppe während der Zugfahrt von Dandong nach Yanji gehabt hatte. Wie immer war ich all die Dinge durchgegangen, die man in Nordkorea besser nicht tat, und der Mann hatte gewitzelt: „Na, wenn etwas schiefgeht, können wir ja immer noch eine Gefangenenmission anfangen!" Ich hatte gelacht.

Jetzt, wo ich – den Kopf zwischen den Knien, damit ich nicht sehen konnte, wo wir hinfuhren – ins Arbeitslager gebracht wurde, musste ich denken: *Eine Gefangenenmission – das ist genau das, was ich bald machen werde.* Wenn ich in ein Arbeitslager musste, dann würde ich dort genau das machen, wozu ich nach Nordkorea gekommen war: Ich würde ein Missionar sein. Bestimmt würden die Insassen des Lagers mir bereitwilliger zuhören als die Wächter, Verhörbeamten und Staatsanwälte in Rason und Pjöngjang.

Vielleicht fünfundzwanzig Minuten, nachdem wir das Untersuchungsgefängnis verlassen hatten, stoppte das Auto. „Aussteigen!“, sagte einer der Wärter. „Wir sind da.“

Meine Augen brauchten einen Augenblick, um sich vom dunklen Fußboden des Vans auf das helle Licht draußen umzustellen. Ich hatte ein Gefängnis erwartet, wie ich es aus Filmen kannte – hohe Mauern, Wachttürme und ein Hof, in dem die Insassen ihre Runden drehten. Stattdessen fand ich mich innerhalb eines Zaunes wieder. Links war ein eingeschossiges Gebäude und daneben ein etwas höheres – vielleicht drei oder vier Stockwerke. Das eingeschossige Gebäude war für ein Gefängnis nicht besonders groß – vielleicht 500 Quadratmeter. An seiner einen Seite sah ich etwas wie ein großes Feld, das einen Hang hinaufging. Am oberen Ende des Zaunes entdeckte ich Stacheldraht und etwas, was wie elektrischer Draht aussah.

Der Generalstaatsanwalt und Mr Lee waren beide mitgekommen. Ich erwartete, dass sie sofort zurück ins Auto steigen würden. Stattdessen gingen sie neben mir, als einer der Gefängniswächter mich in das einstöckige Gebäude führte. Ein Mann in Schlips und Anzug folgte unserem kleinen Zug mit einer Videokamera, mit der er alles aufnahm. Als ich mich kurz zu ihm umdrehte, bellte er: „Schauen Sie mich nicht an!“ Er schien sehr schlecht gelaunt zu sein. Andere Wächter und Bedienstete kamen aus den Gebäuden heraus, um mich anzustarren. Alle schienen sie den berühmten amerikanischen Verbrecher sehen zu wollen.

In dem Gebäude führte man mich den Flur entlang in ein kleines Zimmer. Ein Mann, der zwischen fünfzig und sechzig war, mindestens zwei Zentner wog und statt einer Uniform Schlips und Anzug trug, stand in dem Zimmer, dazu mehrere Wärter und andere Funktionäre. Aber wo waren meine Mitinsassen? In dem Gefängnishof hatte ich keinen einzigen gesehen, auch nicht draußen auf den Feldern. Auch auf dem Weg in dieses Empfangsbüro war mir keiner begegnet.

Der Dicke im Anzug sagte den Wächtern: „Ihr könnt gehen; ich übernehme ihn." Da er den anderen Wärtern Anweisungen erteilte, hielt ich ihn zunächst für den Oberaufseher. Aber wenn ich bedachte, wie wohlgenährt er aussah und wie jeder sich beeilte, seine Befehle auszuführen, dann musste er glatt der Lagerleiter persönlich sein. Kein bloßer Aufseher, noch nicht einmal der Oberaufseher konnte genügend hoch in der Parteihierarchie stehen, um so dick zu sein.

Der Dicke drehte sich in meine Richtung. „Sie müssen jetzt Ihre neue Uniform anziehen. Ziehen Sie sich aus."

„Alles?", fragte ich.

„Ja, alles. Auch die Unterwäsche."

Als ich mich nackt ausgezogen hatte, brachte mir ein Wächter meine Sträflingskleidung. Auf dem Hemd war links in Brusthöhe ein Lappen mit der Zahl 103 aufgenäht; sie wurde meine neue Identität.

Als ich mich fertig umgezogen hatte, gab man mir ein Verzeichnis sämtlicher Gegenstände, die ich mit in das

Lager gebracht hatte, darunter meine Kleidung, meine Bibel, ein paar Bücher, die meine Frau mir geschickt hatte, sowie einige Zeitschriften, die ich von der schwedischen Botschaft bekommen hatte. Ich musste die Liste unterschreiben. Der Wächter sagte: „Sie bekommen das alles zurück, wenn Sie entlassen werden." Mir fiel auf, dass in der Liste diverse persönliche Gegenstände, die ich im November mit ins Land gebracht hatte, fehlten.

Jetzt begann der Mann, den ich für den Leiter des Lagers hielt, seine Willkommensrede. „Solange Sie hier bei uns sind, werden Sie mit Ihrer Nummer aufgerufen – 103. Niemand wird Sie Junho nennen oder Mr Bae oder sonst etwas anderes. Sie heißen ab jetzt 103, und wenn einer vom Personal Sie mit ‚103' anredet, haben Sie zu antworten: ‚Ja, Sir.' Haben Sie das verstanden?"

„Ja, Sir", antwortete ich.

„Wir erwarten, dass Sie sich gut führen, während Sie hier sind. Damit das funktioniert, werden Sie die zehn Regeln dieses Straflagers auswendig lernen und sich mit Ihrem Tagesablauf vertraut machen." Er zeigte auf zwei Schilder an der Wand. „Fangen Sie gleich jetzt damit an, 103."

Die Regeln waren einfach. Soweit ich mich erinnern kann, lauteten sie so:

1. Den Befehlen und Instruktionen der Wächter ist jederzeit zu 100 Prozent Folge zu leisten.
2. Reden Sie die Wächter nicht mit ihren Namen an, sondern mit *Herr* oder *Lehrer*.
3. Geben Sie den Wächtern keine Widerworte.
4. Im Krankheitsfall haben Sie das Recht, von einem Arzt untersucht zu werden.

5. Die Arbeit ist gewissenhaft und vollständig auszuführen. Die unvollständige Ausführung der Arbeit wird bestraft.
6. Das Lesen von Büchern (einschließlich der Bibel), Zeitungen und Magazinen sowie Fernsehen sind nur zu den dafür vorgesehenen Zeiten erlaubt.
7. Sie haben das Recht, Termine mit dem konsularischen Vertreter Ihres Landes zu beantragen. (Diese Regel zeigte mir, dass ich in einem Spezialgefängnis für Ausländer war.)
8. Das Säubern des Zimmers und Waschen der Kleider obliegt dem Insassen.
9. Sie haben ferner stets für Ihre Hygiene und Gesundheit zu sorgen.
10. Bei angemessenen Wünschen dürfen Sie sich jederzeit mit dem gebührenden Respekt an den Wächter wenden.

Der Lagerleiter fuhr fort: „Wenn Sie irgendetwas brauchen, 103, sprechen Sie mich oder einen der Wächter an, und wir werden tun, was wir können. Ihr Aufenthalt bei uns muss nicht unangenehm sein. Wenn Sie tun, was man Ihnen sagt, und keine eigenmächtigen Entscheidungen treffen, ohne zuvor einen der Kollegen zu fragen, werden Sie keine Probleme haben. Wie wohl Sie sich bei uns fühlen, liegt ganz in Ihrer Hand."

„Ja, Sir. Ich habe verstanden", erwiderte ich. Scherereien machen war das Letzte, was ich wollte. Ich war womöglich der einzige Christ, den der Lagerleiter, die Wächter und das übrige Personal in dem Lager je zu Gesicht bekommen würden, und ich wusste: Mein Verhalten würde bei ihnen die Tür zum Evangelium entweder öffnen oder schließen, je nachdem, wie sie mich erlebten.

Wie hieß er noch, der alte Spruch: „Wir sind die einzige Bibel, die die Menschen heute noch lesen." Das war bei mir jetzt definitiv der Fall.

Nach der kleinen Begrüßungsrede des Lagerleiters führten die Wächter mich hinaus in den Hof. Einer stellte mich vor eine Wand und sagte: „Stehen Sie still." Worauf ein anderer mit einer Kamera kam und mein offizielles Foto für die Verbrecherkartei schoss. Als Nächstes führten sie mich den Flur entlang zu meiner Zelle. Es war die Zelle 3 – daher mein neuer Name, 103. Dieser Zusammenhang wurde mir indes erst kurz vor meiner Entlassung klar. Jetzt fragte ich glatt einen der Wächter: „Bin ich der 103. Insasse in diesem Gefängnis? Hat es vor mir schon 102 andere gegeben?"

Der Wächter war kurz angebunden. „Das geht Sie nichts an!"

Die Zelle 3 mochte gute 30 Quadratmeter groß sein und bestand aus drei kleinen Räumen. Da war zunächst das „Wohnzimmer", mit einem Schreibtisch und einem Stuhl. An der gegenüberliegenden Wand prangte ein Fernseher; meine Umerziehung war offenbar noch nicht beendet. Ein vergittertes Fenster gab den Blick auf den Gang und das Tor frei. Es gab ferner ein Schlafzimmer mit einem großen Bett und ein kleines Badezimmer. Zu der Überwachungskamera, die gut sichtbar von der Decke des Wohnzimmers herunterhing, kamen noch mehrere andere, die an den Wänden der Räume angebracht waren. Für nordkoreanische Verhältnisse war dies vermutlich eine Fünf-Sterne-Zelle.

Der Lagerarzt kam herein, um mich zu untersuchen. Als er sich vorgestellt hatte, sagte ich ihm: „In dem Krankenhaus, wo ich untersucht wurde, haben sie gesagt, dass ich nicht fit genug bin, um hier zu arbeiten." Und ich begann, die Liste meiner Beschwerden durchzugehen.

Der Arzt unterbrach mich. „Da machen Sie sich mal keine Sorgen. Wer zu uns kommt, dem geht es bald besser. Die Arbeit wird Ihre Symptome verschwinden lassen. Dazu kommt noch das gesunde Essen hier. Sie werden sich bald besser fühlen."

„Es gibt aber bestimmte Medikamente für meinen Diabetes und die Gallensteine, die ich regelmäßig nehmen muss", sagte ich. „Meine Frau hat sie mir extra geschickt."

„Um Ihre Medikamente kümmere ich mich schon." Der Arzt sagte es in einem Ton, als sei ich ein Kind, das keine Ahnung hatte.

„Aber ..."

„Arbeit ist die beste Medizin. Ihre Arbeit beginnt morgen." Womit das Gespräch beendet war.

Der Arzt ging und der Lagerleiter kam. „103, noch einmal: Wenn Sie etwas brauchen, sagen Sie es dem Wächter. Und machen Sie sich keine Illusionen, was das Thema ‚Flucht' angeht. Wenn Sie einen Fluchtversuch machen, werden Sie erschossen." Er zeigte auf einen der Wärter, der draußen vor meiner Tür stand. „Die Waffen aller Wächter sind scharf und sie werden nicht zögern, sie zu benutzen."

„Ich habe verstanden“, sagte ich.

„Und jetzt dürfen Sie sich in Ihrer Zelle einrichten. Ihre Arbeit beginnen Sie dann morgen früh.“

„Was für eine Arbeit wird das sein?“, fragte ich.

„Sie werden auf unserer Farm arbeiten, um das Essen anzubauen, das wir Ihnen geben. In unserem *Juche*-System muss jeder arbeiten und für sich selbst sorgen, auch Sie.“

*Au weia,* dachte ich, *wenn ich mir mein Essen selber anbauen muss, dann habe ich ein Problem.*

Der Lagerleiter ging und man brachte mir mein Mittagessen. Es bestand aus einfachen Nudeln mit etwas eingelegtem Gemüse darauf. Als Abendessen bekam ich etwas Reis und zwei Fische, die kaum größer als Sardellen waren. In dem Reis versteckt waren zwei oder drei Stücke, die wie Schweinefleisch aussahen – nun ja, 90 Prozent Fett und an der einen Seite ein winziges Stückchen Fleisch. Es gab auch etwas Gemüse und eine Art Bouillon. Das Frühstück am folgenden Tag war das Gleiche. Verglichen mit dem Essen, das ich im Untersuchungsgefängnis bekommen hatte, war diese Kost viel schmaler. Wie lange würde ich damit die Zwangsarbeit in diesem Lager durchstehen?

An meinem ersten Abend erlaubte der Wächter mir gegen zehn Uhr, ins Bett zu gehen. Ich legte mich hin und zog die dünne Decke über mich. Das Deckenlicht war noch an. Ich schaute um mich. Wo war der Schalter? Ich sah keinen. Ich versuchte, die Augen fester zu schließen, aber das Licht war zu stark.

„Könnte man vielleicht das Licht ausschalten?“, fragte ich den Wächter.

„Nein, 103! Kommen Sie mir nicht mit solchen Dummheiten! Wie soll ich Sie bewachen können, wenn das Licht aus ist?“

„Okay, danke“, sagte ich. Ich hatte keine Lust, es mir schon am ersten Tag mit den Wärtern zu verderben. Ich rollte mich auf die andere Seite und versuchte, das Licht zu ignorieren. *Und das fünfzehn Jahre lang?*, dachte ich. *O Gott, bitte bring mich nach Hause!*

# 14. Im Lager

*Doch der Herr hat zu mir gesagt: „Meine Gnade ist alles, was du brauchst, denn meine Kraft kommt gerade in der Schwachheit zur vollen Auswirkung.“ Daher will ich nun mit größter Freude und mehr als alles andere meine Schwachheiten rühmen, weil dann die Kraft von Christus in mir wohnt. Ja, ich kann es von ganzem Herzen akzeptieren, dass ich wegen Christus mit Schwachheiten leben und Misshandlungen, Nöte, Verfolgungen und Bedrängnisse ertragen muss. Denn gerade dann, wenn ich schwach bin, bin ich stark.*

(2. Korinther 12,9–10)

An meinem ersten Morgen im Arbeitslager, kurz vor acht Uhr, kam der größte Koreaner, den ich in meinem Leben gesehen hatte, in meine Zelle. Der Mann maß bestimmt 1,90 Meter.

„Guten Morgen, 103“, sagte er. „Ich bin der Stellvertretende Lagerleiter und dafür zuständig, dass Sie die Ihnen zugewiesenen Aufgaben erledigen. Ihre Arbeit beginnt heute. Folgen Sie mir.“

Er führte mich aus meiner Zelle und durch den Gang auf das Feld, das sich neben dem Gebäude einen Hang hinauf erstreckte. Das Feld mochte seine zwei Morgen groß sein. Am Rand lagen auf einem kleinen Haufen mehrere landwirtschaftliche Geräte sowie ein Beutel, in dem wohl die Aussaat war. Zu den Geräten gehörte ein leiterartiges Gestell, das ich wie einen Rucksack trug und an dem ich den Beutel mit der Aussaat befestigte. Es gab auch eine Hacke. Gnädigerweise gab der Stellvertretende Lagerleiter mir auch eine Baseballmütze zum Schutz vor der Sonne. Drei Wärter standen Wache, alle in voller Militäruniform mit der Waffe an der Seite; alle hatten sie die Arme auf der Brust verschränkt und versuchten, so grimmig auszusehen wie möglich.

„Auf diesem Feld werden Sie Sojabohnen ziehen“, verkündete der Stellvertretende Lagerleiter. „Wir sind in diesem Lager Selbstversorger und bauen unser Essen selbst an, wie wir es im *Juche*-System gelernt haben. Auch Sie werden dies lernen. Es ist ein gutes System.“

Meine bisherige Bekanntschaft mit Sojabohnen beschränkte sich auf das Essen von Tofugerichten. Ich war in Seoul, einer Zehn-Millionen-Stadt, aufgewachsen und mit sechzehn Jahren nach Los Angeles gezogen. Ich hatte noch nie im Leben eine Sojapflanze gesehen, geschweige denn versucht, Soja anzubauen, ja, ich hatte noch nie selbst irgendetwas angebaut. Aber gut, wahrscheinlich musste man dazu nur ein Loch graben und den Samen hineingeben. Dachte (und hoffte) ich.

Der Stellvertreter dozierte weiter: „Das Feld ist nicht groß. In ein paar Tagen dürften Sie mit der Aussaat fertig sein. Aber Sie müssen sich beeilen, die Pflanzzeit ist schon fast vorbei. Wenn Sie dieses Jahr Bohnen ernten wollen, müssen Sie den Samen *jetzt* in den Boden bringen. Haben Sie noch Fragen?“

„Wo soll ich anfangen?“, fragte ich.

„Dort“, sagte er. Er zeigte auf die eine vordere Ecke des Feldes. „Bringen Sie den Samen in Reihen aus, eine Reihe nach der anderen, sodass Sie auf dem Feld immer höher kommen. Um zehn Uhr gibt es eine Trinkpause, um halb eins das Mittagessen und um halb vier wieder eine Trinkpause. Wenn Sie mit Ihrer Arbeit fertig sind, können Sie um achtzehn Uhr zurück in Ihre Zelle, wenn nicht, bleiben Sie draußen, bis Sie fertig sind. Und jetzt los, fangen Sie an!“

Ich trat zu den Geräten. Die drei Wächter verteilten sich so um mich, dass sie ein Dreieck bildeten. Einer klopfte auf den Lauf seiner Waffe, so, dass ich es mitbekam. Ich befestigte den Saatgutbeutel an dem Holzgestell und hievte es mir auf den Rücken. Das plötzliche Gewicht traf das wehe Stück auf meinem Rücken, sodass ich schmerzlich zusammenzuckte, aber ich sagte nichts und versuchte, mir nichts anmerken zu lassen.

Dann nahm ich die Hacke in die Hand und ging zu der Stelle, wo ich anfangen sollte. Die Sonne war noch nicht heiß, aber ich merkte, dass es ein sehr warmer Tag werden würde. Ich schwitzte schon und dabei hatte ich noch gar nicht mit meiner Arbeit angefangen. Ich betete stumm darum, dass ich dies hier nicht die nächsten fünfzehn Jahre würde tun müssen.

Zunächst setzte ich das Gestell mit dem Saatgutbeutel ab und musterte ein paar Augenblicke den Boden. Was jetzt? Der Boden war hart und trocken, hier und da sah man Gras und Unkraut. *Bringen Sie den Samen in den Boden,* hatte es geheißen. Da mir nichts Besseres einfiel, nahm ich die Hacke und begann, die Erde aufzugraben. Als ich ein kleines Loch fertig hatte, das eine Handbreit tief sein mochte, langte ich in den Beutel, nahm eines der Samenkörner, ging auf die Knie und legte es vorsichtig in das Loch. Dann schob ich mit den bloßen Händen die Erde zurück.

Als ich wieder aufstand, sah ich, wie die Wächter mich anstarrten. „Was machen Sie denn da?“, fragte der eine.

„Wie meinen Sie das, Sir?“, erwiderte ich. Ich musste die Wärter mit *Sir* anreden, obwohl sie alle drei mindestens fünfzehn Jahre jünger waren als ich. Einer schien ungefähr so alt zu sein wie mein Sohn.

„Na, Sie sehen aus, als ob Sie so was noch nie gemacht hätten“, sagte der Wächter.

„Das habe ich auch nicht, Sir.“

Alle drei lachten los. „Jetzt kommen Sie, 103“, sagte der Zweite. „Mal im Ernst, was machen Sie da für einen Unfug?“

„Ich mache keinen Unfug, Sir, ich versuche, diese Samen zu pflanzen."

„Haben Sie noch nie in der Landwirtschaft gearbeitet?", fragte der Erste.

„Nein, Sir. Nie."

Alle drei lachten ungläubig. „Und wovon haben Sie dann gelebt?", fragte der Dritte. „Wie kann jemand überleben, der keine Ahnung von Landwirtschaft hat?"

„Wo ich herkomme", sagte ich, „machen die Landwirte die ganze Landwirtschaft, so wie Fischer fischen und Zimmerleute Häuser bauen."

„Wie können ein paar Landwirte genug Lebensmittel für alle anbauen?", fragte einer der Wärter. Es war offensichtlich, dass er mir nicht glaubte.

„Nun, die Farmen sind sehr groß und die Farmer haben Traktoren und Pflüge und andere Maschinen. Mit den richtigen Maschinen braucht es nicht sehr viele Menschen, um große Mengen an Lebensmitteln anzubauen", erklärte ich.

Die Wächter schauten mich an, als ob ich der Mann im Mond wäre.

„Und womit verdienen *Sie* sich dann Ihren Lebensunterhalt?", fragte der Zweite.

„Mit Reden, Sir. Ich bin ein Pastor und Missionar. Ich verdiene mir mein Brot, indem ich zu den Menschen rede."

Die Wächter schauten sich an. So etwas Verrücktes schienen sie noch nie gehört zu haben. „Soll das heißen, Sie sprechen etwas in ein Mikrofon oder so?", sagte der Erste in spöttischem Ton. „Davon leben Sie?"

„Ja, Sir“, antwortete ich. „Ich brauche bei uns keine landwirtschaftlichen Kenntnisse. Ich muss mir mein Essen nicht selber ziehen oder fangen. Ich gehe einfach in den nächsten Supermarkt und kaufe mir, was ich brauche.“

Ich hätte ihnen genauso gut erklären können, dass in Amerika jede Nacht die Vögel in die Häuser flogen und Tüten mit Lebensmitteln brachten; gut möglich, dass sie mir das sogar eher abgenommen hätten. Die drei sahen sich wieder an. Dann sagte der Erste: „Genug geredet. Gehen Sie wieder an Ihre Arbeit.“

Ich grub mit der Hacke das nächste Loch und bückte mich, um ein Samenkorn hineinzulegen. Als ich das ein paar Mal wiederholt hatte, sagte der zweite Wärter, ein junger, dünner Kerl: „Schluss mit diesem Unsinn, 103! Ich werde Ihnen zeigen, wie man's richtig macht, sonst sind Sie im Herbst noch nicht mit der Aussaat fertig!“

Er nahm mir die Hacke ab und grub mit ihr einen flachen Graben, der über die ganze Breite des Feldes lief. „So macht man das, 103.“ Die Hacke schien mit seinem Arm verwachsen zu sein; seine Bewegungen waren rasch und geschmeidig. „Als Nächstes lassen Sie die Samenkörner reinfallen – *so*, in diesem Abstand.“ Er hielt seine Hände etwa dreißig Zentimeter auseinander. „Und danach bedecken Sie die ganze Reihe wieder mit Erde. Meinen Sie, dass Sie das schaffen?“

„Ja, Sir, doch“, entgegnete ich. Ich langte in den Beutel und holte eine Handvoll Sojasamen heraus. Dann ging ich auf die Knie und legte die Körner in dem angegebenen Abstand in den Graben.

Der Wächter schüttelte den Kopf. „Das müssen Sie im Stehen machen."

Also gut, ich versuchte es im Stehen. Kein einziges Samenkorn landete in dem Graben, und anschließend lag ich wieder auf den Knien, klaubte die Körner aus dem Unkraut heraus und legte sie in den Graben, bevor ich sie mit Erde bedeckte.

Wohl zwei Stunden lang versuchte ich, die Sojabohnen so auszusäen, wie der eine Wächter es mir gezeigt hatte. Der Erfolg war mäßig. Mein Rücken und meine Hände taten mir schon weh und dabei hatte mein Arbeitstag erst angefangen. Zum Glück gab es um zehn Uhr die kurze Trinkpause. Um elf war Wachablösung und die nächsten drei Wächter kamen. Auch sie waren in voller Uniform und auch sie bildeten ein Dreieck um mich herum.

Um halb eins befahl man mir, das Mittagessen einzunehmen. Ich tat dies in meiner Zelle, wo keine Sonne war. Ich hatte einen Bärenhunger von der Schufterei, aber die Portionen waren nicht größer als am Tag zuvor. Es gab etwas Nudeln, ein kleines Ei und ein bisschen Gemüse. Mein durchgeschwitztes Hemd klebte mir am Rücken. Ich glaube, das Stillsitzen ließ meinen Rücken noch mehr schmerzen als die Arbeit auf dem Sojafeld. Wenn ich arbeitete, war mein Körper wenigstens in Bewegung, aber sobald ich mich setzte, versteiften sich meine Muskeln, mein Rücken fühlte sich wie in einem Schraubstock an und mein ganzer Körper wie ein nasser Sack.

Vor mir lagen weitere vier Stunden auf dem Feld.

Um halb zwei fing ich wieder an, den Boden mit meiner Hacke zu bearbeiten. Hinter einem hohen Zaun lag ein anderes Feld, auf dem mehrere junge Männer arbeiteten, die meisten mit nacktem Oberkörper. Einige erkannte ich wieder; es waren die Wärter, die mich am Vormittag bewacht hatten. Dass auch sie auf dieser Farm arbeiteten, war nur logisch. Überall in Nordkorea hatte man sie mir vorgepredigt, die Lehre von der *Juche* (totale Selbstversorgung). Von jedem Bürger wurde erwartet, dass er selbst für seine Bedürfnisse sorgte. Offenbar diente das zweite Feld der Versorgung der Gefängniswächter.

Eigentlich war es richtig komisch: Morgens bewachten diese Männer mich, damit ich auch bestimmt die Arbeit verrichtete, die die Strafe für meine „Verbrechen" gegen den Staat war. Nachmittags mussten sie dieselbe Arbeit tun, nur dass es für sie keine Strafe war. In der prallen Nachmittagssonne Sojabohnen aussäen war für sie eine der Belohnungen, die das *Juche*-System mit sich brachte. Ich fragte mich, ob auch sie diese ungewollte Komik sahen.

Je heißer die Nachmittagssonne herunterbrannte, umso langsamer wurde ich. Wenn ich das nächste Stückchen Feld aufgehackt hatte, konnte ich kaum wieder den Rücken gerade machen, und wenn ich die nächsten Samen auf den Knien in die Erde gelegt hatte, wollten meine Beine mich nicht wieder nach oben heben.

Ich musste denken: *Erwarten die im Ernst, dass ich das die nächsten fünfzehn Jahre mache? Das überlebe ich nicht, das wissen die ganz genau.*

*Aber das werden die auch nicht machen, mich hier*

*draußen kaputt machen. Mit einem toten Mr Bae können sie die USA nicht mehr unter Druck setzen.*

*Und jetzt weiß ich ja auch, dass mein Land dabei ist, etwas zu unternehmen, damit ich zurück nach Hause kann. Vielleicht ist es in einem Monat so weit.* Und ich begann im Kopf den neuen 30-Tage-Countdown.

Der nächste Schichtwechsel der Wärter kam. Die neue Mannschaft bildete das nächste Dreieck um mich herum; alle versuchten sie, ihre beste Drohmiene aufzusetzen. Die Sonne war heiß und die Luft stand fast still. Ich sah, wie der Schweiß über die Gesichter der Wächter strömte, und ich merkte: *Für die ist das genauso ein Elend wie für mich.*

Ich hielt mich nicht für einen so gefährlichen Kriminellen, dass es drei Männer brauchte, um mich zu bewachen. Aber vielleicht hatten die auch nichts anderes zu tun. Wenn ich mich nicht täuschte, war ich der einzige Gefangene im ganzen Arbeitslager.

Um mir die Zeit besser zu vertreiben, fing ich an, christliche Lob- und Danklieder zu singen. Die meisten sang ich auf Englisch, aber es waren auch ein paar koreanische dabei. Als es schon Spätnachmittag war und ich allmählich zweifelte, ob ich am Abend noch lebendig wäre, begann ich, das Spiritual „Swing low, sweet chariot, comin' for to carry me home" zu singen. Ich wünschte mir, dass Gott, wie einst bei Elia, einen feurigen Wagen schicken würde, um mich zu sich zu holen. Ich war bereit.

Dann war es endlich achtzehn Uhr und der (so fand ich) längste Tag meines Lebens war zu Ende. Ich hatte mein Arbeitssoll für den Tag nicht erfüllt; ich hatte nur ein paar Reihen geschafft. Obwohl er mir gesagt hatte, dass ich draußen auf dem Feld bleiben müsste, bis ich mit meinem Tagessoll fertig war, ließ der Stellvertretende Lagerleiter Gnade vor Recht ergehen. Soweit ich mich erinnere, musste ich in all den Monaten, die ich auf dem Feld arbeitete, nur ein oder zwei Mal Überstunden machen.

Ich ging zurück in meine Zelle. Ich hatte nur noch einen Gedanken: ins Bett und schlafen. Mein Abendessen, das im Wesentlichen das Gleiche war wie alle Mahlzeiten bisher, wartete schon auf mich.

Sobald ich fertig gegessen hatte, nahm ich Kurs auf mein Schlafzimmer. Der Wächter stoppte mich. „Wo wollen Sie hin? Es ist noch nicht Zeit zum Schlafen. Setzen Sie sich dorthin." Er wies auf den Stuhl vor dem Schreibtisch. „Schalten Sie den Fernseher nicht aus. Wenn Sie wollen, können Sie auch lesen."

Da ich zu müde zum Lesen war, versuchte ich, mich auf den Fernseher zu konzentrieren. Der Bildschirm war voller Störungen, die Farben kamen und gingen. Ich versuchte, ein anderes Programm zu finden, aber es gab nur das staatliche Erste Programm. Ich stieß einen langen Seufzer aus. Kein ausländischer Film, keine Abwechslung. Hier gab es nur die ewige Propaganda, die die wunderbaren Führer des Landes bis in den Himmel rühmte. Ich war zu müde, um mich darüber aufzuregen. Ich wollte nur eines: mich endlich hinlegen können.

Endlich, endlich war es zweiundzwanzig Uhr und der Wächter an meiner Tür verkündete, dass ich jetzt ins Bett durfte. Ich fiel buchstäblich ins Bett und schlief auf der

Stelle ein. Noch nicht einmal das grelle Licht an der Decke nahm ich wahr.

Ich schlief wie ein Stein bis etwa sechs Uhr am nächsten Morgen. Nach dem kurzen Frühstück verbrachte ich die nächste Stunde mit Bibellesen, Singen und Beten, bevor man mich nach draußen führte, um meinen nächsten Tag als Landarbeiter zu beginnen. Allein schon aufzustehen und nach draußen zu gehen, war seelische Schwerarbeit für mich. Meine Knochen taten mir weh, aber meine Seele noch mehr, und ich musste denken: *Wenn du das hier überleben willst, musst du die ganze Waffenrüstung Gottes anlegen.*

Gedacht, getan. Ich ging auf das Feld, nahm meine Hacke und machte weiter mit meiner Soja-Aussaat, dort, wo ich am Tag zuvor aufgehört hatte, und während ich hackte und grub, sagte ich mir innerlich Epheser 6,13–17 auf. Ich ging jeden einzelnen Teil der geistlichen Rüstung Gottes durch und legte ihn innerlich an. Bald trug ich den Gürtel der Wahrheit, den Brustpanzer der Gerechtigkeit, den Helm der Erlösung und den Schild des Glaubens. Ich schaute auf meine Hacke und stellte mir vor, dass sie das Schwert des Heiligen Geistes war. Mit jedem Teil der Rüstung wuchs meine Kraft. Von diesem Tag an verließ ich nie meine Zelle, ohne zuerst die volle Waffenrüstung Gottes anzulegen, um mich auf die geistlichen Kämpfe vorzubereiten, die auf mich warteten.

Der zweite Tag auf dem Feld war mehr oder weniger wie der erste. Ebenso der dritte Tag, der vierte und so weiter und so fort. Die einzige Abwechslung war der Tag, wo ich nicht säen, sondern düngen musste. Mir gefiel das

Säen besser. Der Dünger war mit getrockneten Blättern und Wasser verlängerter Schweinemist. Ich trug ihn mit meinem Holzgestell auf das Feld, wobei ich versuchte, zwei Eimer der stinkenden Mixtur auf einmal zu tragen. Das meiste verschüttete ich; die Wärter wiesen mich schließlich an, nur einen Eimer auf einmal zu tragen.

Der Gestank war unbeschreiblich. So etwas hatte ich in meinem ganzen Leben noch nicht gerochen.

Ich sang immer mehr während meiner Arbeit. Die Lieder ließen es in meiner Seele heller werden und die Zeit schneller vergehen. An den meisten Tagen sang ich Lob- und Danklieder. An einem Nachmittag packte mich die Anbetung meines Herrn und Heilandes so, dass mein Gesicht zu strahlen begann. Ich war schweißüberströmt, mein Rücken tat mir weh, meine Knie ebenfalls, aber innerlich stand ich vor Gottes Thron. Schließlich rief mir einer der Wächter zu: „He, 103, Sie sind ein Gefangener! Warum sehen Sie aus, als ob Ihnen das hier mehr Spaß macht als uns? Hören Sie auf!"

~

In meiner ersten Woche im Arbeitslager besuchte mich der schwedische Botschafter. „Es ist Hilfe unterwegs", versicherte er mir. „Ihre Regierung arbeitet daran, Sie nach Hause zu holen. Halten Sie durch. Mein Büro setzt gerade alle Hebel in Bewegung, damit Sie hier rauskommen und in ein Krankenhaus verlegt werden. Ihre Mutter hat uns Ihre Krankenakte gemailt, die wir gleich an den Lagerarzt weitergeleitet haben. Wir hoffen, bald von ihm zu hören."

Er hatte weitere Briefe von zu Hause dabei. Meine Schwester schrieb mir, dass sie, meine Mutter und meine Frau für mich Entschuldigungsschreiben an die nordkoreanische Regierung geschickt hatten. Meine Schwester und mein Sohn hatten auch an US-Außenminister John Kerry geschrieben und ihn gebeten, sich dafür einzusetzen, dass ich nach Hause konnte. Mein Sohn hatte sogar an Präsident Obama geschrieben.

In dieser ersten Woche hatte ich auch einen Besucher, den ich noch nie gesehen hatte. Er stellte sich mir als der Politoffizier des Lagers vor, also als der Mann, der die Gefangenen auf dem geraden Pfad der wahren politischen Lehre halten sollte. Jeden Samstag kam er ins Lager und leitete die sogenannte *politische Stunde.* In Nordkorea ist die politische Stunde so etwas Ähnliches wie der Kirchgang, nur dass es bei ihr nicht um die Bibel geht, sondern um das Studium und Auswendiglernen der neuesten Rede von Kim Jong-un oder irgendwelcher Stellen aus den Schriften von Kim Il-sung und Kim Jong-il.

Im Lager hatte jeder einen militärischen Rang, auch der Politoffizier, der ein Oberst war. Damit war er ranggleich mit dem Lagerleiter, obwohl ich sicher war, dass der Politoffizier mehr Macht hatte. Anders als andere hochrangige Beamte und Militärs war er sehr schlank und machte einen sehr intelligenten Eindruck. Er stellte sich als Absolvent der Kim-Il-sung-Universität vor, worauf er sehr stolz zu sein schien. Er sprach leise und machte einen sanften und höflichen Eindruck.

Als er das erste Mal zu mir kam, zeigte er sich von seiner besten Seite. „Wie geht es Ihnen?“, fragte er. „Wie steht es mit Ihrer Gesundheit? Ich habe gehört, dass Sie Probleme mit dem Rücken haben. Brauchen Sie irgendetwas? Gibt es etwas, was ich für Sie tun kann?"

Auch bei den nächsten Besuchen war er ganz der Mr Freundlich, aber nach und nach merkte ich, was seine wirklichen Motive waren. Ungefähr einen Monat nach meiner Ankunft im Lager fragte er mich, als er mich wieder besuchte: „Möchten Sie gerne berühmt werden?"

Ich fragte ihn, wie er das meinte.

Er sagte: „Ich kann Ihnen Bücher über unseren Großen Führer, Kim Il-sung, geben und über unser *Juche*-System. Ich glaube, wenn Sie die lesen und gründlich über den Inhalt nachdenken, werden Sie sich uns anschließen wollen. Und wenn Sie das tun, werde ich Sie berühmt machen."

Ich musste innerlich lachen. Hier war ich als Missionar verhaftet worden und was machte dieser Politoffizier? Er versuchte, mich zu missionieren! Er war genauso ein Prediger wie ich, nur dass seine Religion *Juche* hieß.

Ich erwiderte: „Sie wissen doch, dass ich ein christlicher Missionar und Pastor bin."

„Ja, natürlich. Das wird Sie ja so berühmt machen." Der Politoffizier lächelte. „Ich glaube, wenn Sie die Wahrheit über unser System lesen, werden Sie das Licht erkennen."

„Ich habe schon meinen Gott und meinen Glauben", antwortete ich.

„Ich weiß über Ihren Glauben bestens Bescheid", sagte er in geringschätzigem Ton. „Warum glauben Sie an einen Gott, der nicht da ist, wenn Sie an etwas glauben können, das real ist? Sie können an sich selbst glauben und an den Führer."

„Ich habe kein Interesse, mich zu verändern. Außerdem bin ich mit dem *Juche*-System wohlvertraut. Als ich in Pjöngjang war, haben sie mir ein paar Bücher darüber gegeben."

Der Politoffizier ließ nicht locker. „Sagen Sie mir Bescheid, wenn Sie mehr wissen wollen, dann bringe ich Ihnen einige Bücher für Ihr Studium mit", meinte er.

Mindestens einmal pro Woche kam er mich besuchen. Oft unterhielten wir uns über unser Verständnis von der Wahrheit. Er sagte mir, dass er das Christentum an der Universität studiert hatte. Er fand es lustig, dass es Menschen gab, die noch im 21. Jahrhundert auf diesen Quatsch, wie er es nannte, abfuhren. Ich erwiderte ihm, dass über drei Viertel der Menschen in der Welt an irgendein höheres Wesen glauben und dass ein Drittel an den Gott der Christen glaubt. Nordkorea ist das einzige Land in der Welt, wo die Menschen nicht an einen übernatürlichen Gott glauben, sondern ihren „Führer" für Gott halten und *Juche* für die einzig wahre Lehre. Doch der Politoffizier ließ sich nicht davon abbringen, dass das, was *er* glaubte, die große Wahrheit war.

Bei seinen Besuchen brachte der Politoffizier mir auch kleine Geschenke mit, die meinen Alltag erträglicher machten. Zum Beispiel Toilettenpapier. Ich fragte mich, warum er das machte; für so etwas Einfaches wie Toilettenpapier war ja wohl das Arbeitslager zuständig. Nun, ich bekam die Antwort, als das Papier, das der Politoffizier mir mitgebracht hatte, verbraucht war. Ich bat die Wächter um neues Toilettenpapier, und sie brachten mir eine Rolle bräunliches, sehr grobes Papier, das mich an die billigen Papierhandtücher in den öffentlichen Toiletten zu Hause erinnerte. Erst jetzt merkte ich, dass ich bisher dasselbe Luxus-Toilettenpapier benutzt hatte, das in Nordkorea nur hohe Parteimitglieder und die Crème de la Crème bekommen.

Mich zur *Juche*-Ideologie zu bekehren war nie ein Thema für mich, aber im Untersuchungsgefängnis in Pjöngjang hatte ich viele nordkoreanische Bücher gelesen, unter anderem auch die achtbändigen Memoiren von Kim Il-sung aus seinen Tagen als Revolutionär. Sechs der Bände hatte er selbst geschrieben, die übrigen zwei hatte ein anderer Autor anhand von Kims Notizen und Aufzeichnungen zusammengestellt. Ich hatte alle acht gelesen, während ich auf meinen Prozess wartete. Ich hatte den Film so oft gesehen, dass ich fand, ich sollte auch die Bücher lesen. Außerdem las ich Kim Jong-ils Zusammenfassung des *Juche*-Systems. Diese Bücher boten mir einen Einblick in den Glauben und das Weltbild der Nordkoreaner, den ich auf andere Weise nie hätte bekommen können. Wenn es mir je gelingen sollte, mit einem Nordkoreaner ein fundiertes Gespräch über den einen wahren Gott zu führen, dachte ich, musste ich sein System und sein Gottesbild kennen.

~

Seit dem 14. Mai 2013 war ich im Arbeitslager. Gut einen Monat später, Ende Juni, bekam ich Besuch vom Generalstaatsanwalt.

„Es sieht so aus, als ob Sie Ihrer Regierung egal sind“,

sagte er. „Sie verhält sich nicht so wie 2009, als die beiden Reporterinnen hier waren. Da ist Präsident Clinton persönlich gekommen, um sie abzuholen. Ich weiß das, weil ich damals die Anklage vertreten habe. Aber diesmal ist kein Clinton gekommen, es ist überhaupt niemand für Sie gekommen. Vielleicht ist das deswegen so, weil Sie kein richtiger Amerikaner sind."

„Was soll das heißen?", sagte ich. „Ich bin amerikanischer Bürger."

„Ja, schon, aber Sie sind ein Asiat und kein Weißer."

„Die beiden Reporterinnen waren auch Asiaten. Ich sehe nicht, was daran wichtig sein sollte."

„Es ist wichtig", sagte der Staatsanwalt, „weil Ihr Fall offenbar anders verläuft. Vielleicht haben Sie auch nicht genug unternommen, um Ihre Regierung vom Ernst Ihrer Lage zu überzeugen." Er holte einen kleinen Stapel Papier aus seiner Aktentasche. „Sie müssen weitere Briefe an Ihre Verwandten schreiben, in denen Sie sie anweisen, sich mehr für Sie einzusetzen. Sie müssen dabei sehr deutlich werden. Sie müssen ihnen zeigen, wie verzweifelt Ihre Situation ist, sonst sind Sie womöglich immer noch hier, wenn ich in Pension gehe."

Ich musste denken: *Klar, so läuft das.* Der Generalstaatsanwalt war doch derjenige gewesen, der die „milden" fünfzehn Jahre für mich beantragt hatte.

Dieses Gespräch zeigte mir sehr klar: Er hatte in Wirklichkeit nicht vorgesehen, dass ich lange in diesem Lager blieb. Meine Verhaftung, mein Prozess, meine Verurteilung – es war nichts anderes als eine Machtdemonstration, ein Versuch, es den USA und dem Rest der Welt zu zeigen. Mehr denn je war ich davon überzeugt, dass ich nur noch ein paar Wochen in dem Arbeitslager sein würde. Jeder andere Amerikaner, der in Nordkorea verhaftet worden war, war nach ein paar Wochen oder höchstens Monaten freigekommen. Ich wusste: Meine Zeit würde bald kommen.

Und nach wie vor glaubte ich an Gottes Verheißung, dass er mich nach Hause bringen würde, ohne dass mir oder jemand anderem etwas geschah. Ich klammerte mich wie ein Ertrinkender an dieses Versprechen.

Obwohl ich bezweifelte, dass eine neue Briefoffensive etwas bringen würde, schrieb ich die Briefe – je einen an meine Frau, meine Mutter und meine Schwester. Es waren schon so viele Briefe an die höchsten Regierungsstellen in den USA geschrieben worden, bis hin zum Präsidenten persönlich, und ich sah nicht, wie ein Brief mehr das Engagement dieser Personen noch steigern konnte. Andererseits konnte ich durch diese Briefe meiner Familie signalisieren, dass ich weiter wohlauf war. Ich wusste, dass sie sich danach sehnten, von mir zu hören; was mussten sie sich Sorgen machen!

Ich schrieb die Briefe also und der Generalstaatsanwalt brachte sie zur Post. Am Abend dieses Tages ließ ich die nächste Runde Fernsehpropaganda über den wunderbaren Großen Führer über mich ergehen. Am folgenden Tag wachte ich um sechs Uhr auf und war kurz vor acht wieder draußen auf den Feldern.

Das war mein neuer Tagesablauf. So sah mein Leben jetzt aus.

Wie lange würde das so gehen? Ich wusste es nicht, außer, dass es nicht länger sein konnte als fünfzehn Jahre. Ich betete darum, dass es keine fünfzehn Tage mehr wären.

# 15. Mein Fall kommt in die Medien

*Danket dem Herrn Zebaoth; denn er ist freundlich, und seine Güte währet ewiglich.*
(Jeremia 33,11)

Bisher hatte ich nicht gewollt, dass mein Fall in die amerikanischen Medien kam. Ich hoffte, dass sich alles so still und leise wie möglich regeln lassen würde, damit ich später wieder nach Nordkorea kommen und meine Arbeit dort fortführen konnte. Heute, im Rückblick, ist mir klar, dass diese Hoffnung unrealistisch war, aber meinen ganzen Prozess hindurch hielt ich an ihr fest. In meinen Briefen und Telefonaten bat ich meine Familie, sich nicht an die großen Nachrichtensender zu wenden. Es gab natürlich Medienberichte über meine Verhaftung, und einige Monate vor meinem Prozess machte der Nordkorea-Besuch von Bill Richardson, dem ehemaligen Gouverneur von New Mexico, Schlagzeilen, aber meine Verwandten verhielten sich ruhig; sie gaben keine Interviews und machten keine öffentlichen Äußerungen über meinen Fall.

Dann veröffentlichten die Nordkoreaner die Nachricht von meiner Verurteilung über ihre staatliche Nachrichtenagentur. Bald kam sie in den internationalen Medien, darunter vielen Kabelnachrichtensendern, der *BBC* und der *New York Times*. Kommentatoren erklärten das Urteil zu einem Schachzug, der die USA zu Verhandlungen über die Anerkennung Nordkoreas als legitimer Atommacht zwingen sollte. Ich sei jetzt ein Bauer auf dem diplomatischen Schachbrett, hieß es.

Da gaben meine Verwandten ihre Zurückhaltung gegenüber den Medien auf, denn meine Situation war jetzt sowieso in den Medien. Heute bin ich darüber sehr froh.

Die US-Regierung weigerte sich jedoch, das nordkoreanische Spiel mitzumachen. Ein Sprecher des Außenministerium, Patrick Ventrell, berief eine Pressekonferenz ein, in welcher er von der nordkoreanischen Regierung meine sofortige Begnadigung und Freilassung forderte.

Am Tag nach der Urteilsverkündung trat meine Schwester Terri zum ersten Mal in der CNN-Nachrichten-Talkshow *Anderson Cooper 360°* auf. Sie sagte zum Moderator Anderson Cooper: „Wir beten für Kenneth und wir appellieren an die Führenden beider Nationen, ihn bitte einfach als Mensch zu sehen, der zwischen die Fronten geraten ist. Er ist Vater von drei Kindern und wir bitten einfach darum, dass er zurück nach Hause darf."[1]

Terri wurde das Gesicht der Kampagne für meine Frei-

---

[1] Dana Ford/Jethro Mullen/K.J. Kwon, „‚He's Not a Spy,' Says Sister of U.S. Man Sentenced in North Korea", CNN, 3. Mai 2013, http://www.cnn.com/2013/05/02/world/asia/north-korea-american-sentenced

lassung und meine Stimme in der Welt. Sie schrieb einen großen Artikel für die *Seattle Times,* kontaktierte führende Politiker – unter anderem Expräsident Carter, Expräsident Clinton, Hillary Clinton und Exaußenministerin Madeleine Albright – und gab jedem, der wollte, Interviews. 2014 reiste sie zweimal nach Washington, D.C., und hatte sogar einen Termin im Weißen Haus. Sie sprach mit Mitgliedern des Nationalen Sicherheitsrats der USA sowie mit Wendy Sherman, einer ranghohen Mitarbeiterin im State Department. Bei einem zweiten Besuch trug sie meinen Fall US-Außenminister John Kerry vor.

Terri war nicht die Einzige, die sich für mich verwandte. Meine Familie begann eine eigene Initiative zu meiner Freilassung. Mein Sohn Jonathan startete im Internet unter Change.org eine Petition, in der Nordkorea zu meiner Begnadigung aufgerufen wurde. Die Petition wurde von 177.552 Personen unterzeichnet.[2] Bobby Lee, ein Studienfreund von mir, richtete eine Website ein und gründete eine Facebook-Gruppe, um meinen Fall publik zu machen. Die Website wurde später von Terris Collegekollegin Laura Choi und deren Mann Isaac weitergeführt. Sie stellten die neuesten Nachrichten über mich ins Internet und baten die Besucher der Website darum, das State Department, den Kongress, das Weiße Haus und

---

[2] Jonathan Bae, „Amnesty for My Father Kenneth Bae, a U.S. Citizen Imprisoned in a North Korean Special Labor Camp“, Change.org, besucht am 4. Dezember 2015, https://www.change.org/p/amnesty-for-my-father-kenneth-bae-a-u-s-citizen-imprisoned-in-a-north-korean-special-labor-camp

alle anderen wichtigen Stellen, die sie kannten, aufzurufen, sich für meine Freilassung einzusetzen. Euna Lee und Laura Ling starteten eine Briefkampagne für mich; sie erinnerten sich noch gut, was die Briefe ihnen bedeutet hatten, die sie erhielten, als sie selbst viereinhalb Monate in Nordkorea inhaftiert waren.

Selbst Basketballstar Dennis Rodman trat in Aktion. Nachdem er in der *Seattle Times* von meinem Fall gelesen hatte, twitterte er im Internet: „Ich bitte hiermit den Großen Führer Nordkoreas – oder ‚Kimi', wie ich ihn nenne –, mir einen Gefallen zu tun und Kenneth Bae freizulassen."[3] Über Dennis Rodman werde ich später noch mehr erzählen. Ich bin ihm nie persönlich begegnet, und während der späteren Phase meiner Haft sagte er ein paar Dinge, die meine Familie sehr überraschten und verletzten, aber damals, im Mai 2013, waren meine Verwandten und Freunde dankbar für jeden, der den Mund für mich aufmachte. Alles, was zu meiner Freilassung beitrug, war ihnen mehr als willkommen.

~

Ich bekam von all dem natürlich nichts mit. Im Arbeitslager gab es kein Kabelfernsehen und weder ich noch sonst jemand hatte Zugang zum Internet. Der schwedische Botschafter berichtete mir zwar, dass meine Schwester in einer CNN-Sendung meine Freilassung gefordert

---

[3] Dennis Rodman, Twitter vom 7. Mai 2013, @dennisrodman, https://twitter.com/dennisrodman/status/331826019747127297

hatte, aber das war alles, was ich wusste. Was mich betraf, hätte der ganze Medienzirkus genauso gut auf dem Mars stattfinden können. Ich blieb der Gefangene Nr. 103, der seine Tage auf dem Sojabohnenfeld verbrachte und die Abende mit Lesen, während aus dem Fernseher die glorreichen Taten des „Großen Führers“ plärrten.

Die pausenlose Propaganda setzte mir immer mehr zu und dabei ging es mir sowieso schon schlecht genug. Einmal in der Woche kam der Lagerarzt, um nach mir zu sehen. Er fragte mich immer, wie ich mich fühlte, und ich antwortete ihm ehrlich. Ich sagte ihm, dass ich starke Rückenschmerzen hatte und immer mehr an Gewicht verlor und dass mir der ganze Körper wehtat. Doch egal, was ich ihm sagte, seine Antwort war immer gleich: „Was haben Sie erwartet? Dies ist ein Arbeitslager. Natürlich tut Ihnen der Rücken weh. Wenn Sie fleißig arbeiten, wird es Ihnen besser gehen.“

Bei den meisten Besuchen gab er mir einen Teil der Medikamente, die ich brauchte, aber nicht alle. Ein paar Monate nach meiner Einlieferung machte er einen Blutzuckertest und verkündete anschließend: „Ihre Werte sind völlig normal, Sie haben keinen Diabetes mehr. Sehen Sie? Ich hatte Ihnen ja gesagt, dass die Arbeit Sie heilen wird.“ Wenn mein Diabetes wirklich besser geworden war, dann sicher nur, weil ich so viel abgenommen hatte. Wie viel es genau war, wusste ich nicht, aber meine Kleidung flatterte mir um den Leib.

Allmählich spürte ich auch die Auswirkungen meines Schlafmangels. Dass das Deckenlicht die ganze Nacht brannte, war schon schlimm genug, aber dies war nichts im Vergleich zu der Hitze und den Insekten. Wegen der enormen Wärme im Lager öffneten die Wächter die Fenster, aber diese hatten keine Fliegengitter, sodass meine Zelle tagsüber voll von Mücken, Bremsen und Fliegen war. Wenn ich abends ins Bett ging, schloss ich mein Fenster, aber das machte mein Zimmer nur noch wärmer, ohne mein Insektenproblem zu lösen. Im Laufe des Tages kamen so viele Insekten herein, dass ich den Großteil des Abends damit verbrachte, sie totzuschlagen, damit ich schlafen konnte. Es half, aber nicht viel, denn durch die Ritzen um das Fenster kamen im Laufe der Nacht die nächsten geflügelten Quälgeister; das Licht, das die ganze Nacht brannte, zog sie an. Mit lautem Summen und Sirren stürzten sie sich auf mich und machten meine Nächte zur Hölle.

Eines Nachmittags Ende Juni war ich draußen auf dem Feld, schweißüberströmt, als ich ein Kamerateam erblickte, das mich filmte. Neben dem Team stand der Generalstaatsanwalt.

„Arbeiten Sie weiter", rief er. „Kümmern Sie sich nicht um die Kamera."

Nach ein paar Minuten ließ der Kameramann seine Kamera sinken und ging in das Gebäude. Der Staatsanwalt packte mich am Arm und sagte: „Kommen Sie eben mit, 103."

Er führte mich in meine Zelle, wo auf einem Stativ bereits eine andere Kamera wartete. Neben ihr saß auf einem Stuhl eine Frau. Der Generalstaatsanwalt stellte sie mir vor. „Dies ist eine Reporterin von der Zeitung *Choson Sinbo,* die Sie gerne interviewen möchte." *Choson*

*Sinbo* ist eine pro-nordkoreanische Zeitung, die in Tokio erscheint. Der Name bedeutet wörtlich „Das Korea des Volkes".

Der Staatsanwalt fuhr fort: „Sie wird Ihnen ein paar Fragen stellen, die Sie bitte wahrheitsgetreu beantworten. Wir haben vor, dieses Video westlichen Nachrichtenagenturen zur Verfügung zu stellen. Vielleicht unternimmt dann Ihre Regierung etwas, um Sie freizubekommen."

Ich wusste genau, was der Generalstaatsanwalt mit „wahrheitsgetreu" meinte. Ich hatte das zu sagen, was in den Augen des nordkoreanischen Regimes die Wahrheit war. Wehe, ich beklagte mich in irgendeiner Weise über meine Behandlung!

„Möchten Sie, dass ich mich erst frisch mache und umziehe?", fragte ich.

„Nein, das ist schon in Ordnung. Die Reporterin wird Sie nach Ihrer Gesundheit fragen und ob Sie gut behandelt werden. Sagen Sie ihr, wie gut wir hier für Sie sorgen."

Dieser Satz war in den Augen des Generalstaatsanwalts keine Lüge. Und verglichen mit dem durchschnittlichen nordkoreanischen Lagerhäftling war ich ja auch in einem Vier-Sterne-Hotel.

Der Staatsanwalt fuhr fort: „Vergessen Sie auch nicht, Ihre Regierung zu bitten, sich mehr für Sie einzusetzen. Dieses Interview soll ihrem Gedächtnis auf die Sprünge helfen."

„Ich verstehe", sagte ich. Ich überlegte einen Augenblick, was ich sagen konnte und was nicht. Ich inspizierte auch verstohlen meine Arme. Meine Sträflingsuniform war verdreckt und saß mehr schlecht als recht. Vor einem Monat hatte ich sie noch ausgefüllt; jetzt schlackerte sie mir um den Leib. Und vor ein, zwei Tagen war ich auch wieder kahl rasiert worden. Ich hasste es, wenn der Friseur kam; es zeigte mir, dass ich doch noch nicht so bald freikam.

Was würde meine Familie denken, wenn sie mich so sah?

Die Reporterin fing an. „Mr Bae, wie ist das Leben im Lager für Sie? Ist es erträglich?"

Ich antwortete: „Doch, das Leben ist erträglich. Ich arbeite meistens auf dem Feld, vom Morgen bis zum Abendessen, acht Stunden am Tag. Da ich noch nie in der Landwirtschaft gearbeitet hatte, ist dies etwas Neues für mich. Aber die Leute hier nehmen Rücksicht darauf und überfordern mich nicht. Mit meiner Gesundheit steht es nicht zum Besten, da habe ich Probleme. Aber alle hier sind sehr aufmerksam und anständig zu mir. Es gibt auch Ärzte, die mich regelmäßig untersuchen." Ich erwähnte vorsichtshalber nicht, dass die Untersuchungen vor allem den Sinn hatten, dass der Arzt mir anschließend sagen konnte, dass ich mich besser fühlen würde, wenn ich noch mehr schuftete.

Ich fuhr fort: „Auch wenn meine Gesundheit nicht optimal ist, komme ich gut zurecht und bin geduldig. Und ich hoffe, dass ich mit der Hilfe der Regierungen Nordkoreas und der USA bald wieder in Freiheit sein werde."

Die nächste Frage kam: „In Ihrem Prozess haben Sie das Angebot der Demokratischen Volksrepublik Nordkorea, Ihnen einen Verteidiger zur Verfügung zu stellen, abgelehnt. Warum haben Sie das gemacht?" Die Reporterin las diese Frage von einem Zettel ab. Offenbar sollte die Frage der Welt zeigen, wie sehr die nordkoreanischen Behörden meine Rechte geachtet und mir ein faires Verfahren gegönnt hatten.

Ich antwortete: „Nun, ich hatte das, was mir vorgeworfen wurde, ja zugegeben, und da hielt ich es nicht für unbedingt notwendig, einen Verteidiger zu haben. Ich hatte meine Vergehen gestanden und mich für sie entschuldigt." Ich erwähnte nicht, dass ich diesen Verteidiger vor dem Prozess gar nicht hätte konsultieren können. Ich glaubte nicht, dass ich mir mit solchen Details etwas Gutes tun würde.

„Gibt es irgendetwas, das Sie der nordkoreanischen Regierung oder Ihrer eigenen Regierung sagen möchten?", fragte die Reporterin.

Ich sagte: „Ich weiß, dass meine Taten nicht etwas sind, was leicht vergeben werden kann, aber ich hoffe, dass die Sache sich ordnen wird, sodass ich bald wieder bei meiner Familie zu Hause sein kann. Am 4. Juli wird mein Vater siebzig und ich hoffe sehr, dass ich an diesem Tag bei ihm sein kann. Ich hoffe also, dass Nordkorea mir vergeben wird und dass die USA mehr Anstrengungen unternehmen, um mich bald hier herauszubekommen. Ich bitte beide Regierungen um ihre Hilfe."

Ich hielt inne. Der Geburtstag meines Vaters erinnerte mich an all das andere, was ich so vermisste. Meine Augen wurden feucht.

„Ich bin sein einziger Sohn ... Mein Vater ..." Meine Stimme wollte mir den Dienst versagen. „Ich hoffe wirklich, dass ich zu seinem Geburtstag bei ihm sein und ihm gratulieren kann."

Nach dem Interview ging ich zurück an meine Arbeit auf dem Feld, den Kopf voll von meinem Vater und meinen anderen Angehörigen. Ich konnte nur hoffen, dass es sie trösten würde, wenn sie mich im Fernsehen sahen. Wir hatten zwar einige Male miteinander telefoniert, aber kein Telefonat der Welt kann den Anblick des geliebten Menschen, um den man sich große Sorgen macht, ersetzen. Und ich hoffte natürlich, dass dieses Interview zu Verhandlungen zwischen Nordkorea und den USA über meine Freilassung beitragen würde.

~

Die Wochen vergingen und nichts geschah. Meine ersten Sojapflanzen kamen aus dem Boden. Da ich die Aussaat beendet hatte, verbrachte ich meine Tage damit, von Hand das Unkraut zu jäten.

Eines Tages Anfang Juli kam der Lagerleiter auf mein Feld. „Sie sind zu langsam", sagte er. „Wenn dieses Feld von unseren Leuten beackert worden wäre – wir wären schon lange fertig."

„Ich tue mein Bestes, Sir", sagte ich.

„Dann ist Ihr Bestes nicht sehr gut. Schauen Sie sich mal das Feld dort drüben an!" Er zeigte auf das Feld, das meine Wächter bearbeiteten, wenn ihre Schicht zu Ende war. „Sehen Sie, wie viel weiter unsere Sojapflanzen sind als Ihre? Und wie schön das Feld aussieht? So sollte Ihres eigentlich auch aussehen."

Gerne hätte ich ihn daran erinnert, dass seine Männer die Feldarbeit zu mehreren machten, während ich ganz allein war. Und dass mein Feld den Hang hinaufging, während ihres unten lag. Stattdessen sagte ich: „Ja, es ist ein schönes Feld, aber wenn die Ernte richtig gut werden soll, brauchen Sie Hilfe von oben."

„Wie meinen Sie das?", fragte der Lagerleiter.

„Sie brauchen Hilfe von oben – von Gott, der den Regen und den Sonnenschein schickt und alles andere, was die Pflanzen brauchen."

Der Lagerleiter lachte verächtlich. „Gott? Wir haben unsere *Juche*-Landwirtschaft, die Kim Il-sung uns hinterlassen hat. Solange wir seinen Methoden folgen, werden wir immer eine prächtige Ernte haben." Seine Stimme wurde lauter. „Wir brauchen keinen Gott, der uns hilft!" Der Mann war echt wütend, dass ich gerade Gott erwähnt und damit Zweifel am *Juche*-System angemeldet hatte.

In der folgenden Nacht wachte ich von heftigen Donnerschlägen, grellen Blitzen und dem Rauschen des Regens auf. Dann wurde das Gebäude lebendig. Ich hörte laute Rufe und hastige Schritte auf dem Flur und das Knallen der Tür, die nach draußen führte. Ich war zu müde, um aufzustehen und durch mein Fenster zu schauen. Stattdessen rollte ich mich auf die andere Seite und schlief weiter.

Am nächsten Morgen kam der Lagerleiter an meiner Zelle vorbei. Er war sichtlich aufgewühlt. Ich fragte: „Was ist passiert?"

„In der Nacht hat es einen solchen Wolkenbruch gegeben, dass das ganze Sojafeld unter Wasser steht", sagte er. „Die Ernte ist ruiniert." Dies war ein schwerer Schlag für das Lager, waren diese Bohnen doch für die Wärter und sonstigen Lagerbediensteten gedacht gewesen.

Ich ging nach draußen – und sah, dass nicht die ganze Ernte ruiniert war. Das Feld der Wächter hatte der Regen weggespült, aber mein Feld hatte er komplett verschont. Ich fühlte mich ein wenig wie die Israeliten, als die Plagen, die Gott schickte, nur die Ägypter trafen, aber nicht sie.

Ich lächelte und betete still: *Herr, du hast echt Humor! Denen hast du gezeigt, was Sache ist!*

~

Diese Erinnerung an Gottes Treue hatte ich bitter nötig, denn der Juni und Juli waren sehr harte Monate für mich. Die Tage waren so heiß, dass die Wächter nicht mehr in einem Dreieck um mich herumstanden, sondern sich an einer schattigen Stelle niederließen und mich aus der Ferne beobachteten. Ich versuchte, Gespräche mit ihnen zu beginnen, aber sie waren nicht zum Reden aufgelegt, außer um mir zu zeigen, wer das Sagen hatte.

Einmal, als es regnete, arbeitete ich drinnen im Gebäude. Ich schrubbte die Fußböden mit einer Handbürste. Dazu kniete ich auf dem Fußboden, wie Aschenputtel. Ich tauchte jeweils die Bürste in einen Wassereimer, zog sie wieder heraus und schrubbte das nächste Stückchen vom Fußboden. Danach wischte ich es mit einem Tuch trocken. Als ich vielleicht ein Drittel des Flurs vor meiner

Zelle fertig hatte, kam einer der jüngeren Wärter vorbei und schrie: „Das nennen Sie sauber? Das ist ja die reine Schlamperei! Machen Sie das noch mal!“

„Okay“, sagte ich.

Er wirbelte auf seinen Stiefelabsätzen herum. „Haben Sie vergessen, wie Sie mich anzureden haben, 103? Sagen Sie's noch mal, aber richtig!“

„Ja, Sir“, sagte ich.

„Habe ich Ihnen erlaubt zu reden?“, schnappte er.

„Entschuldigung, Lehrer. Darf ich bitte reden?“, sagte ich, immer noch auf den Knien.

„Stehen Sie auf, wenn Sie mit mir reden!“

Ich erhob mich und wiederholte: „Entschuldigung, Lehrer. Darf ich bitte reden?“ Es war ein komisches Gefühl für mich, diesen Wärter mit *Lehrer* und *Sir* anzureden, denn ich war alt genug, um sein Vater zu sein.

„Ja, Sie dürfen reden, 103.“

„Ja, Lehrer. Ich werde den Fußboden noch einmal schrubben“, sagte ich.

„Das ist schon besser, 103. Und jetzt an die Arbeit!“

Diesem jungen Mann schien es Spaß zu machen, alles, was ich tat, zu beanstanden. Er schien der geborene Nörgler und Pedant zu sein und ich konnte ihm nichts recht machen.

Gleich am Anfang hatte er klargestellt, dass er mich nicht mochte. „Sie sind Koreaner, aber Sie arbeiten für die US-Regierung. Sie sind ein Spion, nicht wahr? Wie können Sie es wagen, unserem Land das anzutun?“

Ich versuchte gar nicht erst, mit ihm zu diskutieren oder mich zu verteidigen. Mir war klar: Sein Urteil über mich stand fest, und mit noch so vielen Worten würde es mir nicht gelingen, es zu verändern. Stattdessen gab ich mir alle Mühe, meine Arbeit gut und mit der richtigen Einstellung zu tun. Ich glaubte, wenn meine Wächter sahen, dass ich nicht so war, wie sie gedacht hatten, würden ihre Herzen vielleicht auftauen.

~

Trotz der Hoffnung, die ich in dem *Choson Sinbo*-Interview geäußert hatte, kam und ging der siebzigste Geburtstag meines Vaters und ich war immer noch im Lager. Die Gefängniskleidung wurde mir immer weiter. Tag um Tag arbeitete ich in der sengenden Sonne auf meinem Feld, während die Wächter mir aus dem Schatten zusahen.

Eines Tages fragte mich einer der älteren Wärter: „Wie können Sie in Amerika leben? Dort gibt es ja nichts als Mord und Totschlag."

„Das stimmt nicht", sagte ich. „An den meisten Orten ist man völlig in Sicherheit."

„Wie können Sie so was sagen, wenn so viele Menschen erschossen und die Frauen vergewaltigt werden?"

Ich wusste, woher diese Fragen kamen. Das nordkoreanische Fernsehen bringt mit Wonne die schlimmsten Verbrechensmeldungen aus den USA. Es zeigt sie wieder und wieder und redet den Zuschauern ein, dass dies die Realität für den Durchschnittsamerikaner ist.

Ich fuhr fort: „Es gibt ein paar Orte, die gefährlich sind, aber das sind Ausnahmen. Als ich in St. Louis wohnte, das mitten in Amerika liegt, habe ich nie meine Haustür abgeschlossen.“ Der Wächter hatte natürlich noch nie etwas von St. Louis gehört, aber ich erwähnte die Stadt trotzdem.

Der Wächter fragte: „Und wie haben Sie dort gewohnt? Hatten Sie eine Wohnung? Oder ein Haus?“

„In St. Louis hatte ich eine Wohnung, aber als wir in Atlanta wohnten, wohnten wir in unserem eigenen Haus. Und in beiden Städten hatte ich ein Auto.“

Die beiden anderen Wächter, die unser Gespräch mithörten, schienen zu glauben, dass ich meinen Verstand verloren hatte. „Sie hatten ein Haus und ein Auto? Wie ist das möglich?“, fragte der eine in ungläubigem Ton.

„Nun“, sagte ich, „in Amerika kann man Sachen auf Kredit kaufen; so nennen wir das. Man kauft ein Auto und fährt damit nach Hause und dann bezahlt man jeden Monat etwas für das Auto, bis es abbezahlt ist.“

„Wie können Sie in Amerika etwas bezahlen?“, fragte der erste Wächter. „Da sind doch alle arbeitslos und neunzig Prozent der Menschen leben auf der Straße.“

„Das stimmt nicht“, sagte ich. „Die meisten Menschen in den USA haben ihr eigenes Auto und ihre eigene Wohnung oder Haus, es sei denn, sie wollen keines.“

„Unsere Regierung gibt uns alles, was wir brauchen“, sagte der dritte Wärter. „Sie baut die Häuser und lässt uns darin wohnen.“ Ich sah, wie die beiden anderen ihm einen Blick zuwarfen, der so viel sagte wie: *Halt den Mund.* Ich wusste: Was er da sagte, stimmte nicht mehr. Früher hatten die meisten Nordkoreaner in vom Staat erbauten Häusern gewohnt, aber das war längst anders geworden. Jetzt mussten die Menschen selbst für ihre Wohnung sorgen, was die meisten sich nicht leisten konnten, mit der Folge, dass mehrere Generationen sich in einem kleinen Haus oder einer Wohnung drängten.

„Aber jetzt haben wir genug geredet", sagte der erste Wächter. „Gehen Sie wieder an Ihre Arbeit, 103. Sie sind schon so langsam genug, da wollen wir Ihre Zeit nicht noch mit Reden vertrödeln."

~

Der Juli verging. Es hatte mich deprimiert, dass ich meinen Vater nicht zu seinem Geburtstag besuchen konnte, und jetzt, am 1. August, war mein eigener Geburtstag. Ich ging wie immer hinaus auf mein Feld. Es fiel mir nicht leicht, so zu tun, als ob dies ein Tag wie jeder andere wäre. An meinem letzten Geburtstag, den ich in Dandong gefeiert hatte, hatten meine Teammitglieder mich mit einem richtigen Fest überrascht, komplett mit Geburtstagskuchen und allem anderen. Hier, in dem Lager, wusste keiner, dass ich Geburtstag hatte, oder es war ihnen egal. Eigentlich hätte es auch mir egal sein sollen, aber Geburtstage haben etwas an sich, das mich immer sentimental macht.

Ich war vielleicht zwei Stunden draußen auf dem Feld gewesen, als der Stellvertretende Lagerleiter mich zurück in meine Zelle rufen ließ. Nanu, was war das? War vielleicht die *Choson Sinbo*-Reporterin wieder da, zum nächsten Interview?

In meiner Zelle erwartete mich der Politoffizier. „Herzlichen Glückwunsch zum Geburtstag!", sagte er. „Entschuldigen Sie, dass ich erst so spät komme. Hier brauchen Sie an Ihrem Geburtstag nicht zu arbeiten. Sie haben für den Rest des Tages frei."

„Danke", sagte ich.

„Ich habe Ihnen auch etwas mitgebracht", fuhr er fort. Er öffnete seine Aktentasche und zog eine Packung Instant-Ramen-Nudeln heraus – ein Nudelersatz, den die Koreaner traditionell an ihrem Geburtstag essen – sowie etwas Brot und Limonade. „Ich hoffe, Sie haben einen schönen Tag. Heute wird Ihre Familie ja ganz besonders an Sie denken und Sie an sie, und da wollte ich Ihnen eine kleine Freude machen."

Während dieser kleinen Rede war auch der Lagerleiter hereingekommen. Er sah mich an und sagte: „Das hat der Genosse Politoffizier alles mit seinem eigenen Geld gekauft."

Ich war gerührt, fragte mich allerdings, was die Motive des Politoffiziers waren. Wollte er mich durch seine kleinen Aufmerksamkeiten bekehren? Egal, ich war dankbar, dass ich an so einem heißen Sommertag nicht draußen arbeiten musste. Ich ließ mir die Geschenke und den freien Tag so richtig schmecken.

~

Einige Tage danach kam der Lagerarzt zu seiner wöchentlichen Visite. Es war das vertraute Ritual: Er fragte mich, wie ich mich fühlte, und ich ging die Liste meiner Beschwerden durch. Worauf er immer sagte: „Was haben Sie erwartet? Dies ist ein Arbeitslager!"

Doch diesmal, am 3. August 2013 (ein Samstag), schien der Arzt mir zum ersten Mal richtig zuzuhören. Er war in Begleitung des Generalstaatsanwalts; es war der Staatsanwalt, der mich in dieses Lager geschickt hatte, obwohl man mich im Krankenhaus für lageruntauglich erklärt hatte.

Der Arzt fragte mich also, wie es mir ging.

Ich sagte: „Ich weiß, dass ich ziemlich abgenommen habe, und mir wird oft schwindlig."

Der Staatsanwalt schaltete sich in das Gespräch ein. „Was meinen Sie", fragte er den Arzt. „Sollten wir ihn einmal im Krankenhaus durchchecken lassen?"

Der Doktor runzelte nachdenklich die Stirn. „Das ist vielleicht keine schlechte Idee. Meine Möglichkeiten hier sind begrenzt."

„Also gut", sagte der Generalstaatsanwalt, „ich werde das Nötige veranlassen."

Zuerst dachte ich, dass dieses Gespräch echt war, aber dann erinnerte ich mich an etwas, was der Generalstaatsanwalt bei einem seiner früheren Besuche gesagt hatte. Er hatte nebenbei erwähnt, dass die meisten Gefangenen nur drei Monate in diesem Lager blieben. Meine drei Monate waren um. Vielleicht war hier etwas anderes im Busch.

Ich versuchte, mir keine falschen Hoffnungen zu machen. Bestimmt würde ich nach der Untersuchung im Krankenhaus wieder zurück ins Lager kommen. Und doch fragte ich mich unwillkürlich: *Komme ich jetzt endlich nach Hause?*

Am Montagmorgen befahl der Wächter mir, meine Sachen zu packen. Ich schöpfte Hoffnung. War es jetzt so weit?

Am Nachmittag kam der Generalstaatsanwalt persönlich in meine Zelle. „Kommen Sie mit, wir fahren“, sagte er.

Ich ließ meinen Blick durch die Zelle gleiten. *Tschüs, Zelle 3! Ich hoffe, wir sehen uns nie wieder.*

Der Lagerleiter, der Stellvertretende Leiter und die Wärter, sie alle waren da, als ich aus der Zelle ging. Ich sagte: „Auf Wiedersehen.“

„Auf Wiedersehen, 103“, sagte der Lagerleiter. Er sagte es in einem Ton, der endgültig klang, wie ein Abschied für immer.

Ich ging neben dem Staatsanwalt hinaus zu dem wartenden Minivan und warf einen letzten Blick auf das Arbeitslager. Mein Albtraum ging zu Ende. Endlich. Ich konnte mir im Traum nicht vorstellen, noch einmal hierhin zurückzukommen.

# 16. Ein Hund und zwei Besucher

*„Lasst euch durch nichts in eurem Glauben erschüttern!", sagte Jesus zu seinen Jüngern. „Vertraut auf Gott und vertraut auf mich!"*

(Johannes 14,1)

Auf der Fahrt vom Arbeitslager zum Krankenhaus musste ich wieder auf der Rückbank des Minivans mit den dunklen Vorhängen zwischen zwei Wächtern sitzen, den Kopf zwischen meinen Knien. So wollte man sicherstellen, dass ich nicht mitbekam, wohin wir fuhren, aber ich erkannte das Krankenhaus in dem Augenblick, als ich aus dem Wagen stieg.

Es war das Chin-Sun-Hospital, auch bekannt als „Krankenhaus der Freundschaft". In der Nähe des Diplomatenviertels im Zentrum von Pjöngjang gelegen, behandelt die Klinik nur ausländische Patienten, vor allem russische und chinesische Diplomaten. Das Gebäude erinnerte mich an ein Kleinstadtkrankenhaus bei uns. Es war definitiv nicht groß – ein Hauptgebäude mit ganzen drei Stockwerken und zwei noch kleineren Nebenflügeln.

Der Generalstaatsanwalt führte mich hinein. Hinter uns gingen zwei der Wärter aus dem Arbeitslager. Wir gingen ein paar Flure entlang und bogen dann nach rechts ab, in einen Gang, der eine Sackgasse war und an seinem Ende zwei Türen hatte.

„Dies ist Ihr Zimmer, 103", verkündete der Generalstaatsanwalt, während er auf die rechte Tür zeigte.

In dem Augenblick, als ich das Zimmer betrat, fühlte ich mich zehn Jahre jünger. Das Krankenhaus war klimatisiert; allein dies war nach drei Monaten in einem schwülwarmen Raum, der von Insekten wimmelte, eine Erlösung. Das Zimmer selber war eine VIP-Suite, die aus drei Räumen bestand. Da war zunächst das Wohnzimmer mit dem großen Sofa. Eine Verbindungstür führte ins Schlafzimmer. Es gab auch ein Badezimmer mit einer richtigen Badewanne und einer richtigen Sitztoilette. (In dem Lager hatte es nur das übliche Toilettenloch im Fußboden gegeben, über das man sich hocken musste.) Die Suite hatte ferner einen Kühlschrank und einen Esstisch mit mehreren Stühlen sowie einen Fernseher. Der Anblick des Fernsehers erfüllte mich mit gemischten Gefühlen – einerseits der nächste Propagandakasten, andererseits ein Fenster zur Außenwelt. Obwohl dies eine VIP-Suite war, war ich nicht wirklich für mich; die Wächter hatten durch die große Glasscheibe in der Tür ein Auge auf mich.

Zwei Krankenschwestern erwarteten mich. Auf dem Bett lag frische Kleidung, die schlafanzugmäßig aussah. Ich ging sofort ins Bad und zog sie an. Endlich war ich heraus aus meiner Sträflingskleidung, die nach Dreck und Schweiß roch und auch so aussah, obwohl ich sie im Lager immer gewaschen hatte, wenn ich mich badete.

Als ich aus dem Badezimmer zurückkam, wartete

meine Ärztin auf mich. Sie war Anfang fünfzig und sehr schlank und zierlich. Sie begrüßte mich mit einem warmen Lächeln. „Die Untersuchungen fangen erst morgen früh an“, sagte sie. „Bitte essen Sie morgen früh nichts zum Frühstück. Keine Sorge, sobald wir fertig sind, können Sie Ihr Frühstück nachholen; wir bringen Ihnen dann etwas.“

Am folgenden Morgen kamen mehrere Krankenschwestern zu mir. Sie nahmen mir Blut ab und nahmen eine Urinprobe mit. Dann führten sie mich in einen Raum, wo ein Arzt meine Gallenblase mit Ultraschall untersuchte, und danach in einen anderen Raum, wo meine Wirbelsäule geröntgt wurde. Ich wurde auch ausgiebig betastet und befühlt und anderweitig untersucht. In dieser Klinik schien man sehr gründlich zu sein.

Am Nachmittag teilte meine Ärztin mir die Ergebnisse der Untersuchungen mit. „Sie haben Probleme mit dem Rücken und Gallensteine sowie eine vergrößerte Prostata“, sagte sie. Das überraschte mich nicht, da ich diese Dinge schon im vergangenen Herbst gehabt hatte, bevor ich nach Nordkorea fuhr. „Wir haben auch festgestellt, dass Sie an Unterernährung leiden.“

Auch dies überraschte mich nicht; seit November hatte ich gut fünfzig Pfund verloren.

„Und was ist mit meinem Diabetes?“, fragte ich. Ich hatte dem Lagerarzt nicht geglaubt, als er mir sagte, dass er weg war.

Die Ärztin antwortete: „Sämtliche Diabetestests sind negativ ausgefallen. Offenbar haben Sie keinen Diabetes mehr. Wir werden noch heute mit der Behandlung Ihrer

Unterernährung beginnen. Sie werden bald wiederhergestellt sein und sich frisch fühlen."

Kurz nach der Ärztin kam der Generalstaatsanwalt. „Sie werden eine Weile hierbleiben", sagte er. „Ruhen Sie sich aus und genießen Sie die Behandlung, und das war's dann."

Ich wusste nicht, was er mit „das war's dann" meinte. Ich konnte nur hoffen, dass es bedeutete: „Dann sind Sie hier fertig und können nach Hause."

Die Behandlung meiner Unterernährung bestand vor allem aus Infusionen. Ich bekam auch einige Nahrungsergänzungsmittel. Für meine Rückenschmerzen bekam ich nur Aspirin, für meine Gallensteine gar nichts. Wahrscheinlich ging es darum, mich hinreichend aufzupäppeln, bevor sie mich ins Flugzeug nach Hause setzten.

Das mit dem Ausruhen hatte der Generalstaatsanwalt offensichtlich ernst gemeint, denn ich durfte mich so viel hinlegen, wie ich wollte. Im Arbeitslager hatte ich, wenn ich nicht draußen auf meinem Feld war, immer aufrecht auf einem Stuhl sitzen müssen. Hier nicht; hier wurde ich wie jeder andere Patient behandelt und nicht wie ein Verbrecher. Ich konnte mir so viel Ruhe und Schlaf gönnen, wie ich brauchte.

Leider musste ich aber auch hier die Fernsehberieselung über mich ergehen lassen, von Beginn bis Ende der Sendezeit; da gab es keinen Pardon. Außerdem war die Tür zu meiner Suite stets verschlossen, wenn ich allein war. Wenn die Ärzte oder Schwestern kamen, öffneten die Wächter ihnen mit einem Schlüssel und blieben mit in meinem Zimmer, bis sie fertig waren.

Nicht lange nach meiner Einlieferung kam Mr Lee. „Ab jetzt mache ich die Besuche bei Ihnen", eröffnete er mir. Es ging mir gleich ein bisschen besser, als ich dies hörte. Ich verpasste ihm (natürlich heimlich) einen Spitznamen, „Mr Sympathisch", weil er der einzige nordkoreanische Funktionär war, der mich zu mögen schien. Ich redete gerne mit ihm.

Bald hatte ich mich in der Klinik eingelebt. Die ersten beiden Wochen verbrachte ich in meinem Zimmer und ruhte mich aus; mehrere Stunden am Tag bekam ich meine Infusionen. Nur eines fand ich merkwürdig. Manchmal, wenn meine Tür offen war, hörte ich von irgendwo einen Hund bellen. Ich weiß noch, wie ich beim ersten Mal dachte: *Was ist das für eine komische Klinik? Behandeln die hier auch Hunde?*

~

Ungefähr eine Woche nach meiner Einlieferung in der Klinik bekam ich Besuch vom schwedischen Botschafter. Erneut versicherte er mir, dass die USA alle Hebel in Bewegung gesetzt hatten, um mich frei zu bekommen. Ich hörte ihm sehr aufmerksam zu, lauschte auf jedes Extraquäntchen Begeisterung, das mir zeigen würde, dass es bald so weit wäre und ich nach Hause könnte. Aber er sagte mir lediglich, dass man sich um meine Freilassung bemühte. Nun ja, das war immerhin etwas; man hatte mich nicht vergessen.

Ein, zwei Wochen später kam sein Stellvertreter, Johan Svensson, um mir mitzuteilen, dass er Anfang September in die USA reisen würde, um mit dem State Department über meinen Fall zu sprechen. Das gab mir neuen Auftrieb.

Am gleichen Tag, an dem der schwedische Botschafter mich besuchte, kamen auch wieder die Reporter von *Choson Sinbo*. Sie bauten in meinem Zimmer eine Videokamera auf und stellten mir ihre Fragen: „Warum hat die Regierung von Nordkorea Sie hierhin ins Krankenhaus geschickt? Warum sind Sie hier? Wie ist Ihr Gesundheitszustand gerade?"

Ich ging die Liste meiner Beschwerden durch. „Vor allem", sagte ich, „werde ich hier wegen Unterernährung behandelt. Außerdem ist meine eine Hand halb taub und ich habe plötzliche stechende Schmerzen in einem Bein. Darum bin ich ins Krankenhaus gekommen."

Die Reporterin fragte weiter: „Gibt es irgendetwas, was Sie der Regierung der USA sagen möchten?"

Ich konnte nur das Gleiche sagen wie beim ersten Interview. „Bitte tun Sie, was Sie können", bat ich meine Regierung. Ich wusste natürlich, dass der ganze Sinn des Interviews darin bestand, noch mehr Druck auf die USA auszuüben. Mit diesem Interview sagte das Regime von Nordkorea: „Wir haben einen der Euren ins Arbeitslager geschickt, weil er das verdient hat. Jetzt behandeln wir ihn, als humanitäre Geste, in einem unserer besten Krankenhäuser, aber wenn ihr nichts unternehmt, kommt er zurück ins Lager." Das sagte natürlich niemand offen, aber es war die eigentliche Botschaft dieses *Choson Sinbo*-Interviews.

Nach zwei Wochen Ausruhen und Infusionen durfte ich das erste Mal hinaus in den Flur, um etwas Bewegung zu haben. Ein Wächter begleitete mich auf meinem kleinen Spaziergang. Ich erkannte ihn wieder; es war einer der Wärter aus dem Arbeitslager. Wir gingen an dem Nachbarzimmer vorbei. Ich linste durch die Tür und sah einen zweiten Wächter, der auf einem Stuhl saß. Auf den beiden Betten lagen Kleidung und Bücher.

„Ist das Ihr Raum?", fragte ich meinen Begleiter.

„Ja", antwortete er. „Wir sind zu dritt und bewachen abwechselnd Ihre Tür. Kommen Sie besser nicht auf die Idee, einen Fluchtversuch zu machen." Er versuchte, martialisch zu klingen, wie immer, aber seine Worte klangen nicht wirklich ernst. Er wusste mittlerweile ja, dass ich nicht gefährlich war.

Ich sagte: „Da machen Sie sich mal keine Sorgen. Ich bin hier am sichersten und komfortabelsten Ort in ganz Nordkorea. Und wohin sollte ich denn flüchten?"

Er nickte. „Da haben Sie recht."

Wir gingen den Flur entlang, der zwanzig Meter lang sein mochte. Als wir den Hauptflur erreichten, drehte ich um, um wieder Kurs auf mein Zimmer zu nehmen. Das Lager wollte nicht, dass andere Patienten in der Klinik meine Anwesenheit mitbekamen.

Während wir so dahinschlenderten, bemerkte ich mehrere Fenster an der Innenseite des Ganges, die auf einen Innenhof gingen. Ich schaute durch eines der Fenster hinaus, um zu sehen, was in diesem Hof war, als plötzlich ein großer, zotteliger Englischer Schäferhund gegen die Fensterscheibe sprang und anfing, mich anzubellen.

Als ich mich von meinem Schreck erholt hatte, sagte ich: „Hallo, Freund, was machst du denn hier?"

Der Hund bellte weiter. Als ich weiterging, sprang er zurück nach unten, nur um das nächste Fenster hochzuspringen, an dem ich vorbeikam, und das übernächste. Er hörte erst auf, als wir den Hof hinter uns hatten.

An den folgenden Tagen machte ich immer häufiger Spaziergänge auf dem Gang. Die ersten paar Tage sprang der Hund wieder zu den Fenstern hoch und bellte. Ich sah ihn beruhigend an: „Jetzt komm, warum bellst du so? Ich kann dich gut sehen."

Bald hörte das Gebell auf. Jetzt gab der Hund, wenn er zu den Fenstern hochsprang, nur noch einmal kurz Laut, um auf sich aufmerksam zu machen, und wenn ich mit ihm redete, wedelte er mit dem Schwanz, als ob er sich freute, mich zu sehen. Ich hatte meinen ersten Freund gewonnen.

Ich habe nie erlebt, dass jemand im Hof war und mit dem Hund spielte; ich sah nur manchmal jemanden, der ihn fütterte.

Meine „Gespräche" mit diesem Hund wurden der Höhepunkt meiner Ausflüge auf den Flur. Es war gerade so, als ob er jedes Mal auf mich gewartet hätte. Vielleicht war ich auch sein einziger Freund.

~

Etwa einen Monat, nachdem ich in die Klinik gekommen war, merkte ich beim Aufwachen eines Morgens, dass etwas anders war als sonst. Meine sämtlichen drei Wächter waren in dem Raum, nicht nur einer oder zwei wie sonst. Ja mehr noch: Alle drei waren in Uniform. Sonst waren sie eher leger gekleidet, um in der Klinik nicht zu sehr aufzufallen, aber heute trugen sie ihre volle Uniform, komplett mit Brustriemen. Sogar ihre Mützen hatten sie auf. Was ging hier vor?

Dann kam Mr Lee ins Zimmer und sagte: „Machen Sie sich fertig. Sie bekommen gleich Besuch.“ Nanu, wer mochte das sein?

Ein paar Minuten später kam ein Kamerateam in mein Zimmer, gefolgt von mehreren nordkoreanischen Funktionären. Alle machten einen nervös-erwartungsvollen Eindruck.

Dann ging plötzlich wieder die Tür auf und zwei hochgewachsene, stattlich aussehende Amerikaner kamen herein. Nachdem ich fast ein Jahr lang praktisch nur Koreaner gesehen hatte, kamen sie mir wie Riesen vor.

Der eine trat zu mir und umarmte mich. „Ich arbeite für das Weiße Haus“, sagte er, „als Mitglied des Nationalen Sicherheitsrates. Der Präsident schickt mich zu Ihnen, um nach Ihnen zu sehen und zu prüfen, wie es Ihnen geht. Das ist auch der Grund, warum ich diesen Arzt hier mitgebracht habe.“ Er zeigte auf seinen Begleiter.

Mir kamen vor Freude fast die Tränen, als ich diese beiden Männer sah. Zum ersten Mal nach einem Jahr sah ich Landsleute, und bestimmt waren sie gekommen, um mich nach Hause zu holen …

„Ganz, ganz herzlichen Dank, dass Sie gekommen sind“, sagte ich. Wir sprachen natürlich Englisch. Aus dem Augenwinkel sah ich, wie die nordkoreanischen Dolmetscher sich Notizen machten und den anderen Männern in dem Raum einiges zuflüsterten. Etwas im

Hintergrund stand Mr Lee. Er sprach ein bisschen Englisch, aber ich wusste nicht genau, wie viel von unserer Unterhaltung er verstand.

„Wie geht es Ihnen denn wirklich, Kenneth?“, fragte der Mann aus dem Weißen Haus. „Körperlich und seelisch.“

„Den Umständen entsprechend ganz gut“, antwortete ich. „Ich bin jetzt seit fast einem Monat hier in der Klinik, sodass es mir viel besser geht als bei meiner Einlieferung. Das Essen hier ist besser und mehr als in dem Arbeitslager und ich bekomme auch Infusionen. Ich fühle mich also viel fitter.“

„Und was macht Ihr Rücken? Ich weiß, dass Sie da große Probleme hatten“, sagte der Arzt.

„Seit ich nicht mehr draußen auf dem Feld arbeiten muss, geht es mir auch da besser. Ich bekomme hier sogar etwas Physiotherapie.“ Nun ja, die Therapie bestand darin, dass eine der Therapeutinnen zehn Minuten lang auf meinem Rücken spazieren ging. Es war eine Tortur, die mein Rückenleiden, wie ich fand, eher noch verschlimmerte. Aber das erwähnte ich vorsichtshalber nicht, denn jedes Wort, das ich hier sagte, wurde sorgfältig protokolliert.

„Wie ist das Essen?“, fragte der Vertreter des Weißen Hauses.

„Das Essen ist okay, ich kann nicht klagen.“

„Was sind Ihre Symptome?“, fragte der Arzt. Ich nannte ihm die ganze Liste und er schrieb mit. Dann fragte er: „Und was tut man hier für Sie?“ Ich beschrieb ihm die Therapie, was nicht sehr lange dauerte.

„Kenneth“, sagte der Mann aus dem Weißen Haus, „ich möchte Ihnen versichern, dass uns sehr daran liegt, Sie zurück nach Hause zu holen. Wir tun unser Allermöglichstes. Aber Ihr Fall ist ziemlich kompliziert. Es ist gar nicht so einfach, Sie hier rauszubekommen. Angesichts der Verzögerungen ist es eine gute Nachricht, dass Ihr Gesundheitszustand nicht total schlecht ist.“

Das Herz wurde mir schwer. Sie würden mich also nicht mitnehmen. Jedenfalls nicht heute. Es klang gerade so, als ob sie, wenn ich todkrank gewesen wäre, hier und jetzt zu einem Deal hätten kommen können, aber da es mir jetzt besser ging, saß ich fest.

Bevor ich antworten konnte, meldete sich der nordkoreanische Aufpasser. „Keine Gespräche mehr“, sagte er. „Sie sind fertig. Sie müssen gehen.“

Die beiden Amerikaner erhoben sich. „Es war mir eine Ehre, Sie besuchen zu können. Gott segne Sie!“, sagte der Arzt. Er umarmte mich.

Sein Begleiter umarmte mich ebenfalls. „Machen Sie sich keine Sorgen, Kenneth. Wir holen Sie hier raus und nach Hause. Bitte haben Sie Geduld. Aber behalten Sie diesen Besuch fürs Erste für sich.“

„Das werde ich tun“, sagte ich. Dass ein Vertreter des Weißen Hauses diese lange Reise auf sich genommen hatte, um mich fünf Minuten lang unter höchster Geheimhaltung sprechen zu können, zeigte mir, dass ich auf der Prioritätenliste meines Landes ganz oben stand. Aber es machte auch meine Hoffnungen auf eine baldige Freilassung zunichte.

Die beiden gingen und ich setzte mich ernüchtert auf

mein Bett. Ich hatte gedacht, dass sie sozusagen mein Flugticket dabeihatten. Stattdessen war mein einzig sicherer Entlassungstermin nach wie vor der 1. Mai 2028, wenn meine fünfzehn Jahre vorbei waren. Der Gedanke war deprimierend.

Nur ein paar Minuten, nachdem sie gegangen waren, waren die beiden Amerikaner plötzlich wieder da. Plötzliche Hoffnung. Würden sie mich doch mitnehmen? Doch stattdessen sagte der Mann aus dem Weißen Haus: „Die nordkoreanische Regierung hat uns die Erlaubnis gegeben, Sie noch zu fotografieren. Ihre Familie wird sich doch sicher freuen über ein Bild von Ihnen, nicht wahr?"

„Ja, absolut", sagte ich.

„Bitte lächeln", sagte er. Und ich lächelte.

Später erfuhr ich, dass meine Verwandten dieses Foto nie zu Gesicht bekamen. Ich kann nur annehmen, dass es in Wirklichkeit für das Weiße Haus gedacht war, um der Regierung zu zeigen, dass ich wohlauf war.

Kaum waren die beiden Amerikaner wieder fort, kam Mr Lee zurück. „Erzählen Sie: Was haben diese Herren Sie gefragt und was haben Sie geantwortet?" Offenbar war sein Englisch doch nicht so gut, wie er behauptete.

„Sie wollten einfach wissen, wie mein gesundheitlicher Zustand ist", sagte ich.

„War das alles?"

„Ja, das war alles."

Mr Lee schien damit zufrieden zu sein. Ich war nicht zufrieden. *Hab Geduld,* sagte ich mir. *Jetzt dauert es bestimmt nicht mehr lange.*

# 17. „Ich bin ein Missionar“

*Nicht ihr habt mich erwählt, sondern ich habe euch erwählt: Ich habe euch dazu bestimmt, zu gehen und Frucht zu tragen – Frucht, die Bestand hat.*

(Johannes 15,16)

Einige Tage nach dem geheimen Besuch erhielt ich einen Brief von meiner Mutter, dem sie Kopien von zwei Verlautbarungen des US-Außenministeriums beigelegt hatte. Die erste besagte, dass Nordkorea dem US-amerikanische Sonderbotschafter Robert King erlaubt hatte, nach Nordkorea zu reisen, um Verhandlungen über meine Freilassung zu führen. Das klang richtig gut. King sollte am 30. August 2013 in Pjöngjang eintreffen. Ich erhielt den Brief Mitte September – aber King hatte sich noch nicht blicken oder von sich hören lassen.

Die zweite Verlautbarung erklärte, warum das so war. Einen Tag, bevor King von Japan nach Nordkorea fliegen wollte, machte das nordkoreanische Regime die Einladung rückgängig, offenbar aus Protest dagegen, dass er vorhatte, eine Militärmaschine zu nehmen, was die Nordkoreaner als Bedrohung oder Provokation empfanden. Außerdem hatten die USA am 28. August im Rahmen gemeinsamer Manöver mit Südkorea mehrere B-52-Bomber von Guam nach Südkorea verlegt, was die

Nordkoreaner sogar als große Bedrohung sahen. Aber was auch immer der Grund war – der amerikanische Sonderbotschafter kam nicht.

Es kam überhaupt niemand. Ich war meiner Rückkehr nach Hause keinen Zentimeter näher als im November bei meiner Verhaftung.

Nachdem ich die beiden Verlautbarungen des State Departments gelesen hatte, las ich den eigentlichen Brief meiner Mutter. Sie schrieb mir:

> *Du musst Glauben haben, wie die Freunde Daniels, als sie vor dem Feuerofen standen. Du weißt doch, was sie dem König sagten, als dieser damit drohte, sie in den Ofen werfen zu lassen: „Wenn unser Gott, den wir verehren, will, so kann er uns erretten; aus dem glühenden Ofen und aus deiner Hand, o König, kann er erretten. Und wenn er's nicht tun will, so sollst du dennoch wissen, dass wir deinen Gott nicht ehren und das goldene Bild, das du hast aufrichten lassen, nicht anbeten wollen" (Daniel 3,17–18). Ebendiesen Glauben musst Du jetzt auch haben, Junge. Gott kann Dich retten und zurück nach Hause bringen, aber wenn er es nicht tut, musst Du dort, wo Du bist, in Deinen Ketten, weiter sein Zeuge sein.*

Als ich diesen Brief meiner Mutter las, begriff ich auf einmal: Es konnte sein, dass Gott gar nicht wollte, dass ich zurück nach Hause kam! Was, wenn es sein Wille war, dass ich als Häftling hier in Nordkorea blieb? Fast ein

Jahr lang hatte ich gebetet: *Gott, rette mich, hole mich hier heraus!* Was, wenn seine Antwort „nein" war?

Ich hatte die Tage gezählt. Ich hatte einen 30-Tage-Countdown-Kalender nach dem anderen angefangen, als ob ich genau wüsste, dass Gott vorhatte, mich nach Hause zu holen, bevor die 30 Tage zu Ende waren. Jedes Mal, wenn sie mir im Lager die Nägel und die Haare geschnitten hatten, hatte ich mir eingeredet, dass dies aber ganz bestimmt das letzte Mal war, bevor ich nach Hause kommen würde. Ich hatte meine Regierung gebeten, sich für mich einzusetzen. Meine Familie hatte Briefe an Präsident Obama und Außenminister Kerry, ja sogar an Kim Jong-un geschrieben. Und es war ja nicht so, als ob diese Briefe nichts gebracht hätten. Kerry hatte Sonderbotschafter King geschickt, um mich nach Hause zu holen, aber die Nordkoreaner hatten ihn nicht ins Land gelassen. Präsident Obama hatte ein Mitglied seines Nationalen Sicherheitsrates in geheimer Mission geschickt, aber auch das hatte nicht funktioniert.

*Zwei gescheiterte Rettungsversuche in einer Woche,* dachte ich. *Zwei in einer Woche und ich bin der Rückkehr nach Hause keinen Schritt näher gekommen. O Gott, ist das wirklich dein Wille? Wie kannst du es wollen, mich hier zu lassen, so weit weg von zu Hause, getrennt von meiner Familie, an einem Ort, wo die Menschen sich weigern anzuerkennen, dass es dich überhaupt gibt?*

Ich war am Boden zerstört, als ich an diesem Tag ins Bett ging, und als ich am nächsten Morgen aufwachte, war es nicht besser. *Gott, wie ist das möglich?,* betete ich.

*Wie kannst du mich hier in diesem Elend lassen? Du hast mir doch versprochen, mich zu retten und nach Hause zu bringen!*

Seit dem Tag meiner Verhaftung hatte ich immer wieder über all die Verheißungen von Gottes Hilfe in der Bibel meditiert, vor allem die in den Psalmen. Jetzt fragte ich mich: *Wenn Gott mich nicht hier herausholt, heißt das dann, dass er mich nicht liebt?*

Ich ging wieder die Briefe durch, die ich von zu Hause bekommen hatte – von meiner Frau, meiner Mutter, meiner Schwester und meinen Kindern. Sie schienen mir so nah zu sein in diesen Briefen und gleichzeitig so weit weg. *Werden sie die nächsten fünfzehn Jahre nur über Briefe von mir hören? Ist dies der einzige Kontakt, den ich zu den Menschen haben werde, die ich liebe?*

Ich las den letzten Brief meiner Mutter noch einmal. Was hatte sie noch geschrieben? Dass ich den gleichen Glauben brauchte, den Daniel und seine Freunde hatten, als sie vor dem Feuerofen standen.

*Bin ich so stark? Kann ich das, was sie taten, auch tun? Kann ich auch dann auf Gott vertrauen, wenn es zum Schlimmsten kommt?*

Eine ganze Woche lang rang ich mit diesen Fragen. Ich betete und betete, ich bat Gott um Weisheit und Kraft. Meine Stimmung schwankte zwischen „zu Tode betrübt" und „nicht ganz so betrübt". Ich sang traurige Lieder, wie den alten Elvis-Song „Are You Lonesome Tonight?" („Bist du einsam heute Nacht?") und Eric Carmens „All by Myself" („Ganz allein"). Um es ehrlich zu sagen, ich war auf dem Selbstmitleidstrip.

Dann, am 24. September 2013, kniete ich mich vor meinem Bett hin und betete: *Herr, du kennst mein Herz. Du weißt, was ich will – aber nicht mein Wille geschehe, sondern deiner. Du weißt, dass ich nach Hause will, aber wenn du willst, dass ich hierbleibe, dann bleibe ich. Ich verzichte hiermit auf mein Recht, zurück nach Hause zu kommen; ich gebe das an dich ab. Bitte sorge du für meine Frau und meine Kinder und meine Eltern. Bitte sorge für sie, solange du mich hier hältst. Wenn du möchtest, dass ich hierbleibe, dann ist das okay. Ich akzeptiere das als deinen Willen.*

Ich spürte, wie mir ein Bleigewicht von den Schultern fiel und ein tiefer Friede in mich strömte. Gottes Geist erfüllte das Zimmer und erinnerte mich an meine Berufung.

„Ich bin ein Missionar", sagte ich. „Herr, ich bin ein Missionar und dies hier ist das Missionsfeld, das du mir gegeben hast. Gebrauche mich."

In dem Augenblick, als ich aufhörte zu beten: *Herr, rette mich,* und stattdessen betete: *Herr, gebrauche mich,* wurde ich innerlich frei. Ich war nach wie vor als Gefangener in einem nordkoreanischen Krankenhaus. Ich hatte nach wie vor fünfzehn Jahre Zwangsarbeit vor mir, wenn ich aus dem Krankenhaus entlassen war, aber das alles konnte ich auf einmal akzeptieren. Gott wollte mich hier in Nordkorea haben. Er hatte mich hierhergerufen. Meine Gefangenschaft hatte einen Sinn; Gott hatte etwas mit mir vor.

Ich wusste es damals nicht, aber vor mir lag noch über ein weiteres Jahr der Gefangenschaft. Aber das war alles nicht so wichtig. Das einzig Wichtige war, dass ich dort war, wo Gott mich haben wollte, in genau dem Augenblick, wo er mich dort brauchte, und dass ich ihn liebte. Wenn ich ihn wirklich und wahrhaftig liebte, würde ich ihm gehorchen. Wenn ich all das bedachte, gab es für mich eigentlich nur noch ein Gebet: *Herr, gebrauche mich.*

~

Dass ich meinen Frieden mit der Möglichkeit machte, nach Gottes Willen vielleicht bis auf Weiteres als Gefangener in Nordkorea zu bleiben, bedeutete nicht, dass es für mich hier keine Kämpfe mehr gab. Tatsache ist, dass ich gute und schlechte Tage hatte. An manchen Tagen sagte ich Ja zu diesem Auftrag, an anderen hatte ich so ein Heimweh, dass der Gedanke, auch nur noch einen weiteren Tag in dem Krankenhaus verbringen zu müssen (oder, was Gott verhüten möge, wieder im Arbeitslager), mich schier zu Boden warf. An solchen Tagen musste ich mich ganz an Gottes Verheißung in 2. Korinther 12,9 klammern: „Meine Gnade ist alles, was du brauchst, denn meine Kraft kommt gerade in der Schwachheit zur vollen Auswirkung." Ich fühlte mich furchtbar schwach, aber Gottes Kraft war genug.

Zwei Bücher wurden mir in diesen schweren Tagen eine große Hilfe. Meine Frau Lydia schickte mir ein Exemplar von Rick Warrens Buch *Leben mit Vision*. Gott benutzte das Buch, um während meiner Gefangenschaft zu mir zu reden, um mir Mut zu machen, als ich mit meiner

Rolle als Missionar in Ketten kämpfte, vor allem zwei bestimmte Kapitel:

Eines Tages hatte ich wieder furchtbares Heimweh. Ich wollte so gerne meine Frau wiedersehen, meine Kinder, meine Mutter, meine Schwester und meinen Vater. Ich wollte endlich wieder nach Hause! Dann las ich den Tag 36 von *Leben mit Vision*, ein Kapitel mit der Überschrift „Für einen Auftrag erschaffen". Dort stand:

> *Wenn Sie Ihren Auftrag erfüllen wollen, müssen Sie Ihren Zeitplan aufgeben und Gottes Zeitplan für Ihr Leben akzeptieren. Sie können ihn nicht einfach zu all den anderen Dingen, die Sie noch in Ihrem Leben tun möchten, hinzufügen. Sie müssen wie Jesus sagen: „Nicht mein, sondern dein Wille geschehe"* (Lukas 22,42). *Sie werden Ihre Rechte, Erwartungen, Pläne, Träume und Ambitionen an ihn abgeben müssen … Sie händigen Gott einen Blankoscheck mit Ihrer Unterschrift aus und bitten ihn, die einzelnen Angaben auszufüllen.*[4]

Ich las und merkte: *Das musst du tun. Jetzt.* Und ich betete wieder: *Herr, ich verzichte auf mein Recht, nach Hause zu kommen. Ich verzichte auf mein Recht freizukommen. Ich akzeptiere deinen Plan als deinen Willen für mein Leben.*

Es fiel mir nicht leicht, dieses Gebet. Ich erlebte mein

---

[4] Rick Warren, *Leben mit Vision. Wozu um alles in der Welt lebe ich?*, 2. Aufl. der überarb. und erw. Ausgabe, Asslar 2016, S. 335.

Quantum von „Gott, warum?“-Augenblicken, und Gott benutzte ein anderes Kapitel in *Leben mit Vision,* um mir durch diese Krise hindurchzuhelfen. Tag 25 trägt den Titel „Verändert durch Probleme“. In diesem Kapitel las ich:

> *Gott hätte Josef vor dem Gefängnis, Daniel vor den Löwen, Jeremia vor der Schlammgrube, Paulus vor drei Schiffbrüchen und die drei jungen Hebräer vor dem Feuerofen bewahren können, aber er tat es nicht. Er ließ solche Schwierigkeiten zu und alle Betroffenen kamen ihm dadurch näher.*[5]

Ich ergänzte diese Liste um meinen eigenen Namen. Gott hätte meine Verhaftung verhindern können. Er hätte die Augen der Zöllner blind machen können, sodass sie die Festplatte übersahen. Oder er hätte mich daran erinnern können, noch einmal in meinen Koffer zu schauen, bevor ich das Hotel in Yanji verließ. Er hätte die Beamten in Rason mit Leichtigkeit dazu bringen können, mich ohne Umschweife abzuschieben, und er konnte jetzt noch Kim Jong-un dazu bringen, mich freizulassen. In Sprüche 21,1 heißt es: „Des Königs Herz ist in der Hand des Herrn wie Wasserbäche; er lenkt es, wohin er will.“ Das gilt auch für das Herz von Kim Jong-un.

Ja, Gott hätte all das tun können, aber er tat es nicht. Stattdessen hatte er beschlossen, mich bis auf Weiteres in Nordkorea bleiben zu lassen.

---

5 ebenda, S. 227.

Warum hatte er das gemacht? Hier half mir das zweite Buch, das ich damals las. Lydia hatte mir auch *Not a fan – Nachfolge leben* geschickt. In diesem Buch erzählt der Autor unter anderem die Geschichte einer Gruppe von Missionaren, die die Bewohner einer Insel vor Surinam (Südamerika) erreichen wollten. Die meisten der Inselbewohner waren Sklaven und die Plantagenbesitzer erlaubten ihnen nicht, mit anderen Menschen zu sprechen, außer mit anderen Sklaven. Was die Missionare auch versuchten, um die Sklaven zu erreichen, es funktionierte nicht. Schließlich entschlossen sie sich zu einem radikalen Schritt: Sie verkauften sich in die Sklaverei, damit sie mit den Sklaven auf dieser Insel sprechen konnten.[6]

Als ich diese Geschichte las, begann ich einen Sinn in meiner Haft zu sehen. Ich hatte mit dem Gedanken gespielt, ein, zwei Jahre in Pjöngjang zu wohnen, um die Durchschnittsbürger in Nordkorea zu erreichen, aber dieser Plan hätte nie und nimmer funktioniert. Als bloßer Besucher wären meine Kontakte zu den Menschen sehr begrenzt gewesen; bei jedem Gespräch wäre ein Aufpasser dabei gewesen. Nein, wenn ich die Menschen in diesem Land erreichen wollte, musste ich einer von ihnen werden und ihren Alltag mit ihnen teilen. Und genau das konnte ich jetzt tun, wo ich ein Häftling war! Nur als Häftling konnte ich die Wächter, die Staatsanwälte, Ärzte und Schwestern in der Klinik erreichen.

Ich war ein von Gott selbst beauftragter Missionar. Jeden Morgen war mit das Erste, was ich tat, dass ich in

---

6 Kyle Idleman, *not a fan. Nachfolge leben,* Holzgerlingen 2014.

den Spiegel schaute und sagte: „Ich bin ein Missionar. Darum bin ich hier."

Und noch etwas erkannte ich, als ich anfing, mich so zu sehen. Als ich Gott bestürmt hatte, mich zu retten und nach Hause zu bringen, war die einzige Person, an die ich dachte, ich selbst. Doch, ich wollte den Menschen, die mich hier festhielten, Jesus zeigen, aber ich dachte nicht halb so sehr an sie wie an mich. Jetzt, wo ich anfing, meine Haft als Gottes Willen zu sehen, fing ich auch an, die Menschen um mich herum mehr mit Gottes Augen zu sehen. Früher war ich verzagt gewesen, weil ich gefangen war und keine Hoffnung sah. Aber genau dies ist ja die Situation, in der der Durchschnittsbürger in Nordkorea jeden Tag lebt: Er ist gefangen und er hat keine Hoffnung.

Mein Selbstmitleid wich dem Mitleid. Ich merkte: Diese Menschen hier sind ja von meinem Volk. Ich bin Koreaner und sie auch. Wäre mein Großvater nicht geflüchtet, ich wäre hier in Nordkorea geboren und hätte mein ganzes Leben unter der *Juche*-Ideologie verbracht. Meine Einstellung zu den Menschen um mich herum veränderte sich total und das öffnete Türen für echte Beziehungen zu ihnen.

~

Als ich meinen nächsten „Ausgang" in dem Flur machte, wie immer begleitet von einem der Wärter, pflegte ich nicht mehr mein Selbstmitleid, sondern betete stumm für den Wärter. *Herr, gib mir Weisheit für meine Worte. Lass mich erkennen, wie ich diesem Mann deine Wahrheit zeigen kann.*

Wir kamen zu den Fenstern, die auf den Innenhof gingen, und wie immer sprang der Hund draußen schwanzwedelnd zu ihnen hoch, gerade so, als habe er den ganzen Tag auf mich gewartet.

„Hallo, Junge“, sagte ich. „Wie geht’s meinem Freund heute?“

Der Hund rannte hin und her, sprang erneut zu dem Fenster hoch und wedelte so heftig mit dem Schwanz, dass sein ganzer Leib bebte. Der Wächter sah mich verächtlich an.

Ich sagte: „In Amerika sind Hunde sehr beliebt.“

„Zum Schutz vor all dieser Gewalt?“, fragte der Wärter.

„Nein, als Haustiere und Freunde. Hunde haben es in Amerika echt gut.“

Der Wächter antwortete nicht. Er schien sich nicht sehr für Hunde zu interessieren.

Ich wechselte das Thema. „Haben Sie eine Familie?“, fragte ich.

Er sah mich mürrisch an. „Stellen Sie nicht solche Fragen, 103. Das geht Sie nichts an.“

*Okay, Gott, hast du vielleicht eine Idee?* Wir gingen schweigend weiter. Ich beschrieb einen Bogen durch die Flure, der uns schließlich zurück zu dem Innenhof brachte, wo der Hund auf mich wartete. Ich musterte sein erwartungsvolles Gesicht. Doch, dieser Hund war mein einziger Freund hier. Auch er schien ein Gefangener zu sein. Er durfte nicht aus diesem Hof hinaus und hatte so gut wie keine Gesellschaft. Wie ich, der ich von all meinen Lieben getrennt war.

Ich dachte einen Augenblick darüber nach und dann sagte ich: „Meine Familie stammt ursprünglich aus Yongbyon, knapp hundert Kilometer von hier."

Der Wächter schien überrascht zu sein. „Echt? Ich dachte immer, Sie sind Amerikaner."

„Das bin ich auch. Meine Familie ist während des Krieges nach Südkorea gegangen. Ich bin in Seoul aufgewachsen. Aber als ich sechzehn war, zogen wir nach Amerika."

Jetzt wurde er neugierig. „Wie konnten Sie einfach so umziehen? Hat Ihre Regierung Ihnen das erlaubt?"

„Ja, natürlich. Wir hatten ein Visum für Amerika. In Südkorea gibt es ständig Menschen, die ins Ausland reisen. Das kann jeder, man braucht dazu nicht extra eine Genehmigung."

Jetzt hatte ich ihn. „Und woher nehmen die Menschen das Geld dafür?"

„Die südkoreanische Wirtschaft ist vierzigmal so groß wie die von Nordkorea."

Er schaute mich ungläubig an.

„Ja", sagte ich. „Die durchschnittliche Familie in Südkorea besitzt ein Haus oder eine Wohnung sowie ein oder sogar zwei Autos und lässt ihre Kinder studieren."

„Das gibt's doch nicht!" Der Wärter klang richtig schockiert.

„Ich sage Ihnen die Wahrheit. Meine Familie war nicht reich, wir gehörten zur Mittelschicht, aber wir hatten all diese Dinge. Und in Amerika ist es dasselbe. Auch dort waren wir nicht reich, aber ich konnte studieren und meinen Master machen. Bevor ich nach China zog, besaß ich auch meine eigene Wohnung. Zurzeit studiert mein Sohn."

Ich konnte förmlich sehen, wie die Räder im Kopf des Wächters sich zu drehen begannen. Was genau das war, was ich mit diesem Gespräch bezweckte. Mein großes Ziel war natürlich, mit ihm über Gott zu reden, aber davon waren wir noch meilenweit entfernt. Sein ganzes bisheriges Leben hatte man diesem Mann eingetrichtert, dass alles, was er brauchte, die totale Autarkie *(Juche)* war sowie der bedingungslose Glaube an den „Großen Führer", Kim Il-sung. Dazu hörte er in den Nachrichten, in den Popsongs und in den Filmen immer wieder, dass Nordkorea das Paradies war, auf das die ganze Welt neidisch blickte.

Bevor er so weit war, dass er die Wahrheit über den einen wahren Gott hören konnte, musste er erst einmal die Wahrheit über seinen eigenen „Gott" erkennen. Wenn ich ihm erzählte, wie die Welt jenseits der Mauern seiner geschlossenen Gesellschaft aussah, konnte ich ihn vielleicht dazu bringen, die „Wahrheit", die er bisher gekannt hatte, zu hinterfragen und dadurch offener zu werden für das, was ich ihm bringen konnte.

Als wir wieder zu meinem Zimmer kamen, fragte ich den Wärter: „Möchten Sie gerne eben reinkommen und einen Tee trinken?"

Der Wärter blickte um sich. Es war offensichtlich, dass er Ja sagen wollte. Er wollte mehr erfahren über diese geheimnisvolle Welt hinter den Grenzen Nordkoreas. Ich hatte seine Neugier geweckt.

Doch stattdessen sagte er: „Nicht jetzt. Vielleicht ein andermal."

Ich sagte: „Ja, das wäre schön."

Ich merkte: Hier fingen Türen an, sich zu öffnen. *Gott, gib mir Weisheit und Geduld ...*

Am folgenden Tag begleitete dieser Wärter mich wieder auf meiner Runde. Er machte einen gelasseneren Eindruck als sonst. Während wir durch den Flur gingen, fragte ich ihn: „Sind Sie verheiratet?"

„Ja", antwortete er.

„Und was macht Ihre Frau?"

„Die arbeitet in einem Laden."

„Meine Frau hatte in China mal einen Laden für traditionelle koreanische Kleider", sagte ich. „Haben Sie Kinder?"

„Einen Sohn. Er ist gerade auf der Oberschule. Wenn ich arbeite, sehe ich ihn nicht sehr oft. Ich hasse das, denn er ist oft krank", sagte der Wächter.

Ich spürte, dass wir eine Schwelle überschritten hatten. Dieser Wärter redete auf einmal mit mir, als ob ich ein Freund wäre und nicht ein Häftling, den er bewachen musste.

„Was sind das für Krankheiten?", fragte ich.

„Meistens Erkältungen."

„Warum geben Sie ihm nicht mal etwas Vitamin C? Zu Hause nehme ich jeden Tag ein- bis zweitausend Milligramm, und ich habe seit Jahren keine Erkältung mehr gehabt."

Das Gesicht des Wächters erhellte sich. „Danke, das ist eine gute Idee. Ich glaube, das versuche ich mal."

Etwa eine Woche später hatte er wieder seine Schicht. Während wir durch die Flure gingen, sagte er: „Meine Frau hat Vitamin C gekauft, wie Sie empfohlen haben, aber mein Sohn kriegt das Zeug nicht runter."

Nein, dies war kein hochphilosophisches Gespräch, aber es war ein Riesenschritt nach vorne. Meine Beziehung zu dem Wärter war so weit gediehen, dass er mir genügend vertraute, um mich um meinen Rat zu bitten.

„Ja, das ist manchmal ein Problem", antwortete ich. „Haben Sie ihn die Tabletten kauen lassen oder ganz schlucken?"

„Kauen."

„Dann soll er versuchen, sie unzerkaut mit Wasser zu schlucken. Anders kriegt man sie nicht runter."

„Okay", sagte der Wärter. „Das probier ich aus, wenn ich wieder zu Hause bin."

Ich hatte während meines Aufenthalts in dem Krankenhaus noch zahlreiche andere solche Gespräche mit anderen Wächtern. Einige nahmen sogar meine Einladung auf eine Tasse Tee an. Später gab ich einigen von ihnen sogar Chinesischstunden und tauschte mich mit ihnen über die chinesischen Filme aus, die es im Fernsehen gab. Ich respektierte sie immer noch als Wächter, und sie nannten mich nach wie vor „103" (zumindest wenn wir nicht allein waren), aber ich merkte, wie Gott arbeitete.

Mehrere Wärter fingen sogar an, mir Fragen über Gott zu stellen und warum ich an ihn glaubte. Es waren (noch) keine sehr tiefschürfenden Gespräche, aber diese Männer waren neugierig geworden, weil ich mich so sehr von den

Menschen unterschied, denen sie bisher begegnet waren. Ich merkte, wie Gott dabei war, meine Gebete zu erhören. Jawohl, er gebrauchte mich!

# 18. Mutter und Sohn

*Gepriesen sei Gott, der Vater unseres Herrn Jesus Christus! Denn er ist ein Vater, der sich erbarmt, und ein Gott, der auf jede erdenkliche Weise tröstet und ermutigt. In allen unseren Nöten kommt er uns mit Trost und Ermutigung zu Hilfe, und deshalb können wir dann auch anderen Mut machen, die sich ebenfalls in irgendeiner Not befinden: Wir geben ihnen den Trost und die Ermutigung weiter, die wir selbst von Gott bekommen.*

(2. Korinther 1,3–4)

Etwa zehn Tage, nachdem ich mich damit abgefunden hatte, vorerst in Nordkorea zu bleiben, besuchte mich Mr Lee. Er sagte: „Ihre Mutter ist hier in Pjöngjang. Sie wird Sie bald besuchen kommen."

„Sie ist hier?" Ich war überwältigt. Der schwedische Botschafter hatte bei seinem Besuch im August zwar erwähnt, dass meine Mutter vorhatte, nach Nordkorea zu reisen, um mich zu sehen, aber ich hatte nicht damit gerechnet, dass es tatsächlich dazu kommen würde.

„Jawohl“, antwortete Mr Lee. „Unsere Regierung hat ihr erlaubt, hierherzukommen und Sie zu besuchen, als Geste des guten Willens. Daran können Sie sehen, dass wir nicht so schlimm sind, wie die Medien im Westen uns immer machen.“

Mir kamen die Tränen. „Das ist ja unglaublich! Warum haben Sie mir das nicht schon eher gesagt, dass meine Mutter kommt?“

„Daran habe ich gedacht“, sagte Mr Lee. „Aber ich wusste: Wenn ich zu früh etwas sagte, hätten Sie buchstäblich nicht mehr schlafen können, bis Ihre Mutter da gewesen wäre. Ich hoffe, Sie akzeptieren das. Ihre Mutter wird in ein paar Minuten hier sein.“

Ich saß auf meinem Bett und wartete und wartete. Aus den „paar Minuten“ wurden die längsten vierzig Minuten meines Lebens. Dann hörte ich, wie der Wächter draußen den Schlüssel ins Schloss meiner Tür steckte und drehte.

Die Tür ging auf. In ihr stand meine Mutter.

Ich sprang auf und rannte zu ihr. Wir fielen uns in die Arme und brachen beide in Tränen aus. Sie hielt mich fest, als ob sie mich nie mehr loslassen wollte.

Als wir uns endlich aus der Umarmung lösten, sah ich, dass ein Filmteam ins Zimmer gekommen war, dazu mehrere nordkoreanische Beamte. *Choson Sinbo* war wieder da und nahm alles auf. Ich wollte mit meiner Mutter reden und hören, wie es meiner Familie zu Hause ging, aber die nordkoreanischen Funktionäre hatten ihr eigenes Programm; zuerst mussten wir ein Interview geben.

„Mrs Bae", fragte die Reporterin, „haben Sie die Dokumentation gesehen, die wir über Ihren Sohn gedreht haben, als er im Arbeitslager war?"

„Ja", antwortete meine Mutter knapp. Wie ich hatte sie keine Lust zu diesem Interview.

„Und wie hat sie Ihnen gefallen? Wie haben Sie sich dabei gefühlt?" Die Reporterin lächelte breit.

„Es hat mir überhaupt nicht gefallen. Es war sehr schmerzlich für mich, diese Bilder zu sehen und in was für einem Zustand mein Sohn war. Es hat mir das Herz zusammengedrückt." Der Unmut in ihrer Stimme wurde noch größer. Sie war sichtlich empört, nicht nur über das, was bisher mit mir geschehen war, sondern auch darüber, dass sie jetzt diese Fragen beantworten sollte.

Die Reporterin tat, als merkte sie es nicht. „Und wie fühlen Sie sich, wenn Sie Ihren Sohn jetzt sehen?"

„Ich freue mich logischerweise, ihn sehen zu können. Aber es wäre mir natürlich noch lieber gewesen, ihn zu Hause wiedersehen zu können und nicht hier. Aber wenn Sie nichts dagegen haben, möchte ich jetzt kein Interview geben. Ich bin gekommen, um mit meinem Sohn zu sprechen."

Die Reporterin schaute den Kameramann an und dann Mr Lee und die übrigen Funktionäre in dem Zimmer. „Das ist okay. Wir sind ja auch eigentlich schon fertig", sagte sie.

Das *Choson Sinbo*-Team verließ den Raum. Der nordkoreanische Aufpasser, den man meiner Mutter zugeteilt hatte, fragte sie: „Warum haben Sie gerade diese Sachen zu der Reporterin gesagt? Ist Ihnen nicht klar: Diese

Leute wollen mithelfen, dass Ihr Sohn freigelassen wird! Es ist nicht gut, wenn Sie ihnen respektlos begegnen, denn was sie über Sie weitergeben, ist für das Schicksal Ihres Sohnes sehr wichtig."

„Die Fragen dieser Dame haben in mir traurige Erinnerungen geweckt und ich wollte sowieso kein Interview", antwortete meine Mutter.

Ich zog Mr Lee beiseite. „Bitte", sagte ich, „geben Sie uns so viel Zeit, wie Sie können. Sie ist von Amerika hierhergekommen, um mich zu besuchen."

Man hatte meiner Mutter und mir an diesem Tag zwei Stunden für das persönliche Gespräch zugestanden, dazu je weitere zwei Stunden am nächsten und übernächsten Tag. Nun ja, mit dem „persönlich" war es so eine Sache. Es war zwar außer uns niemand im Zimmer, aber ich wusste, dass im Nebenzimmer jemand saß, der alles mithörte. Das nordkoreanische System kennt keine wirkliche Privatsphäre.

Meine Mutter stellte all die Fragen, die Mütter stellen: „Geht es dir gut? Wie wirst du seelisch mit all dem Stress fertig? Wie ist deine Gesundheit? Was macht dein Rücken?" Ich sagte ihr, dass es mir ordentlich ging und dass ich gut behandelt wurde. Die Krankenschwestern hatten mir ein paar Teebeutel sowie Kaffeepulver in mein Zimmer gebracht, sodass ich meiner Mutter einen Tee machen konnte. Der Tee und der Kaffee waren nicht, wie die Leser jetzt vielleicht denken, großzügige Extras einer warmherzigen Klinikverwaltung. Einen Tag, bevor meine Mutter kam, hatte ich erfahren, dass die Klinik mir einen Tagessatz von etwa 600 Euro in Rechnung stellen würde.

Ich fand, dass ich es bei solchen Preisen verdient hatte, auch etwas für mein Geld zu bekommen. Während wir unseren Tee tranken, erzählte ich meiner Mutter von der anstehenden Krankenhausrechnung und dass ich nicht wusste, wovon ich sie bezahlen sollte.

Sie sagte: „Das ist anderen, die in Nordkorea festgehalten wurden, auch passiert. Bevor sie gehen durften, mussten sie ihre Rechnungen bezahlen. Einige haben ein paar Tausend Dollar zahlen müssen, einer sogar eine halbe Million."

Das hob meine Stimmung nicht gerade. „Und wie sollen wir das schaffen?"

„Da mach dir mal keine Sorgen, Junge, da starten wir dann eine Spendenkampagne. Wir schaffen das."

„Ich weiß nicht", murmelte ich. „Vielleicht sollte ich lieber gleich freiwillig zurück ins Arbeitslager gehen."

Doch davon wollte meine Mutter nichts hören. „Sag nicht so was! Wenn du da wieder hinkommst, gehst du vor die Hunde."

Ich wechselte das Thema. „Was macht Lydia?" Ich wusste, dass die Trennung von mir sehr schwer für sie sein musste. Ihr erster Mann war Anfang vierzig durch einen plötzlichen Schlaganfall verstorben, und es musste furchtbar schwer für sie sein, dass ich jetzt plötzlich auch nicht mehr an ihrer Seite war. Bei meiner Verhaftung waren wir gerade vier Jahre verheiratet gewesen.

„Die ersten drei Monate lag sie nur im Bett", berichtete meine Mutter. „Aber dann fand sie die Kraft, wieder aufzustehen, und seitdem managt sie alles. Eigentlich hatte sie vor, mit mir zu kommen, aber das hat das State Department ihr ausgeredet, weil sie noch keine US-Bürgerin ist. Wenn ihr hier etwas passierte, könnten sie nichts für sie tun."

Sosehr ich mich danach sehnte, meine Frau zu sehen, war ich doch dankbar, dass sie und meine Mutter es sich anders überlegt hatten. Ich hätte es mir nie vergeben, wenn Lydia bei dem Versuch, mich zu besuchen, etwas zugestoßen wäre.

Der Aufpasser, der für meine Mutter zuständig war, kam herein, um uns mitzuteilen, dass die Besuchszeit vorbei war. „Keine Angst", sagte er mir, „sie kommt morgen wieder."

Als sie am nächsten Tag wiederkam, hatte meine Mutter eine große Tasche dabei. „Ich habe dir etwas mitgebracht", sagte sie. Die nächsten Minuten fühlte ich mich wie ein kleiner Junge unter dem Weihnachtsbaum. Aus der Tasche kamen eine Schachtel Hawaii-Pralinen mit Makadamianüssen, mehrere Kit-Kat-Riegel, luftgetrocknetes Rindfleisch, etliche Tüten gemischte Nüsse und Eiweißriegel. Ich traute meinen Augen nicht. Auf alle diese Leckereien hatte ich einen Heißhunger verspürt – und zwar in genau der Reihenfolge, in der meine Mutter sie aus der Tasche zog –, aber in meinen Briefen an sie hatte ich das mit keinem Wort erwähnt. Ich musste denken: *Mann, Herr! Du hast dir die geheimen Wünsche meines Herzens wirklich gemerkt!* Meine Mutter hatte alles aus den USA mitgebracht. Sie ging auch in Pjöngjang einkaufen, wo sie Nudelsuppe, Limonade und andere Köstlichkeiten für mich erstand.

Meine Mutter schenkte mir auch mehrere Vitamin-

und Prädiabetespräparate und Omega-3-Kapseln, dazu Medikamente und einen Stapel neue Bücher. Zwei waren Reiseberichte der berühmten südkoreanischen Autorin Han Bi Ya. Das eine schilderte ihre Abenteuer im Nahen Osten und Teilen Afrikas, das andere ihre Reisen von Alaska nach Südamerika. Diese beiden Bücher ermöglichten es mir, mein Los in Nordkorea zeitweise zu vergessen. Wenn ich sie las, hatte ich den Eindruck, Han Bi Ya zu begleiten. Ich habe sie im Laufe des nächsten Jahres wahrscheinlich mindestens siebenmal gelesen.

Meine Mutter und ich müssen wohl pausenlos geredet haben in den zwei Stunden, die wir an ihrem zweiten Besuchstag hatten. Wir hatten ja so wenig Zeit, vor allem wenn man bedachte, von wie weit her sie gekommen war. An diesem zweiten Tag verriet sie mir, dass sie mit einem einfachen Flugticket nach Nordkorea gekommen war. „Das Ticket für hin und zurück war zu teuer", sagte sie.

*Was* sagte sie da? „Und wie willst du dann zurück nach Hause kommen?"

Darüber schien sich meine Mutter keine Sorgen zu machen. „Ich schätze, ich fahre mit dem Zug nach Dandong und fliege von dort aus. Auf die Art kann ich gleich auch bei Lydia vorbeischauen."

Ich dachte: *Mensch, wenn ich so was bringen würde, du würdest rotieren!,* aber ich sagte nichts. Ich schlug meiner Mutter vor, sich ein paar Sehenswürdigkeiten anzusehen, während sie in Pjöngjang war. Es ging mir nicht um die Sehenswürdigkeiten, sondern darum, dass sie den Menschen in der Stadt begegnete.

„Nichts da", antwortete sie. „Ich bin nicht gekommen,

um mir Denkmäler anzusehen, sondern um dich zu sehen."

Sie hatte dann schließlich doch genügend Zeit, um in ein paar Museen zu gehen. Und der schwedische Botschafter führte sie an diesem Abend zu einem Steak-Dinner aus. Ihren Aufpasser und den Übersetzer aus der schwedischen Botschaft lud er gleich mit ein. Ich glaube nicht, dass die beiden in ihrem Leben je solch eine Mahlzeit gegessen hatten.

Am letzten Tag ihres Besuches brachte meine Mutter mir etwas Nudelsuppe von einem berühmten Restaurant, dem Okryugwan, mit. Und wie eine richtige Mutter das tut, brachte sie nicht nur eine Portion für sich und mich, sondern auch für die Schwestern und die Wächter, die sie in meine Zelle ließen. Das machte nicht wenig Eindruck. Anstatt ihren Frust über das, was ihrem Sohn passiert war, an ihnen auszulassen, war sie freundlich zu diesen Menschen. Mit ihrem Verhalten riss sie unsichtbare Mauern ein und machte es mir leichter, später, als sie wieder weg war, mit diesen Menschen zu reden.

Während unserer letzten Unterhaltung flüsterte meine Mutter mir zu, dass die „Jane", die mir etliche Briefe sowie Artikel der *New York Times* geschickt hatte, in Wirklichkeit Euna Lee war. Euna konnte mich besonders gut verstehen, da sie in Nordkorea Ähnliches durchgemacht hatte. Sie hatte auch eine E-Mail-Kampagne „Briefe an Kenneth" gestartet. Da sie wusste, wie beschränkt meine Spielräume waren, redigierte sie alle Briefe von meinen Sympathisanten und schickte sie zu meiner Mutter, welche sie darauf an das State Department schickte, zur

Weiterleitung an mich. Euna benutzte dabei einen Decknamen, um zu verhindern, dass die nordkoreanischen Behörden ihren Namen wiedererkannten und sich weigerten, mir die Briefe zu geben.

Was war ich dankbar für diese großherzige Frau. Ich hatte „Jane“ bereits ein Dankeschön geschrieben, ohne ihre wirkliche Identität zu kennen, und ihr angekündigt, dass ich nach meiner Rückkehr nach Hause gerne mit ihr und ihrer Familie essen gehen würde.

Auch an diesem dritten Besuchstag hatte meine Mutter eigentlich nur zwei Stunden mit mir zur Verfügung. Als die zweite Stunde um war, bat ich den Aufpasser, uns bitte noch etwas mehr Zeit zu geben. Als er den bittenden Blick meiner Mutter sah, konnte er nicht Nein sagen.

Eine Stunde später kam der Aufpasser mit der Krankenschwester wieder und begann, Andeutungen zu machen, dass die Besuchszeit jetzt aber wirklich vorbei war. Die Krankenschwester brachte es nicht über sich, die Worte zu sagen, sodass ich diesen Part übernahm. „Mama, wir müssen so langsam Auf Wiedersehen sagen.“

„Das geht noch nicht, Kenneth, wir brauchen noch etwas Zeit.“

Ich schielte zu der Schwester hin. „Wir müssen jetzt wirklich Schluss machen. Ich muss in meine Physiotherapie.“

„Ich werde die Leute fragen, ob ich dich noch mal sehen kann, bevor ich nach Dandong fahre“, sagte sie, Hoffnung in der Stimme.

„Das kannst du gerne machen, aber sie werden dich nicht lassen. Ich bin okay. Wenn ich noch weiter in Nordkorea bleiben soll, ist dies hier wahrscheinlich der beste Ort für mich. Mach dir keine Sorgen um mich und setz dich weiter für meine Freilassung ein."

Sie zögerte. Ich fuhr fort: „Es wird alles gut, Mama. Wir werden das schaffen, und dann werde ich eine Geschichte erzählen können, die für den Rest meines Lebens reicht."

Was konnte meine Mutter machen? Sie umarmte mich zum Abschied, lange. Als sie dann ging, sah sie mich mit einem Blick an, den ich nie vergessen werde. Ihre Augen sagten mir, dass sie nicht glaubte, dass sie mich je wiedersehen würde. Erst jetzt schien ihr die ganze Realität meiner Lage aufzugehen. Sie hatte gewusst, dass ich verhaftet, vor Gericht gestellt und verurteilt worden war, aber jetzt begriff sie zum ersten Mal richtig, was die Tatsache, bedeutete, dass ich ein Häftling in Nordkorea war. Sie hatte mich aufgefordert, den Glauben von Daniels Freunden zu haben; jetzt brauchte sie selbst diesen Glauben.

Dann war sie weg, und ich? Fiel nicht ins Loch der Depression oder Einsamkeit. Stattdessen dankte ich Gott für ihren Besuch. Jetzt wüsste meine Familie wirklich, wie es mir ging. Meine Mutter könnte viele ihrer Sorgen und Ängste zerstreuen.

Und das war gut so. Wir brauchten nicht noch mehr Sorgen. Sorgen konnten nichts an meiner Lage ändern. Das konnte nur Gott.

# 19. Mr Enttäuschung

*Freut euch, was auch immer geschieht; freut euch darüber, dass ihr mit dem Herrn verbunden seid! Und noch einmal sage ich: Freut euch! Seid freundlich im Umgang mit allen Menschen; ihr wisst ja, dass das Kommen des Herrn nahe bevorsteht.*

(Philipper 4,4–5)

Der erste Jahrestag meiner Haft kam und ging ohne großes Trara. Ich stand auf, las eine Weile und machte dann mit einem der Wächter meine Runde, auf der ich auch meinen einzigen Freund, den Hund, sah, der mich immer zum Lächeln brachte.

Um fünfzehn Uhr begann das Fernsehprogramm. Der eine Sender, der an diesem Tag sendete, brachte die gleiche Propaganda wie an jedem anderen Tag. Ich versuchte, sie zu ignorieren, las in meiner Bibel und danach in einem der Reisebücher, die meine Mutter mir mitgebracht hatte. Obwohl ich nach wie vor ein Gefangener in Pjöngjang war, konnte ich mit diesem Buch für kurze Zeit nach Südamerika entfliehen.

Der Tag verlief mehr oder weniger wie alle anderen. Als ich am Abend ins Bett ging, bat ich Gott um die Kraft, ihm weiter treu als sein Missionar zu dienen, egal wie lange meine Gefangenschaft noch dauern würde.

Ein paar Tage später bekam ich Besuch von einem schmächtigen Mann Ende dreißig. „Ich bin der neue Staatsanwalt, der mit Ihrem Fall betraut ist, Mr Bae. Ich werde jede Woche vorbeischauen, um zu sehen, ob Sie etwas brauchen, und Sie auch über die Entwicklung Ihres Falles auf dem Laufenden halten." Wenn er sprach, sah man seine Eckzähne, die wie die eines Vampirs hervorstanden.

Ich sagte: „Es ist schön, Sie zu sehen." Soweit es an mir lag, wollte ich ein gutes Verhältnis zu diesem Mann bekommen. Meine bisherigen Erfahrungen mit den mit meinem Fall betrauten Beamten waren ganz überwiegend negativ gewesen. Von Mr Park in Rason bis zu dem Generalstaatsanwalt und Mr Min in Pjöngjang schwankten diese Männer zwischen verständnislos und regelrecht feindselig. Nur Mr Lee schien mich zu mögen und jetzt hatten sie ihn also offenbar durch jemand anderes abgelöst.

„Danke", sagte der Neue. „Wie geht es Ihnen gerade? Brauchen Sie irgendetwas?"

„Mir geht es gut", sagte ich.

„Schön. Gut. – Also, was Ihren Fall betrifft, gibt es nichts Neues zu berichten. Ich rechne auch nicht damit, dass es je etwas Neues geben wird." Er schaute auf die Dokumente vor ihm. „Hier steht, dass Sie sechsundvierzig sind. Sie und ich werden uns in den kommenden Jahren noch oft sehen, denn Sie werden ja hier sein, bis Sie mindestens sechzig sind." Er sagte dies nicht in einem Unheil verkündenden Ton, sondern so, als wäre es das Selbstverständlichste von der Welt.

„Okay", sagte ich. Ich musterte sein Gesicht. Wollte der nur sehen, wie ich reagierte, oder glaubte er ehrlich, dass ich meine gesamte Strafe absitzen würde? Noch nicht einmal der Generalstaatsanwalt hatte je eine Andeutung gemacht, dass ich die ganzen fünfzehn Jahre in Nordkorea bleiben würde. Bei seinem letzten Besuch hatte er mir gesagt, dass die nordkoreanische Regierung mich wahrscheinlich nach sieben oder acht Jahren wegen guter Führung freilassen würde.

Der Neue stand auf, um wieder zu gehen. „Ja, Sie und ich werden Ihren sechzigsten Geburtstag gemeinsam feiern", sagte er. „Bis in einer Woche dann."

In der nächsten Woche sagte mir der neue Staatsanwalt genau das Gleiche. Und in der nächsten und übernächsten und überübernächsten. Manchmal fügte er noch etwas hinzu, zum Beispiel so: „Ihre Verwandten haben Sie vergessen. Ihre Regierung hat Sie vergessen. Keiner erinnert sich mehr daran, dass Sie hier sind." Er brachte nie gute Nachrichten, sondern immer schlechte.

Ich gab dem Neuen bald den Spitznamen „Mr Enttäuschung" (natürlich nicht, wenn er dabei war). Ich hatte den Eindruck, dass seine eine und einzige Aufgabe darin bestand, jegliche Hoffnung auf Freilassung, die ich hegen mochte, im Keim zu ersticken.

Doch die Besuche von Mr Enttäuschung hatten auch ihre guten Seiten. Oft hatte er neue Post für mich dabei. Außer den üblichen Briefen von meiner Familie erhielt ich jetzt auch Briefe von Wildfremden, die mir im Rahmen der von Euna Lee und anderen organisierten Briefkampagnen schrieben. Erst sagte Mr Enttäuschung mir zum x-ten Mal, dass alle mich vergessen hatten, und wenn er wieder weg war, öffnete ich den nächsten Brief und las zum Beispiel:

*Lieber Ken,*
*ich möchte Ihnen nur mitteilen, dass ich jeden Tag für Sie bete. Ich bete darum, dass Gott für alle Ihre seelischen, geistlichen und körperlichen Bedürfnisse sorgt – auf eine Art, die höher ist als alle menschliche Vernunft.*
*Bruder, wir haben Sie nicht vergessen.*
*Alles, alles Gute,*
*Russ*

Während meiner Haft erhielt ich Hunderte von Briefen von Leuten wie Russ, die mir alle schrieben, dass ich nicht vergessen war. Ich brauchte diese Briefe. Egal wie glaubensstark man ist und wie entschlossen, Gottes Willen zu tun, koste es, was es wolle – die Stimme eines Mr Enttäuschung kann einen zermürben. Russ und die vielen anderen Briefeschreiber trugen mich durch die Krisen hindurch.

~

Und die Krisen schienen mich zu verfolgen. Der November kam und ging, und als der Dezember begann, wurde mir klar, dass ich das nächste Weihnachten ohne meine Familie würde feiern müssen. Ich hatte mich damit ausgesöhnt, dass Gott mich bis auf Weiteres zum Missionar in Ketten berufen hatte, aber das machte es nicht einfacher, die Feiertage ohne meine Frau, Kinder und sonstigen Verwandten zu verbringen.

Am 29. Dezember 2013 durfte ich wieder meine Familie anrufen. Zum ersten Mal seit meiner Verhaftung konnte ich dabei mit meinem Sohn Jonathan sprechen. Ich hatte ein richtig schlechtes Gewissen, dass ich schon so lange so weit weg von ihm war.

Zuerst sagte ich ihm: „Irgendwie musste das alles so passieren. Aber gib nicht auf. Kämpfe weiter dafür, dass ich wieder nach Hause kann. Das ist unser gemeinsamer Kampf."

Ich hörte, wie Jonathan mit den Tränen kämpfte. „Ich weiß doch, Papa. Ich gebe nicht auf. Ich kann's nicht erwarten, dich wiederzusehen."

Dann fuhr ich fort: „Sag den Leuten in unserer Regierung, dass es echt gut wäre, wenn sie mich nach Hause holen könnten, bevor die USA und Südkorea im März ihre nächsten gemeinsamen Manöver abhalten. Im letzten März sind die Nordkoreaner schier durchgedreht und bei mir tat sich anschließend lange Zeit nichts."

„Wir werden unser Bestes tun", versicherte Jonathan.

„Das weiß ich doch", sagte ich.

Wir unterhielten uns etwas darüber, was Jonathan alles für mich unternommen hatte. Er hatte die Change.org-Petition für meine Freilassung gestartet. Er hatte an den Präsidenten, den US-Außenminister und zahlreiche andere Regierungsmitglieder geschrieben und sie gebeten, sich für mich einzusetzen. Und seine Bemühungen wie auch der unermüdliche Einsatz meiner Schwester und übrigen Verwandten trugen allmählich Früchte. Die Menschen begannen, von meinem Fall Notiz zu nehmen, obwohl das öffentliche Interesse eher mäßig war.

Und dann kam Dennis Rodman.

Knapp eine Woche nach meinem Telefonat mit meinem Sohn reiste die US-Basketball-Legende Dennis Rodman mit einem Team anderer ehemaliger Basketballprofis nach Nordkorea. Rodman nennt Kim Jong-un seinen Freund, was niemanden, der Rodman kennt, überraschen wird; Rodman war schon immer etwas unkonventionell.

Dies war nicht die erste Nordkorea-Reise von Rodman während meiner Haft. Anfang September 2013 war er schon einmal gekommen, damals alleine. Nach seiner Rückkehr in die USA hatten Reporter ihn gefragt, ob er mit Kim Jong-un auch über mich gesprochen habe. Er hatte sie angeschrien: „Kenneth Bae ist nicht mein Job! Fragt Obama! Oder Hillary Clinton!“[7]

Bei diesem zweiten Besuch, Anfang Januar 2014, hatte Rodman zehn Basketballveteranen dabei, die alle in der großen Basketball-Profi-Liga von Nordamerika gespielt hatten. Nordkorea war verzückt. Rodman sang sogar „Happy Birthday to You“ für Kim Jong-un. Ich sah die Szene im Fernsehen, in meinem Krankenhauszimmer. Dabei kam ich mir vor wie in einem Science-Fiction-Film.

Rodman und sein Team gaben in Pjöngjang auch ein Live-Interview mit Fernsehjournalist Chris Cuomo vom amerikanischen Sender CNN. Dieses Interview bekam

---

[7] Michael Martina, „Rodman Back from North Korea, Without Jailed American“, *Reuters,* 7. September 2013, http://www.reuters.com/article/us-korea-rodman-idUSBRE98602B20130907#WziksV6hzh5Tqeae.97

ich natürlich nicht zu sehen; dafür sah ich das Basketballspiel mit dem Team gleich viermal in dieser Woche. (Ich hatte keine Wahl; es gab im Fernsehen nichts anderes.) Die nordkoreanischen Medien konnten nicht genug bekommen von Rodmans „Basketballdiplomatie" und der Hochachtung, die er Kim Jong-un bezeugte. Das CNN-Interview brachten sie allerdings nicht.

In dem Interview fragte Cuomo Rodman unter anderem, ob er vorhatte, mit Kim über meinen Fall zu reden. Ein sichtlich erregter Rodman erwiderte: „Wissen Sie überhaupt, was er getan hat in diesem Land? Nein, nein, nein, das will ich von *Ihnen* hören! *Warum* wird er denn hier festgehalten, *warum*?"[8] Zwei Tage später entschuldigte Rodman sich und gab an, bei diesem Interview betrunken gewesen zu sein.[9] Aber für jeden, der dieses Interview sah, war die Botschaft klar: Rodman behauptete, dass ich zu Recht im Gefängnis saß, und hatte definitiv nicht vor, sich bei seinem Duzfreund Kim Jong-un für meine Freilassung einzusetzen.

Nach Rodmans Ausbruch in dem CNN-Interview wurde mein Fall ein sehr heißes Thema in den Nachrichtenmagazinen im US-amerikanischen Fernsehen. Anderson Cooper (CNN) machte prompt ein erneutes Interview mit meiner Schwester. Sie sagte: „[Dennis Rodman]

---

8 Dennis Rodman, Interview mit Chris Cuomo, *CNN New Day*, 7. Januar 2014.

9 Stephen Rex Brown, „Dennis Rodman: ‚Sorry, I Was Drunk'", *New York Daily News*, 9. Januar 2014, http://www.nydailynews.com/news/world/dennis-rodman-apologizes-kenneth-bae-family-article-1.1570687

hätte hier etwas Gutes tun und sich für Kenneth einsetzen können. Das hat er nicht nur abgelehnt, sondern auch noch mit diesen unerhörten Anschuldigungen gegen Kenneth um sich geworfen." Sie fuhr fort: „Es ist offensichtlich, dass er von Kenneth und von seinem Fall null Ahnung hat, und das hat uns sehr getroffen."[10]

Die Empörung meiner Schwester über Rodmans Entgleisung führte zu einem Medienspektakel, wie meine Familie es in den jetzt vierzehn Monaten meiner Haft noch nicht erlebt hatte. Mein Fall wurde zu einem nationalen Drama, dessen Bühne das Fernsehen war. Weitere Persönlichkeiten traten für mich ein. In einem Interview forderte Bill Richardson erneut meine Freilassung, ebenso Vizepräsident Biden. Beim Nationalen Gebetsfrühstück am 6. Februar 2014 fand Präsident Obama sehr deutliche Worte, als er mich einen guten Menschen nannte, der es verdient hatte, freigelassen zu werden.[11] Noch engagierter war der schwarze Pastor, Politiker und Bürgerrechtler Jesse Jackson, der elf Briefe an die nordkoreanische Regierung schrieb, bei den Vereinten Nationen mit einer nordkoreanischen Delegation sprach und sich sogar anbot, persönlich nach Pjöngjang zu kommen, um mich abzuholen.

Später erfuhr ich, dass im Rahmen des von Dennis Rodman ausgelösten Mediensturms mein Sohn, meine Mutter und meine Schwester zu Interviews nach New

---

[10] Terri Chung, Interview mit Anderson Cooper, *AC360°*, 7. Januar 2014, http://www.cnn.com/videos/world/2014/01/08/ac-terri-chung-kenneth-bae-north-korea.rodman.cnn

[11] Shin Se-min, „U.S. President Obama Calls for Detained American Kenneth Bae to Be Released", Arirang News, 6. Februar 2014

York gereist waren. Sie waren auch in Washington gewesen, wo sie mit Kongressabgeordneten, Senatoren und sogar mit Außenminister Kerry sprachen und um Hilfe durch die US-Regierung baten. Die Kongressabgeordneten Charles Rangel (New York) und Rick Larsen (Washington) luden meine Schwester und meine Mutter als Gäste zu Präsident Obamas Rede zur Lage der Nation ein. Der alkoholisierte Ausbruch Dennis Rodmans und die Reaktion meiner Schwester hatten meinen Fall ins Rampenlicht der USA befördert. Jetzt wusste jeder über mich Bescheid und die Wellen schlugen hoch.

Von all dem wusste ich rein nichts, bis eines Nachmittags ein sichtlich empörter Mr Enttäuschung in mein Zimmer stürmte. „Wissen Sie, was die Medien im Westen über Sie sagen?" Er fuchtelte mit einem Stapel Papiere. „Schauen Sie sich das an!"

Ich überflog den Stapel. Es waren Ausdrucke von Medienartikeln über Rodmans Äußerungen und die heftigen Reaktionen dagegen. Alle Artikel sagten das Gleiche: Nordkorea hielt einen Mann fest, der unschuldig war und es verdient hatte, sofort freigelassen zu werden.

„Was gedenken Sie, zu unternehmen?", fragte Mr Enttäuschung.

„Wie meinen Sie das?", fragte ich. „Was kann ich denn da machen?"

„Diesen Leuten erklären, dass Sie *nicht* unschuldig sind! Sie sind schuldig, Sie haben das selbst gestanden. Vielleicht sollten Sie Ihre Familie anrufen und die Sache klarstellen. Oder Sie treffen sich mit den Schweden und legen offiziell Protest gegen diese Schweinerei ein."

Ich konnte die Wut von Mr Enttäuschung gut verstehen. In seinen Augen, ja, in den Augen aller Nordkoreaner, mit denen ich in Kontakt gewesen war, hatte ich mich eines ernsten Verbrechens schuldig gemacht. Ja mehr noch: Das Evangelium von Jesus Christus war eine hochexplosive Botschaft, die das ganze Land von seiner Staatsreligion, dem Glauben an Kim Il-sung und Kim Jong-il, abbringen konnte. Im ganzen Land prangen an Hauswänden und auf öffentlichen Plätzen riesige Fotos dieser „Führer“. Eine meiner Krankenschwestern musste sogar eine Nacht damit verbringen, große Mosaikporträts der beiden zu bewachen, zum Schutz vor Vandalismus. Armeeoffiziere und loyale Parteimitglieder tragen Fotos der „Führer“ auf der Brust, über dem Herzen. In den Augen dieser Menschen war meine Behauptung, dass Jesus und nicht Kim Il-sung der Herr ist, alles andere als harmlos.

Ich sagte: „Wie wäre es, wenn Sie mich eine Pressekonferenz abhalten lassen, auf der ich zugebe, dass ich der Vergehen, die mir vorgeworfen worden sind, schuldig bin, und auf der ich mich erneut gegenüber Nordkorea entschuldige?“

„Hm“, sagte Mr Enttäuschung, „da müsste ich mal drüber nachdenken.“

Ich fuhr fort: „Das könnte doch eine Lösung sein, von der alle etwas haben. Ich gebe vor aller Welt zu, was ich getan habe, sodass jeder sehen kann, dass hier die Demokratische Republik Nordkorea das Opfer ist. Darauf wird es keinen Grund mehr für Sie geben, mich weiter in Haft zu behalten.“

Ich sah Chancen, dass der Staatsanwalt auf dieses Angebot eingehen würde. In den letzten Wochen hatte er mehrmals Andeutungen gemacht, dass das Regime nichts dagegen hatte, mich loszuwerden.

Am nächsten Tag kam Mr Enttäuschung zurück. „Gut“, sagte er, „wir machen das so, wie von Ihnen vorgeschlagen. In drei Tagen werden Sie eine Pressekonferenz abhalten und Ihre Schuld zugeben. Wir erwarten von Ihnen, dass Sie sämtliche Personen, die behaupten, Sie seien unschuldig in Haft, auffordern, mit diesen Behauptungen aufzuhören. Zum Beispiel Ihren Vizepräsidenten und Ihre Schwester.“ Dann fügte er, fast wie in einer Fußnote, hinzu: „Aber sagen Sie nichts über Dennis Rodman. Lassen Sie den raus.“

Und um auch ganz sicherzugehen, dass ich das Richtige sagen würde, reichte Mr Enttäuschung mir ein Blatt Papier. „Schreiben Sie Ihre Rede auf, auch die möglichen Fragen der Reporter und Ihre Antworten. Lernen Sie sie auswendig, aber achten Sie darauf, dass es Ihre eigenen Worte sind und dass es nicht auswendig gelernt klingt.“

Ich fühlte mich wieder wie in Rason. „Machen Sie sich da keine Sorgen“, sagte ich, „ich bin ein Profi, ich verdiene mein Geld mit Reden.“

Noch am selben Tag fing ich an, meine Rede einzuüben. Mr Enttäuschung war sehr kritisch. „Sie klingen ja, als ob Sie etwas ablesen“, monierte er.

Den ganzen Tag und den folgenden Tag übten wir meine Rede ein. Mr Enttäuschung stellte mir Fragen, die ich dann zu beantworten hatte. Wieder und wieder gingen wir meine Erklärung durch, und die ganze Zeit dachte ich nichts anderes, als dass mich die Nordkoreaner nach dieser Pressekonferenz freilassen würden. Das war die Abmachung, die wir getroffen hatten. Dachte ich.

Die Pressekonferenz war auf fünfzehn Uhr nachmittags am folgenden Montag angesetzt. Am Morgen schoren sie mir den Kopf wieder kahl. Dann sollte ich meine Sträflingsuniform anziehen. „Die ist im Arbeitslager", sagte ich. Jemand fuhr hin, um sie zu holen.

Sobald ich präsentabel aussah, führten sie mich in einen Konferenzraum in einem der oberen Stockwerke des Krankenhauses. Dort saßen zwanzig bis dreißig Reporter von Nachrichtenagenturen aus aller Welt: chinesische und russische Journalisten, dazu Reporter von AP (Associated Press) und anderen großen Presseagenturen.

Ich gab meine Schulderklärung ab und fügte hinzu: „Ich glaube, dass mein Problem durch eine enge Kooperation und Übereinkunft zwischen der amerikanischen Regierung und der Regierung dieses Landes gelöst werden könnte." Ich sagte auch, dass Äußerungen von Personen wie Vizepräsident Biden, dass ich grundlos in Haft sei, die Sache nur verschlimmerten.

Ich wusste, dass ich mich mit diesen Äußerungen auf Gedeih und Verderb in die Hände des nordkoreanischen Regimes begab. Ich konnte mir nichts anderes vorstellen, als dass jeder, der diese Pressekonferenz im Fernsehen sah, sagen würde: „Der Mann ist schuldig und kriegt, was er verdient hat." Was mehr oder weniger das war, was Dennis Rodman gesagt und wofür er sich später entschuldigt hatte. Aber andererseits würde meine Erklärung den Zorn der Vertreter von Nordkorea besänftigen, und wenn sie mich anschließend freiließen, würden sie vom Rest der Welt als die Menschenfreunde betrachtet werden, für die sie sich selbst hielten.

Als die Pressekonferenz vorbei war, begleitete Mr Enttäuschung mich zurück in mein Krankenzimmer. Dann sagte er: „Packen Sie Ihre Sachen. Sie werden jetzt zurück ins Arbeitslager fahren."

Ich schaute ihn ungläubig an. „Wie, bitte?" *Das* hatte ich nicht bestellt! „Ich habe doch gerade diese Erklärung für Sie abgegeben. Warum bestrafen Sie mich dann jetzt? Ich dachte, Sie würden sich jetzt Ihrerseits erkenntlich zeigen und etwas für mich tun, zum Beispiel mich nach Hause schicken."

„Es ist besser so", sagte er. „Wenn Sie freikommen wollen, müssen Sie zuerst zurück ins Lager."

Darauf antwortete ich nichts. Ich konnte nicht. Ich hatte den Eindruck, gerade den größten Fehler meines Lebens gemacht zu haben. Ich war vor die Fernsehkameras der Welt getreten und hatte erklärt, dass ich meine Strafe verdient hatte, und jetzt – brachten sie mich zurück ins Arbeitslager, um den Rest dieser Strafe abzusitzen. Es war gerade so, als ob sie dem Rest der Welt sagten: „Schaut her, wir hatten euch ja gesagt, dass dieser Mann schuldig ist. Jetzt wisst ihr es endgültig. Jetzt werden wir ihm geben, was er verdient hat, und keiner kann mehr etwas dagegen sagen."

*Wie sollen die USA jetzt noch jemanden schicken, der meine Freilassung aushandeln soll?*, dachte ich, während ich meine Sachen packte. *Jetzt komme ich nie mehr nach Hause!* Ich hatte umstürzlerische Aktivitäten gegen die nordkoreanische Regierung gestanden, obwohl ich lediglich für Nordkorea gebetet und andere in das Land gebracht hatte, um das Gleiche zu tun. Der Rest der Welt hätte dies als humanitäre Geste verstanden; für Nordkorea war es ein kriegerischer Akt.

*Du hast es voll vermasselt, Ken,* dachte ich wieder und wieder.

Ich packte meine Sachen fertig und verließ das Krankenhaus. Auf dem Weg nach draußen winkte ich meinem einzigen Freund, dem Hund, zum Abschied zu.

Mr Enttäuschung führte mich zu einem auf dem Parkplatz wartenden Minivan, und dann saß ich wieder in der Mitte der Rückbank, den Kopf zwischen den Knien, während der Wagen nach – ja, wohin fuhr? Ich wusste nicht, wo sie mich als Nächstes hinbringen würden. Vielleicht würde ich mich, wenn die Türen des Wagens sich öffneten, in einem normalen Gefängnis befinden.

Nach etwa zwanzig Minuten hielt der Wagen an. Ich war zurück in dem Arbeitslager, in dem ich die ersten drei Monate meiner Strafe verbüßt hatte!

Die Wärter staunten nicht schlecht, als sie mich sahen. „Mann, 103, wir dachten, wir würden Sie nie wiedersehen!“ Von mehr als einem hörte ich diesen oder ähnliche Sätze.

Ich lächelte dünn und erwiderte: „Das hab ich auch gedacht.“

Diesmal gab es keine Begrüßungsinstruktionen. Ich ging schnurstracks zurück in meine alte Zelle, die Zelle 3.

Der Lagerleiter kam zu mir. „Gut, dass Sie wieder hier sind", sagte er trocken. „Jetzt müssen Sie ja Ihre Krankenhausrechnung abarbeiten." Ich bekam für meine Zwangsarbeit ungefähr 25 Cent pro Monat. Die Klinik hatte mir fünf Monate lang für jeden Tag 720 Dollar berechnet, was insgesamt etwa 120.000 Dollar machte. Um mit meinem „Gehalt" diese Summe abzuarbeiten, würde ich 40.000 Jahre brauchen ...

Aber das sagte ich nicht laut. Ich lächelte nur und sagte: „Es ist schön, wieder dort zu sein, wo man sich kennt."

Und dann waren schließlich Mr Enttäuschung, der Lagerleiter und die Wächter weg und ich war alleine in meiner Zelle. Ich schaute um mich und stieß einen langen Seufzer aus. Vor vier Monaten hatte ich Gott gesagt, dass ich auf mein Recht, wieder nach Hause zu kommen, verzichtete. Ich hatte mich seinem Willen gefügt und ihm gesagt, dass ich bereit war, so lange in Nordkorea zu bleiben, wie er wollte. Aber ich hatte im Traum nicht damit gerechnet, dass sein Wille mich zurück in dieses Arbeitslager führen würde, um dort meine Strafe abzubüßen, ohne Licht am Ende des Tunnels.

Ich saß auf meinem Bett und versuchte, das alles zu begreifen. Schließlich betete ich: *Okay, Herr. Das hier ist echt hart für mich, aber ich möchte, dass dein Wille geschieht, nicht meiner. Gebrauche mich hier, Vater. Gebrauche mich.*

# 20. Missionar in Ketten

*Doch wenn jemand Schweres durchmacht, weil er ein Christ ist, braucht er sich deswegen nicht zu schämen. Vielmehr soll er Gott ehren, indem er ohne Scheu dazu steht, dass er nach dem Namen von Christus genannt ist.*

(1. Petrus 4,16)

Der Lagerleiter war genauso schockiert gewesen wie ich, als ich aus dem Minivan stieg und zum Tor hereinkam. Er hatte mir glatt gesagt: „Mit Ihnen hatten wir jetzt aber gar nicht gerechnet." Und er fing an, sich hektisch nach warmen Kleidern und nach Arbeit für mich umzusehen.

Nun, am nächsten Morgen hatte er sich von dem Schock erholt. Punkt acht Uhr schickte er einen Wächter zu mir, der mich nach draußen führte. Mein ganzer Körper zog sich zusammen, als ich zur Tür hinausging. Die Temperatur mochte bei minus zehn Grad liegen. Ich hatte keinen Schimmer, wohin der Wächter mich bringen würde oder was der Lagerleiter mit mir vorhatte. Ich wusste nur eines: Es war kalt.

Als ich das letzte Mal hier gewesen war, hatte ich unter der sengenden Sonne Unkraut in meinem Sojafeld gejätet. Jetzt hatte ich das Gefühl, erfrieren zu müssen, wenn ich lange hier draußen blieb.

Der Wärter führte mich um eine Ecke des Gebäudes,

und ich sah einen riesigen Aschehaufen. „Das ist Ihre neue Arbeit, 103. Dies ist die Asche von der Kohle, mit der wir das Lager heizen."

Ich nickte. „Und was soll ich damit machen? Soll ich die Asche irgendwo hintragen?"

„Nein. Im *Juche*-System machen wir mit allem, was wir haben, etwas Nützliches. Diese Asche ist Dünger für unsere Felder. Aber wie Sie sehen können, ist sie ganz verklumpt." Er zeigte auf eine Spitzhacke, die auf dem Boden lag. „Brechen Sie die Klumpen mit dieser Spitzhacke auf, bis alles ein feiner Staub ist."

„Haben Sie einen Mund- und Nasenschutz für mich, damit der Staub nicht in meine Lunge kommt?", fragte ich.

Der Wächter schüttelte den Kopf. „Nein, so was gibt's hier nicht. Das brauchen Sie aber auch nicht. Es ist eine sehr einfache Arbeit; das können sogar Sie, 103."

Ich lächelte. „Ja, da haben Sie wohl recht. Selbst ein Missionar kann sich ausrechnen, wie man dieses Ding benutzt." Und ich nahm die Spitzhacke in die Hand.

Ich hob die Hacke hoch über meinen Kopf und ließ sie auf den Aschehaufen niedersausen. Die Klumpen zerbrachen mühelos in kleinere Klumpen, während eine Staubwolke hochstieg. Dann drehte ich die Spitzhacke mit der flachen Seite nach unten und zermahlte die Klumpen, bis die Asche so fein wie Sand war.

Bald steckte ich in einer Staubwolke, die so dicht war, dass ich kaum noch durch meine Brille sehen konnte. Meine Nase juckte. Manchmal musste ich die Arbeit unterbrechen, bis ich fertig mit Niesen war. Aber ich machte weiter und zerhackte die nächsten Ascheklumpen zu Dünger.

Zwei der Wächter saßen nicht weit entfernt von mir auf dem Boden und versuchten, der Staubwolke so gut auszuweichen, wie es ging. Der dritte war in dem Gebäude geblieben, wo es warm war. Alle drei machten sie einen entspannten Eindruck. Täuschte ich mich oder nickte einer sogar einmal ein? Ich kannte die meisten dieser Männer mittlerweile recht gut. Mehrere von ihnen hatten mich auch in der Klinik bewacht. In den letzten vier Monaten hatte ich viele Gespräche mit ihnen geführt, über alle möglichen Themen, von ihren Familien über die Lebenshaltungskosten in Pjöngjang bis zu der Frage, womit der eine als Kettenraucher seine Zigaretten finanzierte.

Ich bearbeitete die nächsten Ascheklumpen, als einer der Wächter plötzlich sagte: „Dann haben Sie nie eine Spezialausbildung bekommen?"

„Wie meinen Sie das?", fragte ich.

„Na, im Töten und so. Das macht die CIA doch, oder?" Tief drinnen in ihren Hinterköpfen hielten die Wärter mich immer noch für einen halben CIA-Agenten.

„Ja, sicher", witzelte ich.

Der andere Wärter fragte: „Sind Sie eine von diesen Mordmaschinen?"

„Klar", sagte ich. „Ich könnte euch alle in Nullkommanichts ins Jenseits befördern. Aber das tue ich nicht, weil ich so gerne diese Asche zerhacke."

Die Wächter lachten. Ich fuhr fort: „Wenn ich von der CIA bin, bedeutet das natürlich auch, dass da oben gerade ein Satellit ist, der mich beobachtet. Wer weiß, vielleicht schickt mein Kommandant gleich ein paar von seinen Jungs los, um mich hier rauszuholen." Ich grinste.

Die beiden Wächter sahen sich an und schauten misstrauisch zum Himmel hoch. Dann sagte der erste: „Meinen Sie das ernst, 103?"

„Nein. Ich bin nur ein Missionar. Ich erzähle den Leuten von Gott. Das Einzige, was ich über die CIA weiß, habe ich aus dem Kino, und ich weiß, dass nur die Hälfte davon stimmt."

Der eine der Wächter stand auf, schaute erneut zum Himmel hoch und verkündete: „Ich gehe ein paar Minuten rein ins Warme. Okay?", fragte er den zweiten.

„Ja", antwortete der. „Geh nur."

Jetzt war ich mit dem anderen Wächter allein. Er wartete ein, zwei Minuten, dann sagte er: „Sie haben eben Gott erwähnt. Ich habe nie begriffen, warum manche Leute es so mit Gott haben. Ich weiß natürlich, dass jeder Mensch, der geboren wird, etwas braucht, auf das er sich verlassen kann. Aber zu sagen, dass dieses Etwas Gott ist, das macht doch keinen Sinn. Ich meine, Gott kann man nicht sehen, aber den Großen Führer kann ich sehen und auf den verlasse ich mich."

„Und was tut er für Sie?", fragte ich.

„Er versorgt mich. Mit Essen, mit meiner Wohnung, solche Dinge halt. Jeder in diesem Land hat eine kostenlose medizinische Versorgung, kostenlose Schulausbildung und eine Arbeit. Manchmal arbeite ich sogar ohne Bezahlung." Er lachte. Auf meiner Fahrt von Rason nach Pjöngjang hatte ich mitbekommen, wie die Menschen den Schnee von den Straßen räumten. Von dieser Pflicht waren auch die Lagerwächter nicht ausgenommen. Niemand bekam eine Entlohnung dafür. Das Schneeräumen galt als Privileg, als Einsatz für das Wohl der Gesellschaft, und das war Lohn genug.

Ich sagte: „Ich habe gehört, dass man heute nicht mehr so leicht an eine Wohnung kommt."

„Ja, das stimmt. Wohnungen verschenken tut die Regierung nicht mehr. Eine Wohnung hier in Pjöngjang ist echt teuer; die meisten können sich das nicht leisten. Aber das kommt von dieser ‚Zuerst das Militär'-Politik. Wir müssen so viel Geld in den Schutz vor Amerika stecken, dass nicht mehr viel übrig bleibt. Aber ich bin Offizier und da stellt die Regierung mir eine Wohnung." Ich staunte, wie offen der Wärter redete; es zeigte mir, dass er Vertrauen zu mir gefasst hatte.

Ich sagte: „Ich kann ein Lied davon singen, wie teuer Wohnraum sein kann." Und ich erzählte dem Wächter, wie Gott meinem *Jugend-mit-einer-Mission*-Team in Dalian und später in Dandong ein Haus besorgt hatte. „Einmal hat Gott uns an die 75.000 Dollar geschenkt; das sind fast 615 Millionen nordkoreanische *Won*", sagte ich.

Der Kiefer des Wärters klappte nach unten, seine Augen wurden groß. „Das hat Ihr Gott gemacht?"

„Ja", sagte ich. „Wenn Gott jemandem aufträgt, etwas für ihn zu tun, gibt er ihm alles, was dazu nötig ist. Geld, Menschen, Material – egal was. Gott ist größer."

„Das kann nicht Gott gewesen sein bei Ihnen", sagte der Wächter. „Das war halt Zufall."

„Zufall?", sagte ich. „Das ist unmöglich. Mein Team

und ich haben um ganz bestimmte Geldbeträge gebetet, und dann haben wir exakt diesen Betrag bekommen, von Leuten, die wir überhaupt nicht kannten. Wir haben nicht Menschen um dieses Geld gebeten, sondern nur Gott. Wenn das ein Zufall war, dann ist mein ganzes Leben ein riesiger Zufall. Gott hat mich immer versorgt. Er beschützt mich. Er sorgt für mich wie ein liebender Vater für seine Kinder."

„So? Wenn Ihr Gott so für Sie sorgt, warum sind Sie dann immer noch in Haft und können nicht nach Hause?", fragte der Wächter, mit einem Blick, als habe er gerade seine Trumpfkarte gezogen.

„Er hat mich hierhergeschickt, weil er Sie und alle Menschen in Nordkorea liebt", sagte ich. „Er möchte, dass Sie erfahren, wer er ist und wie sehr er Sie liebt."

Meine Antwort schien den Wärter nachdenklich zu machen. „Gehen Sie wieder an Ihre Arbeit", murmelte er.

Während meines zweiten Aufenthalts in dem Arbeitslager hatte ich noch viele solche Gespräche. Einige der Wächter waren nicht bei mir in der Klinik gewesen, sodass ich noch keine Beziehung zu ihnen hatte aufbauen können. Aber das machte nichts. Ich begann einfach ein Gespräch, indem ich eine Frage über das Leben des Wächters stellte, zum Beispiel so: „Wenn Korea wiedervereinigt ist, welche Stadt im Süden möchten Sie dann als Erste besuchen?" Oder auch so einfache Dinge wie: „Mögen Sie Musik?" oder: „Was ist Ihr Lieblingsgericht?"

Einige der Wächter weigerten sich, mit mir zu reden, doch die meisten tauten auf. So verging für sie wie für mich die Zeit schneller.

~

Als ich nach meinem ersten Arbeitstag wieder in meine Zelle ging, war ich von Kopf bis Fuß mit Asche bedeckt. Mein ganzer Körper tat mir weh. Zum Glück gab es im Lager warmes Wasser, sodass ich mich mit der „Eimerdusche“ einigermaßen reinigen konnte.

Nach der Dusche ließ ich mich auf meinen Stuhl fallen und wünschte mir, dass es bald zweiundzwanzig Uhr wäre, damit ich ins Bett konnte. Mein Rücken schmerzte. Meine Hände, die schon während meines ersten Aufenthalts in dem Lager taub geworden waren, fühlten sich wieder taub an. Aber am schlimmsten war der Husten, der nicht aufhören wollte. Und das Niesen. Jedes Mal, wenn ich nieste oder meine Nase putzte, kam eine zähe schwarze Masse heraus.

Aber am nächsten Morgen stand ich wieder draußen in der Kälte, zermahlte Ascheklumpen und unterhielt mich mit den Wärtern. Ich flachste viel herum mit ihnen.

Einmal fragte mich einer: „Warum sind Sie so fröhlich? Sie machen immer Witze und singen. Sie sind in einem Arbeitslager, Mann!“

Ich sagte: „Jetzt überlegen Sie mal: Ich habe hier freie Kost und Logis. Sonst muss ich immer zusehen, dass ich genügend Geld für meine Missionsarbeit bekomme, aber jetzt nicht. Und ich habe mir sogar gewünscht, ein Missionar in Nordkorea sein zu können, und jetzt bin ich hier – hier bei Ihnen. Da will ich sein. Warum soll ich da nicht fröhlich sein?“

Die Wächter sahen mich an, als ob ich verrückt wäre.

Ein anderes Mal fragte einer von ihnen: „Wie können Sie an Gott glauben, wenn Sie ihn nicht sehen können?"

Ich antwortete: „Wenn Sie eine Lampe einschalten, können Sie den Strom auch nicht sehen, aber Sie wissen, dass er da ist. So ist das auch bei Gott. Oder denken Sie an den Wind. Den kann man auch nicht sehen, aber wir spüren, dass er da ist. Natürlich kann ich Gott nicht sehen, aber ich weiß, dass er da ist."

„Das ist was anderes", sagte der Wärter.

„Nein, das ist es nicht. Und ich weiß nicht nur, dass Gott da ist, er spricht sogar mit mir. Durch die Bibel, aber auch durch seinen Geist."

„*Was?*", sagte der Wächter. „Von welchem Planeten sind Sie?"

„Ich meine das ernst", erwiderte ich. „Als ich mit der Schule fertig war, hat Gott zu mir gesprochen und mir gesagt, dass er mich als Missionar in China haben wollte. Auf die Art bin ich nach Dandong gekommen. Später sagte er mir, dass er mich als Brücke zwischen Nordkorea und der Welt gebrauchen wollte. Darum habe ich angefangen, nach Nordkorea zu reisen. Ich habe auch andere Menschen hierhergebracht, um das Land zu sehen, die Menschen kennenzulernen und für das Land zu beten. Auch für Sie. Sogar nach meiner Verhaftung hat Gott zu mir geredet. Gleich am Anfang hat er mir gesagt, dass er für mich sorgen und dass mir nichts geschehen wird, und so ist es auch gekommen."

Der Wächter hörte mir aufmerksam zu. Ich merkte förmlich, wie es in seinem Kopf arbeitete. Später fragten mehrere seiner Kollegen mich unabhängig voneinander, ob Gott in der letzten Zeit zu mir gesprochen hatte. Offenbar tauschten sie sich untereinander über ihre Gespräche mit mir aus. Diese Männer machten sich nicht über mich lustig; sie wollten wirklich wissen, ob Gott in der letzten Zeit zu mir geredet hatte.

In vielen meiner Gespräche mit den Wärtern ging es um ihre Familien. Ich fand heraus, dass die meisten Eheprobleme überall in der Welt die gleichen sind. Die Wächter fingen schließlich an, mich um Rat zu fragen. Und während sie mich vor ihren Vorgesetzten nach wie vor „103" nannten, sagten sie im Gespräch unter vier Augen: „Herr Pastor, könnten Sie mir bei einem Problem helfen?"

Sie stellten auch viele Fragen über meine Frau. „Woher wollen Sie wissen, dass sie noch da sein wird, wenn Sie hier rauskommen?", fragte mich mehr als einer. Was mir einen Einstieg gab, etwas über die Grundpfeiler der Ehe zu sagen, zum Beispiel dass man einander vertrauen und lieben muss und dass im Zentrum der Beziehung Gott stehen muss. An manchen Tagen verbrachte ich genauso viel Zeit als Eheberater wie mit meinen Ascheklumpen.

~

Drei Wochen, nachdem ich in das Arbeitslager zurückgekehrt war, kam die neue schwedische Stellvertretende Botschafterin Cecilia Anderberg (die Nachfolgerin von Johan Svensson), um mir mitzuteilen, dass Sonderbotschafter Robert King unterwegs nach Nordkorea war, um über meine Freilassung zu verhandeln. „Eigentlich wollte Pastor Jesse Jackson kommen, aber die Obama-Administration hat sich für King entschieden. Er wird am Montag eintreffen."

Sie teilte mir dies am Freitag mit und ich kann gar nicht beschreiben, wie begeistert und erleichtert ich war. Am liebsten hätte ich Luftsprünge gemacht. Aber ich beherrschte mich und dankte ihr höflich. „Das ist ja wunderbar", sagte ich. „Ich wollte, er käme heute schon, aber noch ein Wochenende warten, ich glaube, das schaffe ich noch."

Ich sagte es nicht laut, aber ich war mir nicht sicher, ob ich es noch viel länger schaffen würde. Die drei Wochen, die seit meiner Pressekonferenz vergangen waren, kamen mir eher wie so viele Monate oder Jahre vor. Meine Essensrationen waren deutlich kleiner als bei meinem ersten Aufenthalt im Lager. Damals hatte ich manchmal Brot und Gemüse bekommen, ja sogar Fleisch und Eier. Jetzt nicht mehr. Erst hielt ich das für eine Art Strafe, aber nach den ersten beiden Wochen war mir klar, dass niemand im Lager viel zu essen bekam, auch nicht die Wächter oder sonstigen Bediensteten. Ich fing wieder an abzunehmen. Auch meine anderen Beschwerden, darunter meine Rückenschmerzen und die Taubheit in den Händen, kamen wieder. Das machte die Nachricht, dass jemand kam, um mich nach Hause zu holen, noch schöner.

Als ich am Montagmorgen aufwachte, war ich voller Vorfreude. Für die Wärter und anderen Bediensteten war es ein Tag wie jeder andere. Ich ging wieder zu meinem Aschehaufen. Ich hatte den Wärtern bereits gesagt, dass ich vielleicht nicht mehr lange da sein würde.

Ich hatte ihnen sogar ein Abschiedslied gesungen. Worauf einer von ihnen gesagt hatte: „Singen Sie nicht so ein melancholisches Lied! Sie machen einen ja ganz traurig. Sie sollten länger hierbleiben, damit wir uns noch mehr unterhalten können."

Ich war nur zu bereit, diesen Männern als Seelsorger zu dienen, aber ich wollte endlich nach Hause. Den ganzen Tag wartete ich darauf, dass der Lagerleiter gleich herauskommen würde, um mir zu befehlen, die Spitzhacke fallen zu lassen und meine Sachen zu packen. Aber er kam nicht. Immer wieder schielte ich zum Lagertor hin. Sicher würde gleich Sonderbotschafter King hereinkommen? Aber er kam nicht. Der Tag verging wie jeder andere und niemand kam.

Auch nicht am nächsten Tag. Und am übernächsten und überübernächsten. Jeden Morgen in dieser Woche wachte ich mit dem Gedanken auf, dass dies mein letzter Tag in dem Lager wäre, und jeden Abend ging ich enttäuscht ins Bett.

Schließlich, am Samstag, kam Mr Enttäuschung zu seinem wöchentlichen Besuch. Er kam sofort zur Sache und zerstampfte meine Hoffnungen in Grund und Boden.

„Die Reise Ihres Botschafters ist ausgefallen. Wir haben die Einladung an ihn zurückgezogen. Niemand kommt zu Ihnen. Niemand kümmert sich um Sie. Keiner erinnert sich auch nur daran, dass Sie hier sind. Hören Sie auf mit Ihrer Hoffnung auf vorzeitige Freilassung. Begreifen Sie endlich, dass Sie und ich Ihren sechzigsten Geburtstag hier in diesem Lager feiern werden."

Ich versuchte tapfer, diese Neuigkeit ohne große Reaktionen hinzunehmen, aber es war nicht einfach. Ehrlich gesagt war ich nicht überrascht. Da seit dem angekündigten Besuch von King schon fast eine ganze Woche verstrichen war, war mir bereits klar gewesen, dass er nicht kommen würde. Mr Enttäuschung bestätigte meine Befürchtungen lediglich. Jetzt hatte Pjöngjang schon zweimal King zu Verhandlungen über meine Freilassung eingeladen, nur um die Einladung in letzter Minute zurückzuziehen, und ich nahm mir vor: Das nächste Mal, wenn man mir sagte, dass irgendjemand unterwegs sei, um mich nach Hause zu holen, würde ich das erst glauben, wenn ich diese Person mit meinen eigenen Augen sah und hörte, wie sie sagte: „Ich bin gekommen, um Sie hier rauszuholen."

Am Montag bekam ich eine neue Aufgabe. Die Wächter führten mich in die Mitte des Hofes. An einer Seite waren Rohre gestapelt.

„Wir müssen eine neue Abwasserleitung legen und Sie werden den Graben ausheben."

Ich war sozusagen befördert worden. Vom Aschezermahler zum Abwasserleitungsgräber.

Ich merkte bald, dass dies die schwerste Arbeit war, die ich bisher bekommen hatte. Der festgefrorene Boden war wie ein Panzer, von dem die Spitzhacke fast wirkungslos abprallte. Acht Stunden lang ließ ich erst die Spitze der Hacke auf den Boden niedersausen und drehte sie dann um, um mit dem flachen Ende ein bisschen Erde wegzukratzen. Obwohl es bitterkalt war, strömte mir der Schweiß über den Körper. Meine Hände wurden taub und mein Rücken tat höllisch weh. Aber ich grub weiter; ich hatte keine Wahl.

Als ich am nächsten Morgen aufwachte, schneite es. Ich freute mich wie ein kleiner Junge. Im Schnee war an graben nicht zu denken. Dies bedeutete nicht, dass ich freihatte; die Wärter kommandierten mich zum Schneeschaufeln ab. Doch da der Schnee viel zu viel für eine Person war, arbeitete ich an ihrer Seite; wir schaufelten gemeinsam. Ich hatte dabei viele echt gute Gespräche mit den Wärtern. An anderen Schneetagen hieß es wieder Aschezerkleinern; besser als das Graben war es allemal.

Mein Gesundheitszustand verschlechterte sich zusehends. Mein Husten wollte nicht weggehen und mein Gewicht ging weiter nach unten. All die Pfunde, die ich in der Klinik dazubekommen hatte, waren wieder weg. Dazu kamen furchtbare Zahnschmerzen. Der Zahn hatte sich zum ersten Mal im Krankenhaus gemeldet. Der Zahnarzt dort hatte einen kieferchirurgischen Eingriff vorgeschlagen, um das Problem zu beheben, aber der Gedanke an eine Kieferoperation in Nordkorea begeisterte mich nicht gerade, sodass ich beschlossen hatte, noch zu warten. Der Zahnarzt hatte mir darauf ein Antibiotikum gegeben, worauf ich eine Zeit lang schmerzfrei war.

Nicht lange nach meiner Rückkehr ins Lager kamen die Zahnschmerzen mit doppelter Wucht zurück. Ich ging also zu meinem alten Freund, dem Lagerarzt – demselben, der mir gesagt hatte, dass harte Arbeit die beste Medizin war. Dass ich ihn freiwillig aufsuchte, mag Ihnen zeigen, wie weh mein Zahn tat. Solche Schmerzen hatte ich fast in meinem ganzen Leben noch nicht gehabt.

Ich sagte zu dem Arzt: „Als ich das im Krankenhaus

hatte, gab der Arzt mir ein Antibiotikum, und das hat die Infektion beseitigt."

„Kein Antibiotikum!", schnappte der Arzt. „Zu viele Antibiotika sind nicht gut für Sie."

„Das weiß ich", antwortete ich. „Aber ich kann nicht mehr essen und nicht mehr schlafen und nicht mehr arbeiten. Diese Schmerzen sind absolut unerträglich."

„Gut, ich gebe Ihnen etwas Aspirin", sagte er. „Legen Sie die Tablette unter das Zahnfleisch, direkt neben den Zahn, sodass sie nicht verrutscht, und Sie werden sehen, es geht Ihnen gleich viel besser."

Ich bin kein Arzt, aber ich wusste, wie furchtbar die Schmerzen waren. „Ich bräuchte das Aspirin und dazu ein Antibiotikum", sagte ich.

Jetzt wurde der Doktor wütend. „Wer ist hier der Arzt – Sie oder ich? Oder haben Sie etwa auch Medizin studiert? Wer sind Sie denn? Sie haben doch keine Ahnung!"

Zehn Tage lang wiederholte sich dieses Gespräch. Endlich ließ der Lagerarzt sich erweichen. „Also, gut", sagte er. „Ich mache eine Akupunkturbehandlung für Ihren Schmerz."

Die Schmerzen waren so schlimm, dass ich auf sein Angebot einging. Der Arzt schob von außen eine riesenlange Nadel durch meine Wange in das Zahnfleisch. Ob Sie es glauben oder nicht, aber zwei, drei Tage lang war der Schmerz weg und die ganze Gesichtsseite fühlte sich taub an. Dann kam der Schmerz zurück und mit ihm meine Diskussionen mit dem Arzt.

Etwas später schlug einer der Wärter mir vor, Vitamin-C-Tabletten direkt unter das Zahnfleisch bei dem Zahn zu schieben. Er sagte mir, dass er das ausprobiert hatte, als er selbst Zahnschmerzen hatte, und dass es ihm geholfen hatte. In meiner Verzweiflung versuchte ich es und siehe da, es wirkte.

Als ich das nächste Mal den Arzt besuchte und ihm sagte, dass die Zahnschmerzen sich gebessert hatten, kommentierte er: „Was habe ich Ihnen gesagt? Das Aspirin wirkt!"

Irgendwann hörte ich auf, zu dem Arzt zu gehen. Mittlerweile wusste ich seine Antworten auf meine sämtlichen Beschwerden auswendig: „Natürlich tut Ihnen der Rücken weh; dies ist ein Arbeitslager ... Wenn Sie genug arbeiten, wird es mit Ihren Händen besser werden ... Stimmt, Sie haben abgenommen; Sie sehen jetzt viel besser aus."

Dann besuchte Mr Enttäuschung mich wieder und leierte seine übliche „Niemand erinnert sich an Sie, keiner kümmert sich um Sie"-Rede herunter. Als er merkte, dass ich ständig hustete und gar nicht mehr aufhören konnte, fragte er: „Sind Sie wegen des Hustens schon mal beim Arzt gewesen?"

Ich musste lachen. „Nein. Das Einzige, was der verschreibt, ist mehr Arbeit."

„Ich kümmere mich um die Sache", sagte Mr Enttäuschung.

Eine Woche später fuhr man mich aus dem Lager ins Krankenhaus. Eine Röntgenaufnahme ergab einen schwarzen Schatten auf meiner Lunge. In den zweieinhalb Monaten, die ich jetzt wieder im Arbeitslager gewesen war, hatte ich zudem über dreißig Pfund abgenommen. Im Krankenhaus bekam ich dasselbe Zimmer am Ende des Seitenganges wie beim ersten Mal. Diesmal machte ich mir keine Illusionen, bald nach Hause zu können. Ich hoffte einfach, dass ich eine Zeit lang in dem Krankenhaus bleiben könnte; zu mehr reichten meine Träume nicht mehr.

# 21. Kein Hundeleben

*Seid getrost und unverzagt alle,*
*die ihr des Herrn harret!*

(Psalm 31,25)

Es war der 27. März 2014, als ich wieder ins Krankenhaus kam. Die Pflege war nicht die gleiche wie bei meinem ersten Aufenthalt, vor allem was das Essen betraf. Beim ersten Mal hatte ich zu vielen meiner Mahlzeiten Obst bekommen; dazu kamen diverse Extras wie Kaffee und Tee, den ich in meinem Zimmer aufbewahren und trinken konnte, wann ich Lust hatte. Ich hatte solche Leckereien wie Plätzchen und sogar Eis beantragt und bekommen – sicher zum Teil deswegen, weil man vorhatte, mich freizulassen, und vorher mein Gewicht wieder in Richtung normal heben wollte. Ich sollte nicht zu unterernährt aussehen, wenn ich vor den Fernsehkameras zu Hause aus dem Flugzeug stieg.

Diese Extras gab es jetzt nicht mehr. Kein Obst. Keinen Kaffee. Kein Eis. Keine Plätzchen. Die Mahlzeiten waren einfach, die Portionen klein, der Speisezettel dürftig und wenig abwechslungsreich. Dazu schien niemand Lust zu haben, mir das Essen auf mein Zimmer zu bringen. Als Gefangener in einem verschlossenen Raum konnte ich mir meine Mahlzeiten nicht selbst holen. Bei meinem ersten Aufenthalt hatte die diensthabende Schwester mir immer das Tablett mit meinem Essen gebracht. Jetzt sah ich durch die Scheibe in der Tür, wie sie auf den Wächter einredete, ob er bereit war, das Tablett hineinzutragen. Er brachte es mir schließlich; seine Miene war nicht begeistert.

„Dies ist eigentlich nicht meine Aufgabe“, grummelte er, während er das Tablett direkt neben der Tür absetzte. Dann sah er mich an und sagte: „Kommen Sie und holen Sie sich eben Ihr Essen! Sie sind ein Gefangener, Sie können nicht erwarten, dass ich Ihnen das bis zu Ihrem Bett bringe.“

Das ging ein paar Tage so, dann fragte ich den Wärter: „Sagen Sie mal: Warum ist diesmal alles anders als das erste Mal, als ich hier war?“

Er antwortete: „Weil Sie Ihre Rechnung noch nicht bezahlt haben. Sie schulden der Klinik einen Haufen Geld, und solange Sie das nicht bezahlt haben, können die Ihnen halt nicht viel bieten.“

Wie erwähnt hatte Mr Enttäuschung mir eröffnet, dass ich der Klinik 120.000 Dollar für meinen ersten Aufenthalt schuldete, und mich aufgefordert, über den schwedischen Botschafter meine Regierung zu bitten, die Rechnung zu begleichen, bevor man mich ein zweites Mal als Patient aufnahm. Ich hatte bereits einen Schuldschein unterschrieben, mit dem ich mich verpflichtete, nach meiner Freilassung der US-Regierung alle Ausgaben, die sie für mich getätigt hatte, zu ersetzen, darunter meine Hotelrechnung von Rason und sämtliche Arzt- und Krankenhausrechnungen. Wahrscheinlich dachten die Nordkoreaner, dass nach dieser Unterschrift die USA ihnen das Geld prompt geben würden. Als dies nicht geschah, erwarteten sie, dass ich die Rechnungen selbst beglich. Bei dem damaligen Wechselkurs lag die Gesamtsumme bereits bei 130.000 Dollar.

„Ich weiß nicht, wo ich so viel Geld auftreiben soll", sagte ich Mr Enttäuschung.

„Dann sollten Sie sich etwas überlegen", erwiderte er. „Für Nordkoreaner ist die medizinische Versorgung kostenlos, aber Sie sind kein Nordkoreaner." Die Behandlung, die ich jetzt, nach meiner unbezahlten Rechnung, erhielt, zeigte mir, dass Mr Enttäuschung keinen Witz gemacht hatte.

Das einzig Schöne an meiner Rückkehr ins Krankenhaus war, dass ich meinen alten Freund, den Hund, wiedersehen konnte. Bei meinem ersten Spaziergang durch die Flure trat ich an die Fenster, die auf den Innenhof gingen, und klopfte an eine der Scheiben. Kaum sah der Hund mich, sprang er zu dem Fenster hoch, bellte und wedelte so heftig mit dem Schwanz, dass ich glaubte, seine Beine würden fortfliegen. Wie schön es war, endlich ein freundliches Gesicht zu sehen, auch wenn es nur das eines Hundes auf der anderen Seite eines Fensters war.

~

Der Hund war der Einzige, der froh war, wenn er mich sah. Mr Enttäuschung machte weiter seine Besuche – und seinem Namen, so dies überhaupt noch möglich war, mehr Ehre als je zuvor.

„Es ist höchst ungewöhnlich", sagte er, „dass Ihre Regierung rein nichts unternimmt, um Sie nach Hause zu holen. Die scheinen Sie glatt vergessen zu haben. Das wird wohl nichts mehr mit Ihnen." Nun ja, das sagte er jedes Mal. Aber dann ließ er eine neue Bombe platzen: „Ich weiß nicht, ob Ihnen das schon jemand gesagt hat, aber die Zeiten, die Sie im Krankenhaus verbringen, zählen natürlich nicht zu Ihren fünfzehn Jahren. Für die Verbüßung Ihres Strafmaßes gilt nur die Zeit, die Sie im Lager sind."

Ich rechnete nach. Am 30. April 2013 war ich verurteilt worden. Seitdem hatte ich fünfeinhalb Monate in dem Arbeitslager verbracht und bis jetzt fünfeinhalb Monate im Krankenhaus. Wenn das so weiterging, wäre ich also nicht nach fünfzehn, sondern erst nach dreißig Jahren ein freier Mann. Meine Stimmung sank auf den Nullpunkt.

Doch nicht lange nach meiner erneuten Aufnahme ins Krankenhaus bekam ich Besuch von Cecilia Anderberg von der schwedischen Botschaft. Sie brachte mir Zeitungen und Zeitschriften mit, die schon mehrere Monate alt waren, dazu neue Post. Sie hatte auch ein paar Leckereien dabei – Schokolade, Plätzchen, sogar etwas Diätcola. Die Zeitschriften waren ein Fenster in die Welt jenseits der Krankenhausmauern, was mir half. Und die Post war Balsam für meine Seele.

„Halten Sie durch", sagte Mrs Anderberg. „Es sind intensive Bemühungen im Gang, Sie hier rauszuholen."

Kaum war sie weg, nahm einer der Wärter die Süßigkeiten an sich, ohne dass ich auch nur einen Bissen hätte probieren können. Mr Enttäuschung erklärte mir, dass dies zu meiner eigenen Sicherheit geschah. „Wir können hier keine Lebensmittel von außen dulden, ohne sie zuerst zu prüfen."

Ich sah die Süßigkeiten nie wieder. Wer immer sie verspeist hat, ich war es nicht.

Aus dem Frühling wurde der Sommer. Der Sommer 2014 war in Nordkorea sehr heiß. Schon Anfang Juli stieg das Thermometer fast jeden Tag auf 37 °C. Gut, dass es wenigstens in meinem Krankenzimmer so etwas wie eine Klimaanlage gab. In den Fluren war es umso heißer.

Mein Freund, der Hund, tat mir richtig leid. Sein hellbraunes Fell war dick, bestimmt setzte ihm die Hitze zu. Trotzdem freute er sich jedes Mal, wenn ich die Fenster entlangging. Wie ich, war auch er ein Gefangener. Auch um ihn schien sich niemand zu kümmern. Wenn ich ihn sah, sagte ich ihm innerlich jedes Mal: *Du bist der Einzige hier, der weiß, wie mir zumute ist. Du und ich, wir gehören zusammen. Wir sind beide Gefangene.*

Wie hieß der Hund überhaupt? Ich fragte meine Wächter und sogar zwei, drei Krankenschwestern, aber niemand schien seinen Namen zu wissen. Es schien ihnen auch nicht wichtig zu sein. Was meine Solidarität mit dem einsamen Tier nur noch stärkte; ich hatte ja auch keinen Namen, nur eine Nummer.

Eines Morgens im Juli kam ich wieder zu dem Fenster, das auf den Innenhof ging, und klopfte an die Scheibe, aber diesmal sprang der Hund nicht hoch. Nanu, was war das? Ich ließ meinen Blick durch den Hof schweifen. Wo war mein Freund, der mich immer so freudig begrüßt hatte?

Der Innenhof sah anders aus als sonst. Der Hund hatte ihn in ein kleines Chaos verwandelt. In einer Ecke hatte ein alter Pingpongtisch gestanden, von dem der Hund ein ganzes Stück abgeknabbert hatte. Jetzt war der Pingpongtisch fort, und der ganze Hof war so sauber, als ob der Hund nie da gewesen wäre. *Wo haben die ihn bloß hingebracht?*, dachte ich.

Und dann begriff ich.

An diesem Tag begann das koreanische *Sambok*-Fest, das die heißeste Jahreszeit einläutet. Der erste Tag des *Sambok*-Festes heißt *Chobok* und diesen Tag begehen die Familien in Korea traditionell mit einem Festessen. In Seoul in Südkorea, wo ich meine Kindheit verbrachte, gab es bei uns am *Chobok* immer Huhn. Aber die durchschnittliche Familie in Nordkorea kann sich Hühnerfleisch nicht leisten und muss auf anderes Fleisch ausweichen.

Das Herz wurde mir immer schwerer, als ich zurück auf mein Zimmer ging. Ich musste pausenlos an den Hund denken, meinen Freund – das, wie es schien, einzige Wesen in Nordkorea, dem ich wichtig und etwas wert gewesen war.

Etwa eine Stunde, nachdem ich auf mein Zimmer zurückgekehrt war, ging die Tür auf. Es war die Oberschwester, die mir mein Mittagessen brachte. Auf dem Tablett war nicht das halb europäische Essen, das ich sonst immer bekam, sondern eine große, dampfende Schüssel mit Suppe. Ich schaute in die Schüssel hinein. In der Suppe war Fleisch. Viel Fleisch.

Ich stellte die Frage, obwohl ich schon Bescheid wusste. „Ist das …“ Ich musste schlucken. „Ist das … der Hund, der in diesem Innenhof war?“

Die Schwester strahlte mich an. „Jawohl. Heute ist ja ein Feiertag. Guten Appetit!“

Ich musste mich fast übergeben. „Nein, nein, nein, nehmen Sie das wieder mit. Das kann ich nicht essen.“

Die Oberschwester sah mich an, als ob ich meinen Verstand verloren hätte. Wie konnte jemand auf solch eine seltene Delikatesse verzichten?

„Ist das Ihr Ernst?“, fragte sie.

„Ja! Bitte nehmen Sie das wieder mit. Bringen Sie mir irgendwas anderes, aber bitte nicht das.“

„Okay“, sagte sie, „wie Sie wünschen.“ Ganz enttäuscht trug sie die Suppe wieder hinaus.

Etwas später kam sie wieder, mit etwas Hühnerfleisch und einer Schüssel Fleischbrühe. Sie mussten das Hühnerfleisch sehr schnell gebraten haben, denn als ich es aufschnitt, tropfte am Knochen Blut heraus. Ich ließ das Fleisch zurück auf den Teller fallen. Für heute war ich satt.

Dann ging ich zurück zu meinem Bett und ließ mich darauf fallen. Der Hund. Mein armer Freund ... Ich hatte ihn nie streicheln können, aber ich vermisste ihn furchtbar. Wir hatten zusammengehört – beide vergessen und verlassen.

*Wird das bei mir auch so gehen?*, fragte ich mich. *Werden die mit mir auch ihr Spiel mit Warten spielen, bevor sie mich – nicht wörtlich, aber im übertragenen Sinne – schlachten? Werde ich auch so ein schreckliches Ende erleben wie dieser Hund?*

Heute, über ein Jahr später, während ich diese Worte schreibe, ist mir das Herz immer noch schwer. Ich vermisse meinen Freund.

~

Die Wochen wurden zu Monaten. Mr Enttäuschung war bei seinen Besuchen immer nervöser, gerade so, als ob es meine Schuld wäre, dass ich immer noch in Haft war.

Was ich nicht wusste, war, dass mehrere Amerikaner sich angeboten hatten, nach Nordkorea zu kommen, um über meine Freilassung zu verhandeln, unter anderem Jesse Jackson, Franklin Graham (der Sohn Billy Grahams) und der Kongressabgeordnete Charles Rangel aus New York. Doch das war den Nordkoreanern nicht gut genug. 2009, als Laura Ling und Euna Lee in Haft waren, war Expräsident Clinton persönlich gekommen, und ein Präsident oder Expräsident war das, was die Nordkoreaner wieder wollten. Schon zweimal hatten sie Sonderbotschafter Robert King die kalte Schulter gezeigt, und als der UN-Botschafter und ehemalige Gouverneur von New Mexico, Bill Richardson, kam, hatten sie sich geweigert, mit ihm zu sprechen.

Mehr als einmal brachte ich gegenüber Mr Enttäuschung die Namen Robert King und Bill Richardson ins Gespräch, und jedes Mal antwortete er: „Warum schicken die nicht jemand Höheres?" „Jemand Höheres", das bedeutete einen ehemaligen US-Präsidenten.

Eines Tages fragte ich ihn kurzerhand: „Wen hätten Sie denn gerne? Es gibt vier ehemalige US-Präsidenten, die noch am Leben sind. Jimmy Carter geht auf die neunzig zu und ist krank; der kann nicht kommen. Clintons Frau will 2016 Präsidentin werden und er wird nichts tun, was ihrem Wahlkampf schaden könnte. Bleiben George Bush und George W. Bush, und ich glaube nicht, dass Ihnen die recht wären." Ich sagte das nicht laut, aber ich wusste, dass die Nordkoreaner George W. Bush hassten, nachdem er sie nach den Anschlägen vom 11. September öffentlich zur „Achse des Bösen" gezählt hatte. „Also: Wen hätten Sie gerne?"

„Das war 2009 alles kein Problem", antwortete Mr Enttäuschung.

Nachdem ich mir das x-mal angehört hatte, fragte ich schließlich: „Sie wollen also Clinton? Okay, ich werde Briefe nach Amerika schreiben, in denen ich mitteile, dass Sie wollen, dass Expräsident Clinton kommt, um über meinen Fall zu verhandeln, aber ich sage es Ihnen gleich: Das wird nichts."

Und ich schrieb einen Brief an meine Schwester, in dem ich sie bat, Expräsident Clinton zu ersuchen, nach Nordkorea zu kommen. Ich tat dies nur, um Mr Enttäuschung und alle anderen, die meine Briefe lasen, bevor sie abgeschickt wurden, zu besänftigen. Als Cecilia Anderberg im August wieder zu mir kam, sagte sie mir rundheraus: „Das State Department hat mitgeteilt, dass Präsident Clinton nicht kommen kann."

Ich teilte diese Nachricht Mr Enttäuschung mit, der sie dann wohl nach oben weitergab. Er schien sehr enttäuscht zu sein. Ich glaube, dass er und überhaupt die ganze Führung des Landes bereit war, einen Schlussstrich zu ziehen und mich loszuwerden.

~

Ende Juli 2014 fand Mr Enttäuschung, dass ich ein erneutes Interview geben sollte, um den Druck auf die Obama-Administration zu erhöhen. Ich schlug vor, wieder Journalisten aus aller Welt dazu einzuladen.

„Nein, das ist keine gute Idee", erwiderte er.

„Wie wäre es dann, wenn wir nur CNN oder AP nehmen, anstelle von *Choson Sinbo?*", fragte ich.

Nach langem Überlegen stimmte Mr Enttäuschung diesem Vorschlag zu. Aber als dann ich vor die Kamera trat, war nur *Choson Sinbo* da. Offenbar traute das Regime nur diesem seinem inoffiziellen internationalen Sprachrohr.

Kurz vor dem Interview sagte Mr Enttäuschung zu mir: „Unmittelbar nach dem Interview kommen Sie zurück ins Arbeitslager. Vergessen Sie nicht, das zu erwähnen."

Ich war nicht überrascht. Nach fast zwei Jahren in Haft

wusste ich, wie die Strategie des nordkoreanischen Regimes funktionierte. Es sprach Drohungen aus, stellte mich vor eine Kamera und ließ mich die USA bitten, endlich etwas zu tun. Und um zu zeigen, dass es bereit war, ernst zu machen, schickte es mich anschließend zurück ins Lager, um weiter meine fünfzehn Jahre zu verbüßen. Die Botschaft war klar: *Wenn ihr eure Leute wiederhaben wollt, müsst ihr zu uns kommen und einen Kniefall vor dem Großen Führer machen.*

Am Morgen dieses meines neuesten *Choson Sinbo*-Interviews schnitt man mir die Fingernägel und schor mir den Kopf wieder kahl. Anders als früher musste ich meine Erklärung diesmal nicht vor dem Interview aufschreiben, obwohl Mr Enttäuschung mich fragte, was ich den Reportern sagen würde.

„Konzentrieren Sie sich auf das, was wichtig ist", erinnerte er mich. „Ihre Regierung soll Sie nach Hause holen; sagen Sie ihr das also."

Ich trat vor die Kamera und begann: „Ich fühle mich von der US-Regierung vergessen." Ich sagte dies auf Englisch und auf Koreanisch, damit auch jeder mich verstehen konnte. Ich sagte bewusst „vergessen" und nicht „im Stich gelassen", was ich für eine zu harte Formulierung hielt. Bis jetzt hatte ich weder über die US-Regierung noch über die Regierung Nordkoreas etwas Negatives gesagt. Ich hatte den USA immer für ihre Bemühungen um mich gedankt und sie gebeten, nicht lockerzulassen. Doch diesmal (das wusste ich) musste ich einen Satz sagen, der zu Hause in die Schlagzeilen kommen würde.

Ich fügte noch ein paar weitere Sätze an und schloss

dann: „Gleich nach diesem Interview komme ich zurück ins Arbeitslager.“

Die Reporterin sah mich überrascht an. „Sie meinen, heute?“, fragte sie.

„Ja. Sobald wir hier fertig sind, werde ich zurück ins Lager gefahren.“

Das Interview endete und man befahl mir, meine Sachen zu packen. Ein paar Minuten später saß ich wieder in einem Minivan mit abgedunkelten Fenstern, in der Mitte der Rückbank, und fuhr zum dritten Mal in das Arbeitslager.

~

Als ich am 29. Juli 2014 wieder die Zelle 3 in dem Arbeitslager bezog, schienen die Wächter ehrlich schockiert zu sein. Mehr als einer sagte zu mir: „Dass jemand zum dritten Mal hierherkommt, dass hat's noch nie gegeben!“

Ich lächelte: „Na, Sie kennen mich doch. Ich kann mich halt nicht von Ihnen trennen.“

Diesmal war ich vier Monate fort gewesen. Als ich in die Klinik kam, war es Frühling gewesen; jetzt waren wir mitten in einem der heißesten Sommer seit Langem, viel heißer als der im Jahr zuvor. Meine Zelle war die reinste Sauna. Aber da es nicht viel geregnet hatte, kamen weniger Insekten durch das offene Fenster, und dafür war ich dankbar.

Am Mittwoch, dem 30. Juli, meldete ich mich wieder zur Arbeit. Das Feld war bereits bepflanzt, sodass der Lagerleiter eine andere Beschäftigung für mich finden musste. Die Wärter waren gerade dabei, neben dem Lagergelände eine neue Straße zu bauen, und so wurde ich hier eingesetzt. An der einen Seite des Lagerhofes gab es ein ausgetrocknetes Bachbett, in dem runde Steine von etwa zwanzig Zentimeter Durchmesser lagen. Meine neue Aufgabe bestand darin, diese Steine vom Bachbett knapp hundertfünfzig Meter weit zur Baustelle für die neue Straße zu schaffen.

Man stellte mir einen vierrädrigen Karren zur Verfügung. Ich lud die Steine auf den Karren, schob diesen über den unebenen Boden zur anderen Seite des Hofes, kippte die Steine aus und legte sie dorthin, wo die Wärter sie haben wollten. Bereits gegen 12 Uhr erreichte die Temperatur die 37-°C-Marke; die Luftfeuchtigkeit war enorm. Am Nachmittag mussten es mindestens 40 °C sein. Ich zog mein Sträflingshemd aus, um etwas Erleichterung zu bekommen, worauf die Sonne mir den Rücken versengte. Bei den Mahlzeiten hatte ich kaum Appetit, und obwohl ich pro Tag mindestens sieben Liter Wasser getrunken haben muss, brauchte ich nie eine Toilettenpause.

Trotz der Hitze sang ich den ganzen Tag lang. Ich fing damit an, wenn ich mich morgens fertig machte, um nach draußen zu gehen, ich sang während meiner Arbeit, und ich sang abends, während der Stromausfälle, die es fast jeden Tag gab. Wenn der Strom weg war, konnte ich weder lesen noch fernsehen, und so saß ich in meiner dunklen Zelle und sang meine Jesuslieder. Ich war so müde, dass ich die Augen nicht mehr aufbekam, und alle Knochen taten mir weh, aber ich dankte Gott, dass er mir geholfen hatte, den nächsten Tag zu bestehen. Es war mein Stelldichein mit meinem Heiland und Herrn.

Dass ich den ganzen Tag lang sang, war an sich nichts Neues für mich, aber diesmal merkte ich, wie ich wieder und wieder das gleiche Lied sang, manchmal auf Englisch, manchmal auf Koreanisch. Es war ein altes Heilslied von Ende des 19. Jahrhunderts und es hieß „Where Jesus Is, 'Tis Heaven" (etwa: „Der Himmel ist bei Jesus sein"). Ich liebe den Text:

*Seit Jesus meine Schuld vergab,*
*ich auf der Erd' den Himmel hab.*
*In Sorg' und Streit, in Not und Pein,*
*der Himmel ist bei Jesus sein.*
*O halleluja! Es ist wahr:*
*Ich leb', der ich ein Sünder war.*
*Wo ich auch bin, wo ich auch steh',*
*in Jesus ich den Himmel seh'.*
*Durch Finsternis und Nacht ich lief,*
*bis Jesus meinen Namen rief.*
*Jetzt ist mein Herz voll Himmelslicht;*
*ich weiß: Mein Heiland lässt mich nicht.*
*Wo wir auch sind in dieser Welt,*
*in Marmorschloss, in armem Zelt,*
*ob hoch, ob tief, ob groß, ob klein,*
*der Himmel ist bei Jesus sein.*[12]

---

[12] „Where Jesus Is, 'Tis Heaven". Text: Charles J. Butler (1898), Melodie: James Milton Black (1898), http://www.hymnary.org/media/fetch/127505. (Deutsche Übersetzung: Friedemann Lux)

In der letzten Strophe änderte ich den Text allerdings etwas. Statt „in Marmorschloss, in armem Zelt“ sang ich „in Krankenhaus, auf Sojafeld“.

Ich wusste, dass die Wächter mir zuhörten, vor allem nachts, wenn der Schall weit trägt. Das gesamte Lager bekam den Gesang dieses amerikanischen Insassen, der Christ war, mit. Alle wussten sie, dass ich wegen meines Glaubens an Gott in Haft war, und als selbst jetzt, wo ich bereits zum dritten Mal in das Lager eingewiesen worden war, mein Glaube immer noch nicht schwankte, begannen sie zu fragen: „Was haben Sie, was ich nicht habe? Wie können Sie singen, wenn alles um Sie herum dunkel und hoffnungslos ist? Wo haben Sie Ihre Hoffnung her?“

Nicht lange, nachdem ich wieder in das Lager gekommen war, kam einer der Wärter zu mir und fragte mich unter vier Augen: „Herr Pastor, was hätte ich davon, wenn ich so an Gott glauben würde wie Sie?“ Ich nehme an, dass er die Antwort schon wusste, nachdem er mein Lied gehört hatte. Er fuhr fort: „Was für einen Preis müsste ich dafür zahlen, so an Gott zu glauben? Was wird mich das kosten?“

Ich erklärte ihm, dass es finanziell gar nichts kostet, aber dass an Jesus glauben bedeutet, dass man ihm sein ganzes Leben übergibt.

Und dann kam die dritte Frage – die, die ihn offensichtlich am meisten ins Grübeln brachte: „Wenn es Gott wirklich gibt, warum sind Sie dann noch hier? So lange wie Sie war noch kein Gefangener hier gewesen.“

Ich antwortete ihm ehrlich und ohne Umschweife, dass es offenbar Gottes Plan war, dass ich hier war, und dass er und seine Kollegen mit zu diesem Plan gehörten. „Wenn ich nicht hier wäre, wie könnten Sie dann jetzt von Gott und von seinem Sohn Jesus hören?“

Der Wächter überlegte einen Augenblick, dann sagte er: „Ja, das stimmt. Von diesen ganzen Dingen hatte ich noch nichts gewusst.“ Und er stellte keine weiteren Fragen, sondern ging zurück an seinen Posten, sein Gesicht in nachdenklichen Falten.

Es war merkwürdig. Als ich nur den einen Wunsch gehabt hatte, möglichst bald wieder nach Hause zu kommen, waren meine Gespräche mit den Wärtern nie in die Tiefe gegangen. Doch als ich dieses Lager als Gottes Willen für mein Leben akzeptierte und anfing, statt „Gott, hol mich hier heraus“ zu beten: „Gott, gebrauche mich hier“, begannen sich die Türen zu öffnen.

Verstehen Sie mich bitte nicht falsch. Mein dritter Aufenthalt im Arbeitslager war schrecklich – gesundheitlich wie seelisch. Die ständige Schwerarbeit unter der sengenden Sonne ruinierte meinen Körper. Nachts wachte ich immer wieder von der Taubheit in meinen Händen und den Schmerzen im ganzen Körper auf. Die Schmerzen waren ebenso echt wie stark. Doch inmitten dieses Leidens war Gott bei mir. Es war seine Gegenwart, die mir mitten in all dem Elend Freude schenkte, und das öffnete mir Türen, um den Menschen um mich herum das Evangelium zu bringen.

Erst als ich den Text jenes alten Kirchenliedes ernst nahm und wirklich glaubte, dass bei Jesus zu sein der Himmel ist, gingen die verschlossenen Türen auf und Gott konnte mich gebrauchen, um Menschenherzen zu erreichen. Ich war der Missionar geworden, der ich in meinen Gebeten hatte werden wollen.

# 22. Nicht allein

*Vergeltet Böses nicht mit Bösem und Beschimpfungen nicht mit Beschimpfungen! Im Gegenteil: Segnet! Denn dazu hat Gott euch berufen, damit ihr dann seinen Segen erbt.*

(1. Petrus 3,9)

Zwei Wochen nach meiner erneuten Rückkehr in das Arbeitslager kam Cecilia Anderberg, die Stellvertretende schwedische Botschafterin, mich besuchen. Wie immer brachte sie mir mehrere Zeitungen und Zeitschriften mit, dazu etwas Schokolade. (Die Schokolade verschwand, ebenfalls wie immer, kaum dass sie gegangen war.) Und sie hatte wichtige Neuigkeiten: Zwei weitere Amerikaner waren in Nordkorea in Haft und warteten auf ihren Prozess.

Ich hatte Lust, sie zu fragen, was die beiden „verbrochen" hatten und ob sie auch Missionare waren, wie ich. Wenn ja, dann hatten die Nordkoreaner ein echtes Problem: Drei Christen – das war ja eine Gemeinde! Aber ich verkniff mir die Fragen, denn ich wusste: Die Funktionäre, die unser Gespräch mithörten, wollten nicht, dass ich solche Dinge erfuhr. Aber auch wenn ich nicht wusste, was die beiden „neuen“ Amerikaner getan hatten – die bloße Tatsache, dass sie da waren, war eine gute Nachricht für mich, denn mit jedem zusätzlichen Amerikaner, der in Haft war, stiegen die Chancen, dass es zu einem Deal zwischen Nordkorea und der Obama-Administration kam. Mrs Anderberg versicherte mir auch, dass sie sich dafür einsetzen würde, dass ich wieder ins Krankenhaus kam, wofür ich ihr dankbar war.

Zwei Wochen danach kam Mr Enttäuschung wieder. „Ihr Wunsch, ein Interview mit den westlichen Medien zu machen, wird demnächst in Erfüllung gehen“, eröffnete er mir.

Ich fragte: „Wer kommt alles zu dem Interview?“

„Das weiß ich nicht genau“, sagte er. „Vielleicht AP, vielleicht CNN. Aber egal wer, sehen Sie zu, dass Sie nichts falsch machen. Vielleicht kommt ja diesmal etwas Gutes bei der Sache heraus.“

Am 1. September 2014 meldete ich mich morgens zur Arbeit, wie an jedem anderen Tag. Vor meiner ersten Pause kam der Stellvertretende Lagerleiter zu mir. „Kommen Sie mit“, sagte er. „Vor Ihrem Interview werden wir Ihnen die Haare schneiden.“

Sie würden mir also wieder den Kopf scheren. Ich war enttäuscht. Ich hatte gehofft, vor meiner Freilassung mein Haar etwas wachsen lassen zu können. Der Stellvertretende Lagerleiter brachte mich zum Friseur, aber der Friseur, der mir sonst immer die Haare schnitt, war nicht da, und der Mann, der ihn ersetzte, taugte nicht viel; er hatte nicht die richtige Haarschneidemaschine und schien nicht recht zu wissen, was er machen sollte.

Der Ersatzfriseur hatte vielleicht zwei Drittel meines Haares geschoren, als Mr Enttäuschung hereinkam und sagte: „Es ist so weit."

„Okay, dann hören wir auf und gehen", sagte der Stellvertretende Lagerleiter.

Ich musterte mich im Spiegel. Mit meinem halb geschorenen Schädel sah ich aus wie ein der Psychiatrie entsprungener verrückter Wissenschaftler. „Kann er mich nicht erst fertig rasieren?", fragte ich.

„Nein", sagte der Stellvertretende Lagerleiter. „Dazu reicht die Zeit nicht."

„Kann ich dann wenigstens eben mein Haar waschen, um all die losen Stoppeln loszuwerden?", fragte ich.

„Wir haben keine Zeit mehr. Sie sehen prima aus."

Einer der Wärter brachte mir ein paar Sachen zum Anziehen für das Interview. Ich erkannte sie wieder; die hatte mir doch meine Mutter geschickt! Endlich konnte ich einmal richtige Kleider tragen. Aber als ich die Hose anzog, verlor ich sie gleich wieder, weil ich so viel abgenommen hatte. In dem Monat, den ich jetzt wieder in dem Lager war, hatte ich die nächsten fünfzehn Pfund verloren.

„Haben Sie irgendwo meinen Gürtel?", fragte ich. Bei der Einreise nach Nordkorea hatte ich einen schönen Gürtel umgehabt.

Der Lagerleiter sagte: „Hier, nehmen Sie solange meinen." Er reichte mir seinen Gürtel und ich legte ihn an. Ich musste ihn richtig eng schnallen und selbst dann hatte ich noch Angst, die Hose zu verlieren.

Als ich mich fertig umgezogen hatte, fuhr man mich zu einem Hotel mit Restaurant. Mr Enttäuschung und die Wärter führten mich in ein Privatzimmer im ersten Stock, direkt neben dem Restaurant, wo ich mich mit den Wärtern hinsetzte und eine geschlagene Stunde wartete.

Ich sagte: „Sehen Sie, ich hatte Ihnen doch gesagt, dass die Zeit noch reichen würde, um mir das Haar fertig zu schneiden“, aber niemand hörte zu.

Dann ging plötzlich die Tür auf und ein Reporterteam des Nachrichtensenders CNN kam herein. Ich hatte bis jetzt keinen Schimmer gehabt, wer mich interviewen würde. Später erfuhr ich, dass die beiden anderen amerikanischen Gefangenen in zwei anderen Zimmern am Ende des Ganges waren. Das CNN-Team interviewte uns alle drei einzeln, nacheinander. Der eine Amerikaner, Jeffrey Fowle, war verhaftet worden, nachdem er in der Toilette eines internationalen Segelklubs eine Bibel hatte liegen lassen; ich hörte später, dass er drei Wochen nach diesem Interview freikam. Der andere Amerikaner, Matthew Miller, war mit einem Touristenvisum legal nach Nordkorea eingereist, hatte aber sofort nach seiner Ankunft das Visum zerrissen und um politisches Asyl gebeten. Die Nordkoreaner verhafteten ihn prompt als Spion. Er kam vor Gericht und wurde zu sechs Jahren Zwangsarbeit verurteilt. Aber all das wusste ich damals noch nicht.

Will Ripley, der CNN-Reporter, sagte mir als Erstes, dass wir nur fünf Minuten hatten. Er war sehr nett und versuchte, mir so viel Zeit wie möglich zu geben, um öffentlich zu meinen Verwandten und der US-Regierung zu sprechen. Ich stellte klar, dass meiner Meinung nach die einzige Lösung meiner Situation darin bestand, dass ein Sonderbeauftragter der Regierung nach Nordkorea kam, um meine Freilassung auszuhandeln. Ich wählte meine Worte sorgfältig, um die nordkoreanische Regierung ja nicht zu verärgern. Als Ripley mich fragte, wie man mich behandelte, antwortete ich, dass die Behandlung human war.

Nach dem Interview ging es gleich zurück ins Arbeitslager. Der Lagerleiter kam sofort zu mir und fragte mich: „Und? Was haben die Sie gefragt?"

Ich antwortete, halb im Scherz: „Der CNN-Reporter wollte wissen, ob ich human oder unmenschlich behandelt werde. Was konnte ich da anderes antworten als ‚human'?"

„Was soll das heißen?", sagte der Lagerleiter. „Wir haben Ihre Menschenrechte in keiner Weise verletzt."

„Das zählt alles nicht, solange ich hier nicht wegkann. Das ist das Einzige, was den Leuten in Amerika wichtig ist. Solange ich hier bin, betrachten sie das als unmenschliche Behandlung. Sicher, ich bin nicht geschlagen worden oder so, aber das ist für Amerikaner eine Selbstverständlichkeit."

Der Lagerleiter muss wohl ein schlechtes Gewissen bekommen haben, denn am nächsten Tag sagte er mir: „Wir haben eine neue Arbeit für Sie. Sie werden nicht mehr Steine transportieren, sondern im Haus bleiben und Mais schälen."

Dann fügte er hinzu: „Ich möchte noch einmal klarstellen, dass wir Sie so human wie möglich behandeln. Sagen Sie das, wenn Sie hier rauskommen." Der letzte Satz zeigte mir, dass etwas im Busch war. Der Lagerleiter rechnete also damit, dass ich bald entlassen würde.

~

Zwei Wochen nach meinem Interview wurde das Arbeitslager plötzlich lebendig. Wächter liefen hin und her und trugen Decken in eine der Zellen. Als meine Arbeitszeit begann, drückten sie mir einen Besen in die Hand und befahlen mir, Zelle 7 zu fegen. Das war an einem Samstag. Am nächsten Tag, dem Sonntag, musste ich mich im Schlafbereich meiner Zelle aufhalten und durfte nicht in die Nähe der Tür gehen. Es war offensichtlich: Man wollte nicht, dass ich etwas mitbekam, und ich glaubte auch zu wissen, was dieses Etwas war. Als das Mittagessen kam, brachten sie es nicht an meine Tür, sondern schoben es durch mein Fenster. Dann, vielleicht zwei Stunden nach dem Mittagessen, hieß es, dass ich mein Schlafzimmer wieder verlassen durfte, aber in den Flur und zur Zelle 7 gehen durfte ich nicht.

Am folgenden Tag, dem 15. September, wurde ich zum ersten Mal seit dem CNN-Interview zum Arbeiten wieder nach draußen geschickt. Ich war so gut wie sicher, dass ein „Neuer" in das Arbeitslager gekommen war, aber ich bekam ihn nicht zu Gesicht. Ich dachte: *Schön, wenn ich ihn nicht sehen kann, dann kann er mich aber hören. Sein Fenster wird ja offen sein, wie meines auch.*

Und ich fing an, laut auf Englisch zu singen: „God is so good" („Gott ist so gut"). Ich unterbrach mich und spitzte die Ohren, ob der unsichtbare Mithäftling vielleicht mitsang, um mir so zu zeigen, dass er da war. Aber ich hörte nichts.

Nachdem ich ein, zwei Tage vergeblich versucht hatte, auf diese Weise Kontakt zu dem Neuen aufzunehmen, fragte ich kurzerhand einen der Wächter: „Wer ist das eigentlich in Zelle 7?“

„Niemand“, schnappte der Wächter.

„Jetzt kommen Sie, ich weiß doch, dass da jemand ist. Ich hab ihn schon mehrere Male husten gehört.“

„Da hat keiner gehustet, das bilden Sie sich nur ein.“

Ich fuhr unbeirrt fort: „Und zum Mittagessen hatten Sie *zwei* Tabletts dabei. Da muss doch außer mir noch jemand sein.“

„Nein, da ist niemand. Sie sind der einzige Gefangene im Lager.“

Ich beschloss, mich nicht mit ihm zu streiten.

Am gleichen Tag, als ich dieses Gespräch hatte, kam der Lagerleiter zu mir und fragte, wie es mit meiner Gesundheit stand. Ich ging die übliche Liste meiner Beschwerden durch.

Der Lagerleiter sagte: „Hmm, vielleicht sollten wir Sie doch wieder ins Krankenhaus schicken.“

Das war an einem Dienstag. Am Freitag stellte er mir die gleichen Fragen und beendete das Gespräch mit der Bemerkung: „Ich finde, es ist Zeit, dass Sie wieder für eine Weile ins Krankenhaus gehen. Sie haben sehr abgenommen.“

In den zwei neuen Monaten im Arbeitslager hatte ich 25 Pfund verloren, davon allein zehn seit dem CNN-Interview. Ich hatte den Eindruck, dass hinter den Fragen des Lagerleiters etwas steckte, aber der Rest des Tages verging ohne besondere Vorkommnisse.

Am folgenden Tag, Samstag, dem 20. September, ging ich nach draußen, holte den ganzen Tag Steine aus dem Bachbett und fuhr sie zur Straßenbaustelle. Es war immer noch glühend heiß und ich war bald schweißbedeckt. Dann, am Nachmittag gegen fünfzehn Uhr, führten die Wärter mich plötzlich zurück in meine Zelle.

Dort erwartete mich der Lagerleiter. „Sie werden gleich ins Krankenhaus verlegt. Packen Sie Ihre Sachen."

Ich hatte den neuen Gefangenen immer noch nicht zu Gesicht bekommen. Ich fragte also den Lagerleiter nach ihm; ich sagte ihm, dass ich gehofft hatte, bei meiner Arbeit draußen Gesellschaft zu bekommen.

„Von was reden Sie da?", sagte der Lagerleiter. „Der einzige Insasse hier sind Sie."

Später erfuhr ich, dass an dem Montag, nachdem ich das Lager verlassen hatte, Matthew Miller (der Mann, der um politisches Asyl gebeten hatte) seine Arbeit draußen auf dem Feld antrat.

Als ich aus meiner Zelle trat, kamen im Flur mehrere der Wächter zu mir, um mir Auf Wiedersehen zu sagen. Bei einigen fiel mir der Abschied richtig schwer. Einer sagte mir: „Wissen Sie, ich glaube, unter anderen Umständen hätten wir gute Freunde werden können." Das fand ich auch.

Da noch niemand dreimal in diesem Lager gewesen war, fand ich es äußerst unwahrscheinlich, dass ich noch einmal wiederkommen würde. Schon die bisherigen Abschiede schienen für immer gewesen zu sein, aber ich spürte deutlich, dass dieser hier wirklich endgültig war. Falls Gott es nicht doch noch völlig anders führte, sah ich diese Männer jetzt das letzte Mal. Ich betete in meinem Herzen für sie und hoffte, dass die Zeit, die ich unter ihnen verbracht hatte, Früchte tragen würde.

~

Auf der Fahrt ins Krankenhaus gab ich mich meinen Hoffnungen hin. War mein Albtraum jetzt also bald zu Ende? Als wir ankamen, gab man mir dasselbe Zimmer wie vorher. Auch die Diagnose war die gleiche: Unterernährung – wieder einmal. Mein Rücken war noch weiter ruiniert, mein Arm tat weiter weh, und nachts wachte ich jede Stunde von der Taubheit und den stechenden Schmerzen in meinen Händen auf. Mit Ausnahme meines Diabetes war mein Zustand der gleiche wie am 30. April 2013, als ich das erste Mal in dieses Krankenhaus gekommen war.

Die Ärztin verschrieb mir Ruhe, Ruhe und noch einmal Ruhe. Ich fand das richtig komisch, denn der Lagerarzt hatte mir als Wundermittel für meine sämtlichen Beschwerden immer Arbeit, Arbeit und noch einmal Arbeit verschrieben. Aber gut, offenbar wollten die Behörden aus irgendeinem Grund, dass ich wieder fit wurde. Ich hoffte, dass der Grund meine Freilassung war.

Doch Mr Enttäuschung tat weiter sein Bestes, mir jegliche Hoffnung auf Freilassung zu nehmen. Als er mich im Krankenhaus besuchte, hörte ich von ihm die gleiche alte

Leier wie im ganzen vergangenen Jahr: „Niemand unternimmt etwas, um Sie nach Hause zu holen. Ihre Regierung hat Sie vergessen, das Leben geht auch ohne Sie weiter. Sie werden noch lange hier bei uns bleiben. An Ihrem sechzigsten Geburtstag werde ich Sie zu einem Nudeldinner einladen."

Der September und der Oktober vergingen, ohne dass sich an meiner Lage etwas änderte, und es fiel mir immer schwerer, Mr Enttäuschungs Auslassungen als bloßes Gerede abzutun, obwohl ich weiter Post von meiner Familie bekam, in der sie mich aufforderten, nicht den Mut zu verlieren.

Die Zeit kroch dahin. Aber ich dachte nicht daran, aufzugeben. Stattdessen verspürte ich den Wunsch, das zu werden, wofür die Nordkoreaner mich immer gehalten hatten. Mehr als einmal sagte ich mir: *Wenn ich nicht dieses Jahr hier herauskomme, werde ich vielleicht wirklich ein Freiheitskämpfer.*

Ich hatte Gott gebeten, mich zu einer Brücke nach Nordkorea zu machen. Jetzt hatte ich keine Lust mehr dazu. Was ich in diesem Land sah, machte mich wütend. Jeden Tag musste ich vor dem Fernseher stillsitzen und die Regierungspropaganda über mich ergehen lassen. Vor einem Jahr waren mir all die Lügen nur lästig gewesen, jetzt begann ich sie zu hassen.

*Wenn ich hier je wieder herauskomme, werde ich vielleicht der Kämpfer für die Menschenrechte werden, vor dem sie so Angst haben. Ich werde der Welt zeigen, wie dieses ganze Land in den Ketten eines Lügensystems liegt.*

In meinen bisherigen Gesprächen mit Mr Park, Mr Lee und sogar Mr Enttäuschung hatte ich nach Kräften versucht, höflich und sanft zu sein. Ich wollte den Menschen Jesus zeigen, ihnen das Herz für ihn öffnen. Jetzt war ich bereit, so zu werden wie die Propheten im Alten Testament.

*Ich werde anfangen, das Evangelium richtig laut zu predigen, und dann sehen wir weiter …*

Der Oktober war ein richtiger innerer Kampf für mich. Ich betete so wenig wie noch nie seit meiner Verhaftung. Ich las auch weniger in der Bibel. In den zwei Jahren, die ich in Nordkorea gewesen war, hatte ich die Bibel siebzehnmal durchgelesen. Jetzt rührte ich sie kaum noch an. Ich war fix und fertig. Ich war wütend. Ich war müde und wollte nur noch eines: nach Hause.

Und dann kam der nächste Besuch von Mr Enttäuschung und die alte Litanei: „Keiner denkt an Sie, keiner erinnert sich an Sie, Sie werden nie wieder nach Hause kommen." Ich konnte es fast nicht mehr ertragen. Ich hatte Lust, dem Mann das zu sagen, was meine Mutter mir so oft gesagt hatte: „Wenn du nichts Schönes zu sagen hast, dann sag lieber gar nichts."

Der zweite Jahrestag meiner Verhaftung kam mit Riesenschritten näher. Ich wusste nicht, wie lange ich noch durchhalten würde. *O Herr, hilf mir,* betete ich. *Ich schaffe das nicht mehr!*

# 23. „Ich will euch heimbringen"

*Er liebt mich, darum will ich ihn erretten;*
*er kennt meinen Namen, darum will ich ihn schützen.*

(Psalm 91,14)

Am Samstag, dem 1. November 2014, kam Mr Enttäuschung in mein Zimmer, zu seinem üblichen Aufmunterungswort der Woche. Seine Botschaft war unverändert: „Niemand wird Sie abholen! Niemand erinnert sich noch an Sie! Sie werden hierbleiben, bis wir beide Ihren sechzigsten Geburtstag feiern."

Ich antwortete nichts, sondern ließ den Schwall über mich ergehen und hoffte, dass der Mann bald wieder gehen würde. Seine Worte trafen mich wie so viele Schläge. Seit meiner Rückkehr ins Krankenhaus hoffte ich, dass bald endlich ein Unterhändler aus den USA kommen würde, und jetzt waren schon sechs Wochen vergangen und nichts war geschehen. Mr Enttäuschung ging wieder und ich verbrachte den Rest des Tages damit, mich elend zu fühlen.

Als ich am nächsten Morgen, einem Sonntag, aufwachte, wusste ich, dass ich eine Entscheidung treffen musste. Auf wen wollte ich hören – auf Mr Enttäuschung oder auf die Stimme Gottes? Ich langte nach meiner Bibel, aber stattdessen nahm ich den Stapel der mittlerweile über dreihundert Briefe in die Hand, die ich von Menschen aus aller Welt bekommen hatte. Mr Enttäuschung hatte mich mit seinem ständigen Gerede, dass alle mich vergessen hatten, fertiggemacht, aber was las ich hier in den Zeilen von einer Familie in Nordirland?

> *Kenneth, du bist nicht vergessen. Wir stehen an deiner Seite und an der Seite deiner Familie, damit du Gerechtigkeit bekommst. Kopf hoch, Kenneth!*

Eine Frau namens Tina, die ich nie persönlich getroffen habe, schrieb:

> *Ich bete darum, dass Sie stark bleiben. Lassen Sie sich nicht unterkriegen. Sie müssen stark bleiben. Geben Sie nicht auf!*

Nick aus Seattle schrieb mir:

> *Vergiss nicht, dass niemand deiner Seele etwas antun kann. Ich bete darum, dass du jeden Tag die Gegenwart Gottes spürst. Danke für deinen Mut und deine Liebe zu den Menschen in Nordkorea.*

Die Tränen stiegen mir in die Augen. Ich wischte sie ab und las weiter. Eine Frau namens Jennifer schrieb:

> *Ich habe versucht, einen Grund dafür zu finden, warum Sie das alles durchmachen müssen. Alles, was ich Ihnen bieten kann, ist, dass*

*Ihre Geschichte vielen, vielen Menschen hier in Amerika Hoffnung und neuen Glauben bringt.*

*Gott, segne Jennifer M.*, betete ich.

Anna versicherte mir:

*Gott ist gut. Jawohl, mitten in all diesem Schweren ist er nach wie vor gut. Er ist nach wie vor gerecht. Er sitzt nach wie vor im Regiment … Ich weiß nicht, ob diese E-Mail Ihnen helfen wird, ja ob Sie sie überhaupt lesen werden. Aber für den Fall, dass Sie sie lesen und dadurch an die Größe Gottes erinnert werden, habe ich gedacht, ich schicke sie einfach ab.*

Kelly schrieb:

*Ich möchte dir Mut machen, deinem Auftrag, den Gott dir aufs Herz gelegt hat, treu zu bleiben. Dem Auftrag der Barmherzigkeit.*

*Ja, Herr*, betete ich, *du hast mich beauftragt, ich bin dein Missionar, du hast hier etwas mit mir vor.*

Den Großteil dieses Morgens verbrachte ich damit, Briefe von Wildfremden zu lesen, die zu mir standen und mir Mut zusprachen. Nach vielleicht einer Stunde unterbrach ich meine Lektüre und kniete mich vor Gott hin.

*Herr*, betete ich, *ich brauche deinen Frieden. Ich brauche deine Kraft. Du hast gesagt, dass dann, wenn wir schwach sind, du stark bist. Bitte fülle mich heute mit deiner Kraft, denn ich bin furchtbar schwach.*

Je mehr ich betete und je mehr ich las, umso leiser wurde die Stimme von Mr Enttäuschung in meinem Kopf und umso stärker die Stimme Gottes. Ich wusste nicht, was ich noch alles würde durchmachen müssen, aber ich wusste: Durch Gottes Kraft würde ich es schaffen. Ich würde nicht untergehen; dafür beteten zu viele Menschen für mich.

Am folgenden Morgen – es war Montag, der 3. November – wachte ich um sechs Uhr auf. So früh war ich in dem Krankenhaus noch nie aufgewacht, aber ich war richtig hellwach. Dann hörte ich, wie der Geist Gottes mir innerlich sagte: *Schlag deine Bibel bei Zefanja 3,20 auf.* Ich wusste nicht, was in Zefanja 3,20 steht. Ich öffnete meine Bibel und las:

> *Zur selben Zeit will ich euch heimbringen*
> *und euch zur selben Zeit sammeln …*

*Heimbringen.* Ich spürte eine ungeheure Hoffnung. Und dann merkte ich, wie Gott weiter zu mir sprach: *Jetzt ist es so weit. Jetzt werde ich dich nach Hause bringen.*

Vier Tage später, am Freitag, dem 7. November, abends gegen 21.30 Uhr kam Mr Enttäuschung in mein Zimmer. So spät hatte er mich noch nie besucht.

„Morgen früh gibt es das nächste Interview“, begann er. „Stehen Sie zeitig auf, Sie werden um halb acht losfahren. Diesmal werden Sie nicht die USA um Hilfe bitten, sondern der Regierung von Nordkorea dafür danken, dass sie Sie so gut behandelt hat, und sich noch einmal für Ihre Vergehen entschuldigen. Dies ist möglicherweise das Letzte, was Sie tun müssen, bevor Sie nach Hause können.“

„Heißt das, dass jemand von der US-Regierung gekommen ist?“, fragte ich.

„Nein, es ist niemand gekommen. Es geht nur um ein Interview.“

„Und mit wem? Wieder mit CNN?“

„Das weiß ich nicht“, erwiderte Mr Enttäuschung. „Aber wenn Sie es richtig machen, wird vielleicht etwas Gutes daraus kommen. Bereiten Sie sich am besten gleich heute Abend noch vor, damit es morgen gut läuft.“

In der Nacht konnte ich nicht schlafen. *So spät ist er noch nie gekommen. Und ich habe noch nie morgens um halb acht ein Interview gegeben. Das muss etwas Dringendes sein. Da ist etwas im Busch.* Dann erinnerte ich mich, dass ja um achtzehn Uhr immer eine Maschine aus Peking auf dem Flughafen Pjöngjang landete. Vielleicht war jemand für mich darin gewesen und deswegen hatte Mr Enttäuschung mich zu so später Stunde besucht. Ich wusste auch, dass der Rückflug von Pjöngjang nach Peking immer morgens um 10 Uhr war. Vielleicht musste ich deswegen so früh zu dem Interview, damit ich mitfliegen konnte?

Die ganze Nacht gingen mir diese Gedanken durch den Kopf. Hin und wieder nickte ich ein, aber mehr als zwei oder drei Stunden kann ich nicht geschlafen haben.

Am Morgen kam Mr Enttäuschung auf die Minute genau ins Zimmer marschiert. Er schaute sich kurz um und fragte: „Warum haben Sie nicht gepackt?“

„Von Packen hatten Sie nichts gesagt“, erwiderte ich.

„Nun ja, dann machen wir das halt für Sie.“ Er reichte

mir ein paar Kleidungsstücke. „Hier ist eine saubere Lageruniform. Ziehen Sie die an."

„Okay", sagte ich. Ich wusste, dass dies nur zweierlei bedeuten konnte: Entweder ich würde nach Hause kommen oder zurück ins Arbeitslager.

Ein Van brachte mich zum Hotel Potonggang, wo Mr Enttäuschung und mehrere Wächter mich in eine Suite führten. In ebendiesem Hotel war meine Mutter vor einem Jahr gewesen, als sie mich besuchte. Auf der Fahrt dorthin stieg meine Spannung immer mehr. Die Wärter trugen ihre Paradeuniform, was ich als ein gutes Zeichen deutete.

Wir betraten die Suite. Mr Enttäuschung sagte zu mir: „Setzen Sie sich." Es war jetzt ungefähr acht Uhr.

Eine Dreiviertelstunde später kamen drei Amerikaner ins Zimmer. Einer war koreanischer Abstammung. Der eine der beiden anderen – er mochte um die fünfzig sein – trat zu mir.

„Ich bin Arzt", sagte er mir. „Die Regierung der USA hat uns geschickt, um Ihren Gesundheitszustand zu überprüfen." Und er fing an, mir Fragen zu stellen und mich zu untersuchen. Die anderen schwiegen, während er mich untersuchte. Ich selbst schwieg ebenfalls, außer um die Fragen des Arztes zu beantworten. Die Wächter und Mr Enttäuschung, die sitzen geblieben waren, beobachteten die Szene schweigend.

Nach zwanzig Minuten war der Arzt fertig. „Ich wünsche Ihnen alles Gute", sagte er und die drei gingen wieder.

Ich setzte mich wieder und schaute zu Mr Enttäuschung hin. Der machte einen gelassenen Eindruck. Es war jetzt nach neun Uhr und von einem Interview war keine Rede mehr. So wie es aussah, würden wir einfach weiter in diesem Zimmer sitzen und warten. Einer der Wächter schaute auf seine Uhr.

Ich sagte: „Das ist okay. Ich warte jetzt seit zwei Jahren, da kann ich gerne noch ein bisschen länger warten."

„Hoffen Sie nicht zu viel", sagte Mr Enttäuschung mit skeptischer Stimme, „sonst werden Sie noch enttäuscht."

Gegen Mittag entschuldigte sich Mr Enttäuschung und ließ mich mit nur einem Wächter in dem Zimmer allein. Ich kannte den Wächter vom Arbeitslager her. Kurz vor dreizehn Uhr kam der Zimmerservice mit einer Mahlzeit. Der Wärter und ich nahmen sie gemeinsam ein, was es noch nie gegeben hatte. Ich sagte: „Na, das ist jetzt unsere erste und letzte gemeinsame Mahlzeit."

„Sagen Sie nicht so was", erwiderte er. „Sie machen mich traurig. Sagen Sie das nicht."

Endlich, gegen fünfzehn Uhr, kam Mr Enttäuschung zurück. „Kommen Sie mit", sagte er zu mir.

Ich hatte noch nicht einmal Zeit, dem Wächter Auf Wiedersehen zu sagen. Mr Enttäuschung rannte förmlich mit mir aus dem Zimmer und den Flur entlang. Sicher würde er mich in einen anderen Raum in dem Hotel bringen, vielleicht in ein Konferenzzimmer? Aber stattdessen führte er mich aus dem Hotel hinaus und in einen wartenden Van. Das hatte ich nicht erwartet. Würden die mich zurück ins Krankenhaus fahren? Oder ins Arbeitslager? Oder woanders hin? Die Fenster des Vans waren verdunkelt, sodass ich nicht sah, wohin wir fuhren.

Als der Wagen anhielt und die Türen sich öffneten, sah ich vor mir das Hotel Koryo. Ich kannte es gut; hier war ich im Jahre 2012, als ich noch ein freier Mann und in Nordkorea willkommen war, dreimal als Gast gewesen. Mr Enttäuschung führte mich in ein Konferenzzimmer im ersten Stock. Was mochte dort auf mich warten? Mein erstes Treffen mit dem schwedischen Botschafter hatte auch in einem Hotelkonferenzzimmer stattgefunden. Von dort aus hatte ich auch meine Familie angerufen. Halb erwartete ich, die Schweden zu sehen, als die Tür sich öffnete.

Stattdessen befand sich in dem Raum der Lagerleiter, in voller Uniform. In dem Lager hatte er die Uniform nur selten getragen, obwohl er ein Armeeoffizier war. Neben ihm saßen mehrere andere Funktionäre, alle in Uniform oder im Dienstanzug.

Der Lagerleiter trat zu mir und sagte: „Ich freue mich, Ihnen mitteilen zu können, 103, dass der Marschall, Kim Jong-un persönlich, in seiner großen Güte beschlossen hat, Sie zu begnadigen."

Ein Riesengewicht fiel von meinen Schultern. Zwei Jahre lang hatte ich auf diese Worte gewartet. Ich unterdrückte mit Mühe die Tränen, die in meinen Augen hochsteigen wollten.

Der Lagerleiter fuhr fort: „Aber zuerst müssen Sie sich hinsetzen und einen Entschuldigungsbrief sowie einen Dankesbrief an den Marschall schreiben."

„Ja, Sir", lächelte ich. Und ich setzte mich an den Tisch und schrieb die beiden Briefe in aller Eile. Ein Funktionär, den ich nicht kannte, nahm sie an sich, überflog sie und schien zufrieden zu sein.

„Kommen Sie mit", sagte ein Wächter. Ein zweiter Wächter trat an meine andere Seite und gemeinsam führten sie mich ins Nebenzimmer. Es war jetzt halb vier nachmittags. Im Nebenzimmer stand, flankiert von zwei anderen Wärtern, Matthew Miller. Seinen Namen wusste ich damals noch nicht, aber mir war klar, dass er der zweite Gefangene aus dem Lager sein musste, denn er trug ebenfalls Sträflingskleidung und auf seiner Brust prangte die Nummer 107.

Einen Augenblick später kam eine nordkoreanische Delegation ins Zimmer und nahm am großen Konferenztisch Platz. Einer der Männer – es musste wohl der Leiter der Delegation sein – instruierte die anderen, sich nicht zu erheben, wenn die amerikanische Delegation in den Raum kam.

Ein paar Minuten später kamen acht Amerikaner herein. Fünf von ihnen setzten sich an den Tisch, die drei anderen – es waren die, die ich bereits getroffen hatte – stellten sich hinter sie. Der Leiter der amerikanischen Delegation war James Clapper, der Direktor der Nationalen Nachrichtendienste (Director of National Intelligence) der USA, ein Posten auf Ministerebene.

Alle acht Amerikaner sahen grimmig drein, als ob sie sich über etwas ärgerten. Erst als ich wieder zu Hause in den USA war, erfuhr ich, dass die Nordkoreaner die Delegation ein, zwei Tage hatten warten lassen. Bis fünfzehn Uhr hatten die Amerikaner nicht gewusst, ob sie mich würden mitnehmen können oder nicht. Vor ihren strengen Mienen kam ich mir vor wie ein Schüler, der wegen irgendeiner Schandtat ins Büro des Schulleiters zitiert worden ist. Diese Delegation war also mein „Vater“, der kommen musste, um sich für mich, das „Kind“, zu entschuldigen, wie Mr Lee das ausgedrückt hatte. Es tat mir leid, dass ich meiner Regierung so viel Mühe gemacht hatte, aber gleichzeitig war ich dankbar und stolz wie nie zuvor, ein Bürger der Vereinigten Staaten von Amerika zu sein.

Nach der amerikanischen Delegation kam ein General der nordkoreanischen Armee mit einem Stern an der Uniform hereinmarschiert und rief mit Donnerstimme: „Alle aufstehen!“

Jetzt kam ein Vier-Sterne-General herein. Später erfuhr ich, dass er kein Geringerer als Kim Wong-hong war, der Leiter des Nationalen Sicherheitsdienstes von Nordkorea und der Mann, der für den Tod von Kim Jong-uns Onkel, Jang Song-thaek, verantwortlich war. Er hatte etwas dabei, das wie eine Pergamentrolle aussah. Er öffnete die Rolle feierlich und verlas mit strenger Stimme folgende Proklamation von Kim Jong-un persönlich:

> *Auf Anordnung des Marschalls der Demokratischen Volksrepublik Korea wird der amerikanische Verbrecher Bae Junho hiermit begnadigt. Gezeichnet vom Marschall selbst am 6. Tag des Monats November im Jahre 2014.*

Ein Dolmetscher übersetzte den Text sofort ins Englische. Darauf wurde eine ähnliche Proklamation für Matthew Miller verlesen.

Während ich zuhörte, wie die Begnadigungen verlesen wurden, ging mir ein Licht auf. Heute war der 8. November. Der Leiter der amerikanischen Delegation war wahrscheinlich erst am Vortag, dem 7. November, in Pjöngjang eingetroffen. Es war also alles bereits vor der Ankunft der Amerikaner entschieden worden.

Mit der Verlesung der beiden Begnadigungserklärungen war die Zeremonie auch schon beendet. Die Wärter führten mich in einen anderen Raum, wo ich meine Sträflingsuniform ausziehen und meine eigenen Sachen anziehen konnte.

Der Lagerleiter kam herein, um mir Auf Wiedersehen zu sagen. Er packte fest meine Hand, schüttelte sie und sagte, mit Tränen in den Augen: „Ich würde Sie gerne einmal wiedertreffen."

„Ja", erwiderte ich, „ich würde auch gerne einmal wiederkommen und Sie besuchen." Ich war gerührt über die Herzlichkeit des Lagerleiters. Er und ich waren oft zusammen gewesen und hatten uns über alles Mögliche unterhalten. Er war ein sehr gebildeter Mann und ich glaube, die Gespräche mit mir haben ihm viel bedeutet.

Auch Mr Enttäuschung kam kurz, um sich zu verabschieden. Ich konnte es mir nicht verkneifen, ihn zu fragen: „Warum haben Sie mir dauernd gesagt, dass keiner sich an mich erinnerte und dass ich nie wieder nach Hause könnte?"

„Das habe ich für Sie gemacht", sagte er. „Ich wollte nicht, dass Sie sich Hoffnungen machten, die dann nur enttäuscht würden."

Ich schüttelte lächelnd den Kopf. „Also, dann auf Wiedersehen", sagte ich.

~

Als ich mich umgezogen hatte, übergab man mich offiziell an die amerikanische Delegation, und schon verließen wir das Hotel. Matthew Miller, den Arzt und mich setzte man in einen wartenden Bus; der Rest der Delegation stieg in bereitstehende Limousinen. Ich war so aufgeregt, dass ich mich nicht erinnere, ob wir während der Fahrt zum Flughafen miteinander gesprochen haben. Zum Flughafen ... ja, hoffentlich! Lieber nicht zu optimistisch sein. Hundert Prozent glauben, dass es jetzt wirklich nach Hause ging, würde ich erst in dem Moment, wenn das Flugzeug von der Startbahn abhob.

Es war kurz nach sechzehn Uhr, als der Bus den Flughafen erreichte. Er hielt nicht an, sondern fuhr gleich weiter auf das Rollfeld und eine der Startbahnen entlang. Ich schaute zum Fenster hinaus, konnte aber nicht genau ausmachen, wo wir hinfuhren. Es war toll, endlich wieder während der Fahrt aus dem Fenster sehen zu können.

Nach vielleicht zehn Minuten hielt der Bus endlich an. Am Ende der Startbahn, mit geöffneter Tür, zu der eine Gangway hochführte, stand ein Flugzeug, an dessen Rumpf die Worte *United States of America* prangten. Es war der wunderbarste Anblick meines Lebens.

Jetzt konnte ich es endlich glauben: Es ging nach Hause.

Kurz nach dem Start kam eine Dame zu mir und fragte mich, wie ich mich fühlte. „Ich bin Alison Hooker", sagte sie lächelnd. „Ich arbeite in der Abteilung Korea beim Nationalen Sicherheitsrat im Weißen Haus." Sie fuhr fort, dass sie Christin war und meinen Fall aufmerksam verfolgt hatte.

Ich antwortete ihr: „Ich kann Ihnen gar nicht sagen, wie dankbar ich bin, hier in diesem Flugzeug zu sitzen. Das Warten dauerte so lange; fast hätte ich die Hoffnung aufgegeben. Aber letzten Montag, am zweiten Jahrestag meiner Verhaftung, sprach Gott zu mir durch Zefanja 3,20; er sagte mir, dass er mich bald nach Hause bringen würde."

Die Dame starrte mich an, der Mund stand ihr plötzlich offen. „Wir sind am Montag von Washington, D.C. losgeflogen", sagte sie. „Aber unterwegs gab es technische Probleme, sodass wir in Hawaii zwischenlanden mussten. Es hat zwei Tage gedauert, bis das Flugzeug repariert war."

Ich fragte: „Haben die Nordkoreaner etwas über meine Arzt- und Krankenhausrechnung gesagt? Wie hoch ist der Betrag?" Die Rechnung machte mir Kopfschmerzen; nach meinen Berechnungen konnte der Gesamtbetrag fast bei 300.000 Dollar liegen.

Alison Hooker erwiderte: „Von einer Rechnung war nie die Rede. Wir mussten nichts bezahlen."

Ich lächelte. Jetzt fiel auch die letzte Last, die ich von Nordkorea mitgebracht hatte, von meiner Seele.

~

Ich lehnte mich auf meinem Sitz zurück und ließ die vergangene Woche Revue passieren. Vor dem letzten Montag war mir so elend zumute gewesen wie fast noch nie in meinem Leben. Aber Gottes Rettungsplan war schon angelaufen; alles, was ich tun musste, war, ihm zu vertrauen.

Ja, das war es, was ich in meiner zweijährigen Haft gelernt hatte: Nicht Angst oder Panik oder Wut war die Lösung, sondern allein das Vertrauen auf den Herrn. Es gab Tage, wo ich mir von aller Welt verlassen und vergessen vorkam. Aber Gott hatte mich nicht vergessen. Er behielt alles in der Hand. Und er hatte einen Plan, den er zu seiner Zeit wunderbar ausführte.

> *Eines aber wissen wir: Alles trägt zum Besten derer bei, die Gott lieben; sie sind ja in Übereinstimmung mit seinem Plan berufen.*
>
> (Römer 8,28)

# Epilog

Am 8. November 2014 konnte ich Nordkorea nach 735 Tagen Haft endlich verlassen. Ich bin damit ein Rekordhalter: der Amerikaner, der seit dem Koreakrieg am längsten als Gefangener in Nordkorea saß.

Auf dem Flug nach Hause war die erste Mahlzeit, die ich aß, Käsetoast mit französischer Zwiebelsuppe; es schmeckte nach Amerika.

Nach Zwischenstopps in Guam und Hawaii landeten wir fast einundzwanzig Stunden nach dem Start in Pjöngjang auf dem US-Luftwaffenstützpunkt bei Seattle im Bundesstaat Washington, im äußersten Nordosten der USA.

Beim Aussteigen sah ich meine Mutter, die auf mich zulief. So schnell ich konnte, ging ich zu ihr und umarmte sie. „Hallo, Mama", sagte ich.

Hinter meiner Mutter kam meine Schwester Terri gerannt, gefolgt von ihrem Mann Andy und zwei meiner Nichten, Ella und Caitlin. Ich versuchte, sie alle zusammen in die Arme zu nehmen. Es gab viele Tränen. Zwei Jahre lang hatte ich von diesem Augenblick geträumt und jetzt war er Wirklichkeit geworden; ich war endlich wieder mit meiner Familie und meinen Freunden zusammen. Erst jetzt kam mir so recht zu Bewusstsein, dass ich wieder ein freier Mann war.

Dann sagte Terri mir, dass jede Menge Reporter auf ein paar Worte von mir warteten. Ich erwiderte ihr, dass ich es sehr kurz machen würde. Ich wollte allen, die sich um meine Freilassung bemüht hatten, danken, auch denen, die Petitionen unterschrieben oder täglich für mich gebetet hatten.

Auf der Pressekonferenz sagte ich, dass es zwei „schier unglaubliche“ Jahre gewesen waren, aber ich erklärte nicht, warum. Was ich meinte, war, dass Gott sich als unerhört treu erwiesen hatte, dass seine Gnade genügt und dass seine Liebe zu den Verlorenen ewig ist.

Heute, ein Jahr später, sehe ich aus der Rückschau, dass ich in Nordkorea Gottes Treue, Gnade und Barmherzigkeit auf eine Art erlebt habe, wie ich sie mir in meinen kühnsten Träumen nicht hätte vorstellen können. Ich lernte es, ihm zu vertrauen und mich an seine Verheißungen zu klammern. Wenn ich schwach war, war er stark. Er hielt sein Wort und sein Wort war absolut gültig. Er verließ mich nie, genauso, wie er es versprochen hatte. Selbst in den Stunden, als ich innerlich am Boden lag, die Hoffnung verloren hatte und mich vom Rest der Welt vergessen und verlassen fühlte, war Gott da. Selbst als ich an seinen Verheißungen zweifelte, hielt er sie. Wenn ich es am nötigsten brauchte, erinnerte er mich daran, dass er da war. Er sprach zu mir – durch Bibelstellen und Zeichen, ja durch so einfache Dinge wie eine Schale kalte Nudelsuppe. Er ist wahrhaftig derselbe gestern, heute und in Ewigkeit.

Vor meiner Verhaftung in Nordkorea hatte ich mir eingebildet, Gottes Treue und all die anderen Dinge, ja Gott selbst zu kennen und zu verstehen. Aber die Nöte, die ich mit Gott an meiner Seite durchmachte, hoben meine

Beziehung zu ihm auf eine ganz neue Ebene. Ich lernte: Wenn man sich an Gottes Verheißungen klammert und ihn beim Wort nimmt, geben sie einem echte Hoffnung – und Hoffnung gibt Leben. In Psalm 119,50 heißt es: „Das ist mein Trost in meinem Elend, dass dein Wort mich erquickt." Ja, Jesus war mein Trost und meine Hoffnung und auf diese Hoffnung habe ich mein Leben gebaut.

Während meiner Gefangenschaft lernte ich auch: Wenn ich wirklich Gott vertrauen will, muss ich meine „Rechte" aufgeben. Mein Leben muss sich um *seinen* Willen und Plan drehen und nicht um meinen. In meinen Prüfungen und Nöten lernte ich, zu seinen Füßen zu stehen. Ich lernte, dass Jesus es wert ist, dass man für ihn lebt, ja dass man für ihn ins Gefängnis geht. Auf eine andere Art hätte ich dies nie gelernt. Ich begriff endlich, was es bedeutet, sich mitten im Leiden – vor allem im Leiden für den Namen von Jesus – zu freuen. Ich erlebte die seltene Ehre, für seinen Namen geschmäht zu werden. Ich erlebte die Wahrheit und Kraft der Worte in Apostelgeschichte 5,41: „Die Apostel ... verließen den Hohen Rat voll Freude darüber, dass Gott sie für würdig geachtet hatte, um des Namens Jesu willen Schmach und Schande zu erleiden."

Meine beiden Jahre in Nordkorea haben mich auch gelehrt, was es bedeutet, Mitleid mit denen zu haben, die in Finsternis leben. Die Menschen in Nordkorea haben keinen Zugang zu Informationen aus dem Ausland, keine Reisefreiheit, keine Meinungsfreiheit und keine Möglichkeit, selbst ihren Glauben zu wählen. Sie ziehen die Sicherheit der Dunkelheit (das Leben unter dem

Schutz eines totalitären Regimes) den Risiken vor, die die Freiheit bringt. Darum ist jemand wie ich, der sie dazu bringt, die Struktur ihrer Gesellschaft zu hinterfragen, so eine Gefahr für die Nation.

Da sie so von der übrigen Welt isoliert sind, vergisst diese Welt die Menschen in Nordkorea leicht – aber Gott vergisst sie nicht, so wie er auch mich während meiner Gefangenschaft nicht vergaß. Sein Herz blutet für Nordkorea, so wie er auch über mich seine Barmherzigkeit ausschüttete. In meinen Gesprächen mit den Verhörbeamten, den Staatsanwälten, den Wächtern und sogar mit Mr Enttäuschung spürte ich das Herz Gottes. Er liebt diese Menschen. Sie sind ihm unendlich wertvoll. Er denkt an sie. Er sieht ihre Tränen und hört ihre Schreie. In den beiden Jahren meiner Haft in Nordkorea spürte ich förmlich, wie Gott sich danach sehnt, diese Menschen zu sich zu führen und sein Volk zu heilen.

Ich bin ewig dankbar für die Hunderttausende Menschen, die jeden Tag für mich beteten. Auf der Pressekonferenz am Flughafen sagte ich: „Ihr habt mich stark gemacht." Dank der Gebete von Menschen aus aller Welt konnte ich meine Strapazen durchstehen und verlor die Hoffnung auf Freilassung nicht. Diese Gebete brachten mich nicht nur nach Hause, sie gaben mir auch Kraft. Mein Sieg war unser aller Sieg. Ich kam nicht nur nach Hause, sondern ich kam als Mensch nach Hause, der stärker war denn je. Ich fühlte mich, als ob ich die zwei Jahre in einer persönlichen Einkehrfreizeit bei Gott verbracht hatte.

Doch jetzt gilt es, weiter zu beten. Gott hat mir auch

neu vor Augen geführt, dass seine Leute die Menschen, die in Finsternis gefangen sind (wie die in Nordkorea), nicht vergessen dürfen. Wir sollten täglich an die Vergessenen dieser Welt denken – im Gebet und durch Taten der Barmherzigkeit. Ich hatte durch Gruppenreisen dreihundert Christen nach Nordkorea gebracht, um dort zu beten, in der Überzeugung, dass eines Tages die geistlichen Mauern, die dieses Land umgeben, einstürzen werden. Und so bitte ich die vielen, vielen Menschen, die während meiner Haft für mich beteten: Betet weiter – betet für Nordkorea. Eure Gebete haben mich durch die dunkelsten Stunden meines Lebens hindurchgetragen. Jetzt müssen wir für die Befreiung aller Menschen beten, die dort in den Ketten der Finsternis leben.

In Nordkorea leben über vierundzwanzig Millionen Menschen, die nichts über den einen wahren Gott wissen. Die Frage jenes Wächters in Rason klingt mir heute noch in den Ohren: „Wo wohnt dieser Jesus – in China oder in Korea?" Dieser Wächter ist nicht der Einzige, der in der Finsternis lebt. Über eine Milliarde Menschen auf der Welt haben noch nie das Evangelium gehört. Sie haben keine Bibel in ihrer Muttersprache. Wir dürfen sie nicht vergessen. Wir müssen für sie beten und eine Brücke zu ihnen bauen, durch die wir ihnen die Liebe und Barmherzigkeit Gottes bringen können.

Es ist mein Gebet, dass ich doch noch eine Brücke werden kann, die Nordkorea mit dem Rest der Welt verbindet. Ich bete darum, dass dieses Land eines Tages einen Missionar willkommen heißen wird, der den Menschen dort ganz offen Gottes Herz zeigen kann. Während ich dieses Buch schreibe, träume ich davon, dass ich dieser Missionar sein darf. Ich bin dankbar für alles, was mir die Bediensteten im Krankenhaus und im Arbeitslager an Fürsorge und Menschlichkeit erwiesen haben, und ich hoffe, eines Tages dorthin zurückkehren und ihnen persönlich danken zu können. Aber ich möchte nicht die einzige Brücke sein, sondern ich hoffe und bete, dass Christen in aller Welt an die Menschen in Nordkorea denken und sie lieben und durch ihr Gebet eine Brücke jenes Segens werden, den nur Gott geben kann. Möge Gott ihr Gott sein und mögen sie sein Volk sein.

> *Sondern das soll der Bund sein, den ich mit dem Hause Israel schließen will nach dieser Zeit, spricht der Herr: Ich will mein Gesetz in ihr Herz geben und in ihren Sinn schreiben, und sie sollen mein Volk sein, und ich will ihr Gott sein. Und es wird keiner den andern noch ein Bruder den andern lehren und sagen: „Erkenne den Herrn“, sondern sie sollen mich alle erkennen, beide, klein und groß, spricht der Herr; denn ich will ihnen ihre Missetat vergeben und ihrer Sünde nimmermehr gedenken.*
>
> (Jeremia 31,33–34)

# Danke!

Mir fehlen die Worte, um auszudrücken, wie dankbar ich den Tausenden und Abertausenden Menschen bin, die sich um meine Freilassung bemühten, angefangen bei denen, die unablässig dafür beteten. Auch wenn ich nicht alle Namen aufführen kann, möchte ich doch allen versichern, wie zutiefst dankbar ich ihnen bin. Durch die Kraft eurer Gebete wurde ich stark und konnte schließlich nach Hause. Danke!

Meine tiefe Dankbarkeit gilt US-Präsident Obama und US-Außenminister John Kerry, die meine Freilassung erwirkten. Ich danke auch dem Direktor der Nationalen Nachrichtendienste, James Clapper, sowie Alison Hooker und allen anderen, die nach Nordkorea kamen, um mich nach Hause zu holen. Sie verbrachten eine ganze Woche im Flugzeug, um zu mir zu kommen. Ich werde nie den Augenblick vergessen, in dem sie jenes Konferenzzimmer in Pjöngjang betraten. Noch nie war ich so stolz und glücklich gewesen, ein Amerikaner zu sein.

Doch ich muss auch vielen anderen im State Department danken, die sich hinter den Kulissen unermüdlich für meine Freilassung einsetzten, vor allem Staatssekretärin Wendy Sherman, Botschafter Robert King, Botschafter Glyn Davies, Linda McFadyen, Kate Rebholz und Michael Clausen. Danke für eure unermüdliche Arbeit und auch für euren Einsatz für meine Familie während meiner Haft! Ebenfalls danken möchte ich allen in den

US-Konsulaten in Shenyang und Peking, die während meiner Gefangenschaft meiner Familie in China mit Rat und Tat beistanden.

Mein Dank geht auch an die schwedische Botschaft in Pjöngjang. Danke, Karl-Olof Andersson, Johan Svensson und Cecilia Anderberg, für eure Fürsorge und euren Beistand während der zwei Jahre meiner Haft. Ich bin euch ewig dankbar. Möge Gott euch segnen.

Mein Dank und meine Anerkennung gelten auch dem Kongressabgeordneten Rick Larsen (Washington), Senatorin Patty Murray, Senatorin Maria Cantwell, dem Kongressabgeordneten Charles Rangel (New York) und dem ehemaligen Gouverneur von New Mexico und UN-Botschafter Bill Richardson, die sich ebenfalls für meine Freiheit einsetzten.

Ich möchte Pastor Jesse Jackson und seiner Kollegin Grace Ji-Sun Kim danken, die sich für mich einsetzten, elf Briefe an die nordkoreanische Regierung schrieben und sich anboten, nach Nordkorea zu kommen, um mich zu holen. Möge Gott euch weiter segnen und als Werkzeuge zum Bau seines Reiches gebrauchen.

Ewig dankbar bin ich auch Bobby Lee, John Thomas, Laura Choi und ihrem Mann Isaac Choi sowie Kelly Sadler, die die Internetseite FreeKenNow.com und die Facebookseite für mich einrichteten, pflegten und bekannt machten. Täglich verbrachten sie mehrere Stunden damit, sie zu aktualisieren. Danke, Bobby, für deinen Marathonlauf mit dem Schild „Free Ken Now“ auf deinem Rücken. Und danke für den zweijährigen Marathonlauf, den ihr für mich durchgestanden habt.

Mein Dank gilt weiter Derek Sciba, der zahllose Stunden damit verbrachte, meiner Schwester bei ihrer Medienarbeit und den Pressemitteilungen zu helfen, und der meiner Familie solch ein wunderbarer Freund war. Und danke, Pastor Eugene Cho, für deine unentbehrliche Unterstützung mit Rat und Tat.

Von Herzen danke ich Euna Lee, die die Aktion „Briefe für Kenneth" startete und mir eine echte Schwester in Christus wurde, obwohl wir uns noch nie begegnet waren. Dein Mittragen und deine Briefe haben mir geholfen, meine Haft durchzustehen. Lisa Ling, auch dir herzlichen Dank für deine fürsorgliche Hilfe. Ich möchte auch all denen danken, die mir im Rahmen der Aktion „Briefe für Ken" Briefe schickten. Insgesamt habe ich von über 450 Personen, die mir völlig unbekannt waren, Post erhalten. Ich habe eure Zeilen Dutzende Male gelesen, und jedes Mal zeigten sie mir neu, dass ich nicht vergessen oder allein war. Ihr habt in den dunkelsten Stunden meines Lebens an meiner Seite gestanden. Dank eurer Briefe und Gebete konnte ich fest stehen und durchhalten. Danke!

Ebenfalls danken möchte ich David Sugarman, der sich um meine Familie kümmerte und die Aktion #BringBaeBack startete. Obwohl wir uns überhaupt nicht kannten, hast du dein Herzblut darin investiert, mich nach Hause zu holen. Worte können nicht ausdrücken, wie mich dies bewegt hat. Ich möchte ferner den 177.512 Personen danken, die die Change.org-Petition meines Sohnes unterzeichnet haben. Jede einzelne Unterschrift war mir ein Zeichen dafür, dass ich nicht vergessen war.

Ich möchte auch all denen danken, die dieses Buch möglich gemacht haben. Mark Tabb, ich danke dir, dass du mir geholfen hast, meine Geschichte für die Leser richtig lebendig zu machen. Es war eine Freude, während der Arbeit an dem Buch dich und deine Familie kennenzulernen.

Nicht zuletzt möchte ich meiner Schwester Terri danken für ihren unermüdlichen Einsatz, um mich nach Hause zu holen. Sie hat buchstäblich Tausende Stunden damit verbracht, Briefe zu schreiben, Interviews zu geben, sich mit Regierungsbeamten zu treffen und mit Nordkorea-Experten und Persönlichkeiten des öffentlichen Lebens zusammenzuarbeiten. Sie wurde meine Stimme, als ich nicht sprechen konnte. Sie hat nie aufgegeben und die Menschen unermüdlich an mein Los erinnert. Ohne meine Schwester wäre ich vielleicht immer noch in dem Arbeitslager – oder Schlimmeres.

Schließlich möchte ich meinen Eltern danken, die so viel mitgemacht haben, ohne ihren tiefen Glauben an Gott zu verlieren. Es waren sehr, sehr schwierige Zeiten für sie, aber sie standen fest und gaben die Hoffnung auf meine Heimkehr nie auf. Ich danke euch!

Für meine Frau Lydia: Ich habe dir viel Kummer gemacht, aber du bist immer fest geblieben in deinem Glauben und hast auf mich gewartet und Gottes Kraft gesucht. Meine Kinder – Jonathan, Sophia und Natalie: Ich liebe euch alle und danke euch, dass ihr die Hoffnung nicht aufgegeben und für meine Freilassung gebetet habt. Ich habe in meiner Zelle oft eure Bilder betrachtet und mich daran erinnert, dass ich ja eine Familie habe, die auf mich wartet. Ihr alle habt mit dazu beigetragen, dass ich durchgehalten habe.

Doch am allermeisten möchte ich Dir, Herr Jesus, danken, dass Du mich nach Hause gebracht und mir geholfen hast, Dich während meiner Gefangenschaft noch besser und tiefer kennenzulernen. Danke, dass Du bei mir warst, wenn der Weg steinig und rau wurde, und mich getragen hast, wenn ich nicht mehr gehen konnte. Danke, dass Du mich in den dunkelsten Stunden meines Lebens als Dein Werkzeug gebraucht hast. Ich liebe Dich.

# Über die Autoren

*Kenneth Bae* wurde am 1. August 1968 in Seoul (Südkorea) geboren. 1985 wanderte die Familie in die USA aus, wo Kenneth in Kalifornien die Highschool absolvierte und darauf an der University of Oregon und dem Covenant Theological Seminary in St. Louis (Missouri) studierte. Nach verschiedenen Tätigkeiten im Bereich Verkauf und Marketing zog er 2006 nach China. 2010 wandte er sich, nachdem er jahrelang im kulturellen Austausch und als Missionar tätig gewesen war, der Reise- und Tourismusbranche zu und organisierte Gruppenreisen nach Nordkorea. Es war ihm ein großes Anliegen, Menschen aus dem Westen die Schönheit des Landes und seine Menschen nahezubringen und dadurch auch zur wirtschaftlichen Entwicklung Nordkoreas beizutragen.

Kenneth Bae ist Prediger der *Presbyterian Church in America (PCA)* sowie ordinierter Pastor der *Southern Baptist Church* und arbeitet seit 2005 mit *Jugend mit einer Mission* zusammen. Er ist verheiratet und Vater dreier erwachsener Kinder.

*Mark Tabb* ist Autor bzw. Mitautor von über 30 Büchern.

# Hilfsaktion Märtyrerkirche – Verfolgten Christen helfen und von ihnen lernen

## Christen werden verfolgt

In über 60 Ländern der Welt wird Christen das Recht auf Religionsfreiheit verwehrt. In diesen Ländern leben mehr als 200 Millionen Christen, die täglich in Gefahr stehen, ausgegrenzt, benachteiligt, gefoltert, inhaftiert oder sogar getötet zu werden.

Seit 1969 ist die Hilfsaktion Märtyrerkirche die Stimme für verfolgte Christen in aller Welt. Die Arbeit geht auf Pfarrer Richard Wurmbrand zurück, der vor 70 Jahren erstmals die Stimme für die Märtyrer in Rumänien erhob und dann aufgrund seines Glaubens 14 Jahre in rumänischen Gefängnissen inhaftiert war. Seit bald 50 Jahren ist die Hilfsaktion Märtyrerkirche seinem Auftrag verpflichtet und hilft verfolgten Christen weltweit.

## Wie die Hilfsaktion Märtyrerkirche (HMK) hilft

Je nach Land sieht die Hilfe anders aus. Denn: Verfolgung hat viele Gesichter und unsere zuverlässigen einheimischen Partner vor Ort kennen die Not und wissen, was benötigt wird. Dadurch können wir schnell und unkompliziert helfen. So engagieren wir uns in mehr als 100 Projekten in über 30 Ländern. Wir tun dies in den Bereichen Soforthilfe, Überlebenshilfe, medizinische Hilfe, Kinderhilfe, Hilfe zur Selbsthilfe, Rechtsbeistand, Ausbildung, Evangelisation und Wiederaufbau.

Die Hilfsaktion Märtyrerkirche unterstützt Christen, die durch tätige Nächstenliebe ihre Mitmenschen und sogar ihre Verfolger zum Glauben an Jesus Christus einladen.

Wir möchten verfolgte Christen ermutigen, indem wir ihnen eine Stimme geben und ihre Glaubenszeugnisse veröffentlichen.

Es ist unser großes Anliegen, dass durch diese Zeugnisse Christen hierzulande herausgefordert und ermutigt werden, genauso konsequent in der Jesusnachfolge zu stehen wie unsere Geschwister in den Ländern der Märtyrer. Dazu gibt die Hilfsaktion Märtyrerkirche monatlich das Magazin *„Stimme der Märtyrer"* heraus. Das Magazin informiert, ermutigt und lädt zur Fürbitte und Unterstützung ein. Die *„Stimme der Märtyrer"* sowie weitere Materialien können kostenlos bei der Hilfsaktion Märtyrerkirche bestellt werden.

## Die Hilfsaktion Märtyrerkirche (HMK) – geprüft und empfohlen

Die Hilfsaktion Märtyrerkirche finanziert die Arbeit und die Projekte ausschließlich durch Spenden. Der Verein hat sich zur Einhaltung anerkannter Spendengrundsätze verpflichtet und trägt das Spendensiegel des Deutschen Zentralinstitutes für Soziale Fragen (DZI), des Deutschen Spendenrates und der Deutschen Evangelischen Allianz (DEA) und gilt als „geprüft und empfohlen".

**Hilfsaktion Märtyrerkirche e.V.**
Tüfinger Str. 3
88690 Uhldingen-Mühlhofen
Telefon: +49 7556 92 11-0
Fax: +49 7556 92 11-40
info@verfolgte-christen.org

Aktuelle Gebetsanliegen finden Sie auch auf:
www.verfolgte-christen.org
www.facebook.com/HilfeFuerVerfolgteChristen

*„Kümmert euch um alle, die wegen ihres Glaubens gefangen sind. Sorgt für sie wie für euch selbst. Steht den Christen bei, die verhört und misshandelt werden. Leidet mit ihnen, als würden die Schläge euch treffen."*

Hebräer 13,3

Jan Vermeer

## Das Haus mit dem Zeichen

*Eine Geschichte über Freundschaft, Verrat und Vergebung in Nordkorea*

272 Seiten, Taschenbuch
ISBN 978-3-7655-4136-0

Bitterer Hunger herrscht in Nordkorea. Wenn man keinen Parteiposten hat, bleiben zum Essen nur Blätter und Gras. Der junge Zhang macht sich auf den Weg ins große Nachbarland China. Sein bester Freund Jin begleitet ihn. Die beiden 19-Jährigen haben sich geschworen, ihr ganzes Leben füreinander einzustehen. In China findet Zhang Rettung im Haus mit dem unbekannten Zeichen. Nach seiner Rückkehr muss er unter dramatischen Umständen erkennen, dass sein Freund ihm nicht mehr die Treue hält. Trotz aller Tragik gibt es am Ende für Zhang ein Finale der Hoffnung.

*Eine ergreifende Geschichte von Liebe, Schmerz, Hoffnung und Vergebung.*

BRUNNEN VERLAG GIESSEN
www.brunnen-verlag.de